L.-H. FERRAND

ANCIEN ÉLÈVE DE L'ÉCOLE NORMALE SUPÉRIEURE, AGRÉGÉ DE L'UNIVERSITÉ
INSPECTEUR D'ACADÉMIE

GÉOGRAPHIE

DE

LA FRANCE ET DE SES COLONIES

COURS MOYEN — CERTIFICAT D'ÉTUDES

ÉDOUARD CORNÉLY & Cⁱᵉ, ÉDITEURS
101, RUE DE VAUGIRARD, 101 — PARIS

TABLE DES MATIÈRES

L.-H. FERRAND

ANCIEN ÉLÈVE DE L'ÉCOLE NORMALE SUPÉRIEURE, AGRÉGÉ DE L'UNIVERSITÉ
INSPECTEUR D'ACADÉMIE

Géographie de la France

ET DE SES COLONIES

SUIVIE DE QUELQUES NOTIONS SUR LA

Géographie de l'Europe et des autres parties du Monde

COURS MOYEN. — PRÉPARATION AU CERTIFICAT D'ÉTUDES

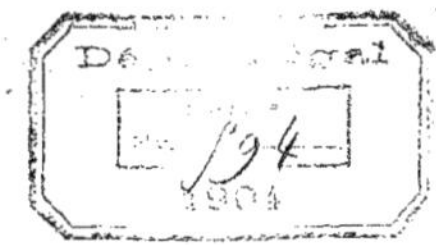

PRÉFACE

Nous suivons, dans ce cours moyen, la même méthode que dans le cours élémentaire. Nous faisons appel au jugement de l'élève au moins autant qu'à sa mémoire. Nous multiplions les comparaisons, les mesures, les exercices, les croquis. Nous multiplions même les chiffres de statistique.

Ces chiffres, qu'on se garde bien de les apprendre! (il en passe dans les résumés autant qu'un écolier a besoin d'en connaître) mais qu'on s'en serve pour donner de la justesse aux comparaisons, de la précision aux raisonnements, pour écarter les idées fausses. — Rouen et Chicago sont assurément deux grandes villes, la Loire et le Nil deux grands fleuves : mais quelle différence entre ces deux villes, entre ces deux fleuves! Nos élèves ne percevront cette différence que si nous mettons sous leurs yeux des chiffres qu'ils auront ensuite le droit d'oublier.

Le rôle des maîtres sera donc de faire réfléchir et de faire parler. Ils trouveront dans ce livre surtout matière à causerie. — Les images y abondent; elles seront précieuses pour eux. — Les « entretiens » pourront être lus par les élèves et commentés, chemin faisant ; les « plans » sont de simples canevas de conversations. — Les résumés n'excèdent pas la longueur des leçons qu'on apprend par cœur au cours moyen : rien n'empêche qu'on les enrichisse de quelques noms, dans la deuxième année du cours, pourvu qu'on n'abuse pas de la nomenclature.

Nous prévoyons quarante semaines utiles dans l'année scolaire, soit environ quatre-vingts leçons. On pourra gagner du temps en supprimant, la première année, tout ou partie des leçons 55-6o : ce sont de pures revisions qui seront surtout à leur place l'année du certificat d'études. — La deuxième année du cours, ce seront les leçons de géographie locale qui pourront disparaître sans inconvénient.

On remarquera que le programme du cours moyen est épuisé dès la 54e leçon, c'est-à-dire vers le 1er mai. C'est le moment où il conviendra, l'année du certificat, de multi-plier les revisions. — Mais, après l'examen, l'année n'est pas finie. On emploiera utilement les six ou sept dernières semaines à faire une excursion dans le programme du cours supérieur. Il est tant d'écoliers qui ne passent jamais par le cours supérieur! Faut-il qu'ils entrent dans la vie en ignorant tout de ce qui n'est pas la France? — Faisons donc avec eux « le tour du monde en quatorze leçons ».

Un mot aussi sur les croquis. — Il est bon d'exercer l'élève à faire non pas des cartes soignées, bariolées de couleurs, mais des croquis lestement enlevés, au crayon ou à la craie. Tracer des fleuves, placer des villes, c'est facile. Tracer des montagnes est autrement malaisé : car si la montagne-chenille a fait son temps en géographie, l'emploi des teintes hypsométriques n'est pas à la portée des enfants. On pourra tourner la difficulté en faisant couvrir de hachures toute une région montagneuse, et effacer ensuite à la gomme l'emplacement des vallées.

Pour seconder cet enseignement du croquis, aussi bien que pour faciliter la compréhension du texte, nous avons mis en regard de chaque leçon et s'y rapportant, un croquis ou une carte en noir. — De plus, nous avons voulu habituer les enfants à l'usage des cartes en couleurs, et nous avons réuni à la fin du volume un certain nombre de cartes-répertoire formant un vrai petit atlas ; grâce au dispositif adopté, l'élève pourra à son gré suivre la leçon sur le texte du livre et sur la carte en couleurs déployée sous ses yeux.

Pour conclure, nous souhaitons que les écoliers conservent de leurs leçons de géographie « un bon souvenir ». S'ils y ont parlé, posé des questions, risqué des réflexions hasardeuses, discuté même, tout est bien : ils ont pris intérêt à leur cours et il leur en restera quelque chose. Nous serions étonné si, devenus grands, ils ne s'offraient le plaisir de lire des récits de voyages ou même quelques ouvrages de pure géographie.

L.-H. F.

LEÇONS PRÉLIMINAIRES

RÉVISION DU COURS ÉLÉMENTAIRE

Les élèves qui entrent au cours moyen doivent y apporter, du cours élémentaire, une connaissance précise des principaux termes usités en géographie. — Quelques interrogations permettront de vérifier et parfois de rectifier ce qu'ils savent. Elles pourront être réparties entre les premières leçons du cours, par exemple, dans l'ordre suivant.

I. — Comment on s'oriente : points cardinaux, la boussole *(fig. 1)*, l'étoile polaire [1]. — Régions polaires, zones tropicales, zones tempérées. — Ce qu'on entend par géographie physique, économique, politique (configuration des terrains, — richesses naturelles, — habitants, villes, etc.).

Fig. 1. — Une boussole

II. — Océan, mer, golfe, baie, cap, détroit, isthme, île, presqu'île, archipel ; exemples dans les cinq parties du monde. La marée, ses effets, ports, côtes, falaise, grève.

III. — *Hydrographie (étude des eaux)* : rivière, fleuve, lac, canal... : exemples. — *Relief :* montagne, col, glacier, torrent, etc...

UN PEU DE COSMOGRAPHIE

PLAN

(Voir cours élémentaire, leçons 20 à 24)

1. Forme de la Terre. — Comment on reconnaît qu'elle est ronde. Les savants ont reconnu que la sphère terrestre est un peu aplatie aux deux pôles et renflée à l'équateur. — 40.000 kilomètres de tour.

2. Mouvements de la Terre. — Rotation en 24 heures autour de l'*axe* (ou essieu imaginaire). Translation autour du soleil, avec une vitesse de 30 kilomètres par seconde. Le jour, la nuit, l'année s'expliquent par ces mouvements.

3. L'axe de la terre étant incliné toujours dans le même sens, ses extrémités (ou *pôles*) sont tour à tour plus exposées au soleil [2] : de là les saisons *(fig. 2)*. Notre hiver correspond à l'été de l'hémisphère sud. — Comparer avec une toupie qui tournerait autour d'une bougie, exposant à la lumière tantôt sa tête, tantôt sa pointe.

4. Les rayons du soleil glissant obliquement sur les régions polaires, elles sont froides. Ils tombent d'aplomb sur les régions tropicales [3] (très chaudes). La France, à moitié chemin entre le pôle et l'équateur, est dans la zone tempérée.

---

1. L'étoile polaire est située de telle sorte qu'un homme qui serait placé au pôle nord l'apercevrait juste au-dessus de sa tête. Elle est visible de tous les points de l'hémisphère nord.

2. Il arrive aux environs du pôle, que le Soleil reste visible à minuit, en été ; et aussi qu'il ne se lève pas en hiver. Au pôle même, six mois de nuit succèdent à six mois de jour.

3. Deux cercles imaginaires, les Tropiques, l'un au nord, l'autre au sud de l'équateur, limitent les régions où il arrive que les rayons du Soleil tombent d'aplomb. Partout ailleurs ces rayons sont toujours obliques. — Faire réfléchir les enfants sur cette question : un bâton planté verticalement peut-il ne pas donner d'ombre ? Oui, à midi, dans la zone tropicale, et selon les saisons.

RÉSUMÉ. — I. La Terre est ronde ; elle a 40.000 kilomètres de tour. — Elle tourne sur elle-même en 24 heures ; elle décrit, en un an, une grande courbe autour du Soleil.

II. On appelle *axe* la ligne imaginaire autour de laquelle la Terre paraît tourner, et *pôles* les deux extrémités de l'axe.

III. L'axe de la Terre étant légèrement incliné, le pôle nord s'expose au Soleil en été, et, reste dans la nuit l'hiver. Notre été correspond à l'hiver de l'hémisphère sud.

LECTURE

LA TERRE DANS L'UNIVERS

La Terre est une planète [1] insignifiante à côté du Soleil. 1.250.000 Terres ne feraient pas tout à fait le volume du Soleil.

La Terre chemine, escortée de son satellite, la Lune, qui est cinquante fois plus petite qu'elle-même. Toutes deux vont tourbillonnant dans les espaces infinis, attachées à la destinée du Soleil. Qui sait où elles vont ?

Qui sait où va le Soleil qui, lui aussi, est lancé à travers le ciel ? Qui sait où vont ces étoiles qui sont des soleils toujours en mouvement ? Nous en voyons quelques centaines de mille ; mais combien de millions et de milliards d'autres peuvent échapper à nos regards ? Et que de Terres et de Lunes inconnues peuvent circuler autour d'elles ?

Les distances prodigieuses qui nous séparent de ces astres sont pour confondre l'imagination. Ainsi la lumière qui parcourt 75.000 lieues en une *seconde* (7 fois et demie le tour de la Terre) met 8 minutes pour nous venir du Soleil. Elle met 4 ans 1/2 pour venir à nous de l'étoile la plus proche ; 46 ans 1/2 pour venir de l'étoile polaire. Tel astre que nous contemplons aujourd'hui est peut-être éteint depuis cent ans !

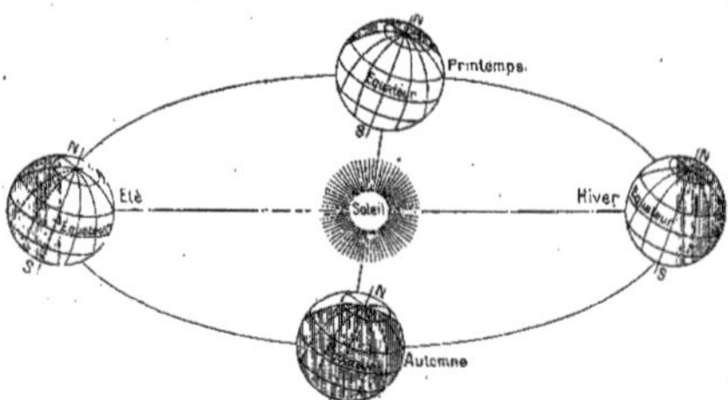

Fig. 2. — Les Saisons

Tout cet univers où nous sommes perdus, comment croire qu'il a été fait pour nous seuls, et que cet être infime, l'homme, en est le roi ?...

UN PEU DE CARTOGRAPHIE

PLAN

1. Pour dessiner sur un globe géographique la surface de la Terre, on procède un peu comme pour reproduire un dessin par la **méthode des carreaux**.

Traçons sur le globe des *méridiens* (cercles qui passent

---

1. Le Soleil, les étoiles sont des corps incandescents. Les planètes, comme la Lune et la Terre, ne sont pas incandescentes : leur lumière, c'est la lumière du Soleil qu'elles réfléchissent.

par les pôles) : ils lui donnent l'apparence d'une orange épluchée. A égale distance des deux pôles, traçons le grand cercle de l'équateur ; puis, parallèlement à celui-ci, d'autres cercles équidistants, les *parallèles*. — Une pomme qu'on taillerait en rondelles d'égale épaisseur aurait à sa surface de vrais parallèles, les traces du couteau. — Voilà notre globe quadrillé *(fig. 3)*.

2. On partage les cercles en 360 degrés [1]. Un quart de cercle comprend 90 degrés. Le pôle est à 90 degrés de l'équateur [2]. On dit que la *latitude* du pôle est de 90 degrés.

Comme on peut tracer sur un globe autant de méridiens qu'on veut, on peut toujours placer un lieu quelconque à l'endroit qu'il y doit occuper par rapport à l'équateur,

placerai sur le cercle parallèle qui correspond à 45° : mais en quel point de ce cercle ?

D'autres villes sont déjà placées ; par exemple Paris, dont le méridien est tracé. Ce méridien de Paris coupe l'équateur et tous les parallèles. Si je veux placer une ville quelconque, de latitude connue, sur un des parallèles, il faut que je connaisse aussi sa *longitude*, c'est-à-dire à combien de degrés du méridien de Paris (à l'est ou à l'ouest) elle se trouve située.

Supposons que nous ayons tracé sur notre globe un méridien, par chaque degré de l'équateur [1] : nous savons que tous les méridiens passent successivement devant le Soleil en 24 heures, chacun d'eux 4 minutes $\left(\frac{24 \text{ heures}}{360}\right)$ après le précédent. Toutes les villes que traverse un même

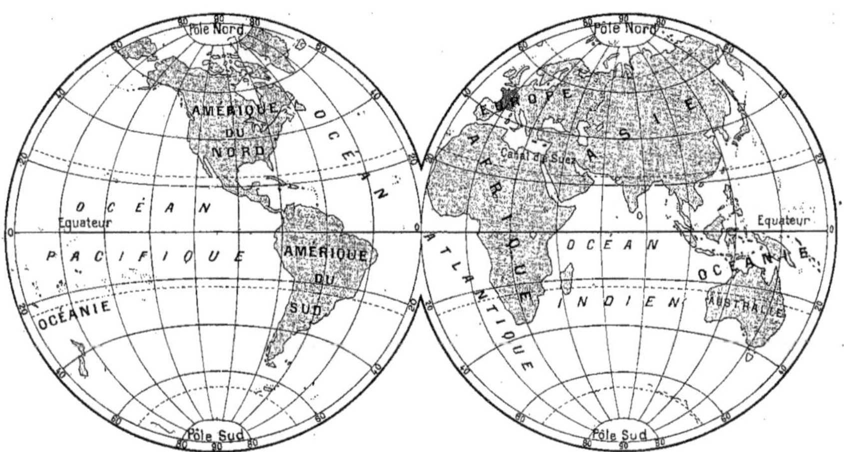

Fig. 3. — Mappemonde

pourvu qu'on sache sa latitude, c'est-à-dire à quel degré de son méridien il est situé, soit au nord, soit au sud de l'équateur. Et comment sait-on cette latitude ?

Supposons-nous au pôle nord. Visons l'étoile polaire avec une lunette : cette lunette fait avec une règle horizontale un angle droit ou de 90°. Latitude, 90°. Éloignons-nous du pôle : l'angle que fait la lunette avec la règle horizontale va diminuant ; il est de 89°, puis 88°, etc... A l'équateur il devient nul ; l'étoile polaire apparaît à l'horizon : latitude zéro (0°). On comprend donc que l'observation d'une étoile permette de calculer la latitude d'un lieu.

3. Une ville est à 45° au nord de l'équateur : je la

méridien [2] voient en même temps le soleil de midi : leurs cadrans solaires marquent la même heure. Si donc j'ai réglé ma montre sur Paris et si, quand elle marque midi, j'arrive dans une ville où il est midi moins 4', je dis que cette ville est à 1° de longitude ouest (1° longit. O.). Si au contraire l'heure de cette ville est midi 4', je dis qu'elle est à 1° à l'est de Paris (1° latit. E.) : je la placerai en conséquence sur le globe à un degré du méridien de Paris.

4. Une carte ne peut reproduire la surface sphérique de la terre sans la déformer. Mais de quelque manière qu'on ait décidé de représenter sur une carte le méridien et les parallèles — (par des lignes courbes ou par des lignes droites), — du moment qu'ils sont tracés, il suffit de

---

1. Un degré se subdivise à son tour en 60' (minutes) et une minute en 60'' (secondes).

2. Un degré de l'équateur ou du méridien vaut à peu près 111 kilomètres $\left(\frac{40.000 \text{ kilomètres}}{360}\right)$. — Les parallèles vont en se rapetissant vers les pôles ; leurs degrés sont d'autant plus petits qu'ils s'éloignent de l'équateur. — Au centre de la France, un degré de *longitude* (compté sur un cercle parallèle) vaut environ 19 lieues.

1. Soit 360 demi-méridiens, car, dans la pratique, on numérote chaque demi-méridien et non chaque méridien entier, à partir du méridien zéro (180 à gauche et 180 à droite du zéro). Le méridien zéro est le même qui porte de l'autre côté de la terre le n° 180 soit de longitude orientale, soit de longitude occidentale.

2. Sur une moitié de la Terre : l'autre moitié est dans la nuit. Quand il est midi à Paris, il est minuit aux antipodes.

connaître la longitude et la latitude des différents lieux pour les placer où il convient (*fig. 4 et 5*).

RÉSUMÉ. — I. La *latitude* d'un lieu est la portion de méridien comprise entre ce lieu et l'équateur : elle se compte en degrés, minutes et secondes.

II. La *longitude* d'un lieu est la portion de l'équateur, ou d'un cercle parallèle à l'équateur, comprise entre le méridien de ce lieu et le méridien de Paris [1].

III. Deux villes placées sur un même méridien ont la même heure. Si leurs méridiens sont distants d'un degré, leurs heures diffèrent de 4 minutes.

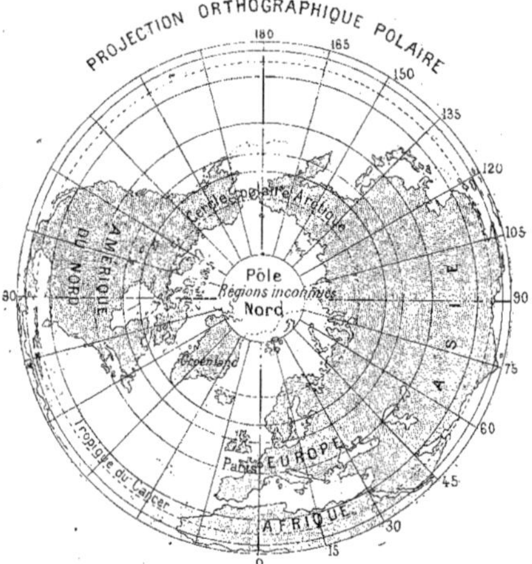

Fig. 4. — Cette projection rapetisse les pays éloignés du centre de la carte

Exercices. — 1. Sur un papier quadrillé, adopter pour équateur [2] une ligne horizontale, pour méridien de Paris une ligne verticale. Compter pour un degré de latitude l'espace compris entre deux horizontales, pour un degré de longitude l'espace compris entre deux verticales. — Placer en conséquence Paris, latit. N. 48° 50' longit. 0°; Dunkerque, latit. N. 51°, longit. à peu près 0°; Marseille, latit. N. 43° 15' longit. Est 3° environ, etc...

2. Placer Belfort, dont l'heure avance de 18 minutes sur Paris : latit. N. 47° 30'; Brest, qui retarde de 27 minutes : latit. N. 48° 30'; Bordeaux, qui retarde de 11 minutes : latit. N. 44° 50'.

LA COMMUNE, LE CANTON, L'ARRONDISSEMENT

PLAN

(Reprendre et compléter les premières leçons du cours élémentaire)

1. La Commune. — Insister sur le relief et les cours d'eau ; la distance des hameaux au bourg ; les noms des

1. Les Français comptent les méridiens à partir de celui de Paris qu'ils appellent « méridien zéro ». — Chaque nation adopte le méridien zéro qu'il lui plaît.

2. Ou, si l'on veut économiser le papier, pour parallèle à l'équateur du 45e degré.

rues, les statues, les monuments publics ; sur les produits du travail local et leur exportation.

2. Le Canton. — Insister sur le marché et le commerce du chef-lieu ; sur les distances ; sur les monuments et les souvenirs historiques qui s'y rattachent; sur les fonctionnaires du canton.

3. L'Arrondissement. — Étude du même ordre ; insister sur les voies de communication.

Exercices. — 1. Faire un croquis de l'arrondissement.

2. Continuer l'exercice de la leçon précédente, en donnant à chaque segment de ligne la valeur de 10 ou de 5 degrés.

Placer ainsi : Berlin, latit. N. 52° 30', longit. E. 11° environ.
Madagascar, 45° de longit. E.; latit. S. 20°.
Le Transvaal, 28° longit. E.; latit. S. 25°.
Saint-Pétersbourg, latit. N. 60°; heure en avance d'une heure 47'.
Londres, latit. 51° 30' ; retard de l'heure, 10'.
New York, latit. N. 41°; retard 5 heures.
Le Tonkin, latit. N. 20° ; avance de 7 heures.

Remarque. — Comme on donne dans cet exercice même valeur à tous les degrés de longitude, on déforme beaucoup la figure de la terre. Ainsi New York devrait être plus près de Paris d'un tiers environ.

Fig. 5. — Cette projection agrandit les pays éloignés du centre de la carte

LE DÉPARTEMENT

Faire compléter la leçon précédente par l'étude générale des départements.

Géographie de la France et de ses Colonies

CHAPITRE PREMIER

LA TERRE DE FRANCE

LEÇON I

SITUATION, LIMITES, ÉTENDUE DE LA FRANCE

PLAN

1. L'importance de la France dans le monde ne se doit mesurer ni à son étendue, ni à sa force, mais à son influence. Cette influence tient à son histoire, aux services qu'elle a rendus à l'humanité et qu'elle peut rendre encore grâce à la valeur individuelle de ses habitants et à leur union (*fig. 6*).

Fig. 6. — Carte de la Gaule romaine. La France n'occupe que les 4/5 de l'ancienne Gaule.

2. La France est petite parmi les grandes puissances. (Points extrêmes, 42° 20' et 51° 5' latit. N.); — 7° 8' longit. O., 4° 51' longit. E.) Retenir seulement que le 45e degré passe presque à Bordeaux, que Belfort avance de 18 minutes environ sur l'heure de Paris, et que Brest retarde de près de 28 minutes. — Distance la plus grande du nord au sud, **973** kilomètres (soit 15 heures d'express s'il y avait une voie ferrée en ligne droite du nord au sud); largeur maximum **880** kilomètres, minimum 400,

diagonale maximum 1100. — Superficie : 536.408 kilomètres carrés (avec la Corse). Comparer avec la Russie d'Europe (10 fois la France), l'Empire russe entier (42 fois), l'Empire chinois (22 fois), etc.

3. Heureuse situation de la France. Contrée à la fois *maritime* et *continentale*, elle a accès sur quatre mers. Or, le voisinage de la mer contribue à la douceur de son climat[1]. D'autre part, pour éviter de faire le tour de l'Espagne, on est comme invité à traverser la France pour aller de la Méditerranée au nord-ouest de l'Europe, et réciproquement. En même temps, nos côtes se creusent de grands golfes qui amènent les navires assez avant dans l'intérieur des terres; elles se renflent en presqu'îles qui semblent aller au-devant des navigateurs et offrir au commerce des stations. (Cherbourg a été appelé l'auberge de la Manche.)

4. Forme hexagonale de la France (*fig. 7*). Frontières. Nos frontières de mer sont un peu plus longues que nos frontières de terre. États voisins, *bornes de terre et de mer*. Principaux traits de la frontière (à étudier sur la carte). Elle est conventionnelle au nord, à peu près naturelle à l'est et au sud (val d'Aran à l'Espagne). — Remarque sur notre ancienne frontière du Rhin.

RÉSUMÉ. — I. La France a 536.000 kilomètres carrés. Elle occupe à peine la 19e partie de l'Europe. Elle est plus petite que la Russie, les États-Unis, l'Autriche, l'Allemagne. Elle n'est guère plus grande et elle est moins peuplée que l'archipel anglais.

II. Coupée à Bordeaux par le 45e degré de latitude, la France est un pays tempéré.

III. — Notre pays est limité à l'est et au sud-ouest par des montagnes; au nord par une frontière conventionnelle qui coupe l'Escaut, la Meuse et la Moselle; partout ailleurs par la mer.

Exercice. — Tracer l'hexagone de la carte... exercer les élèves à y inscrire un croquis d'ensemble des contours de la France. — (Il y a lieu d'insister sur cet exercice.)

LECTURE

UN PEU DE GÉOLOGIE

(Voir carte géologique en couleurs).

Le sol de notre pays a son histoire que de savants géologues ont patiemment déchiffrée.

Quand la Terre encore brûlante commença à se refroidir et qu'une croûte solide se forma sur la masse pâteuse du globe, la Bretagne, les Ardennes, les Vosges et le Massif Central firent saillie sur l'écorce terrestre : ce sont les plus anciennes terres de France, les terrains primitifs. De vastes golfes les séparaient où s'accumulèrent peu à peu, pendant des milliers d'années, les dépôts qui se forment naturellement sous les eaux, plantes mortes[2], boues et rochers qu'apportent les fleuves, débris d'animaux, et ces myriades de coquillages qui tapissent le fond des mers.

Les terrains *sédimentaires*[3] sont ceux où l'on trouve ces débris; et ces terrains sont d'autant plus récents que les ani-

1. La mer s'échauffe moins en été, et se refroidit moins vite, en hiver, que la terre. Elle modère la température ; elle charge les vents de pluies bienfaisantes.

2. Les mines de houille ne sont autre chose que des amas de végétaux anciens.

3. C'est-à-dire terrains composés de dépôts ou sédiments. On y distingue des couches nombreuses, et on les classe en terrains *secondaires*, *tertiaires* et *quaternaires*. N'oublions pas que la formation de ces terrains de sédiment se continue sous nos yeux.

Fig. 7. — Carte de France
(Forme hexagonale — Plaines et montagnes)

maux et les plantes qui ont vécu pendant leur formation sont plus perfectionnés.

Ce n'est pas tout. Un plissement de l'écorce terrestre a fait surgir de hautes montagnes, simples rides de la Terre, les Pyrénées, les Alpes. Puis des volcans se sont frayé passage à travers le Massif Central, et leurs éruptions ont couvert de lave d'immenses espaces.

Ainsi s'est formé peu à peu un sol inégalement riche, mais infiniment varié. L'homme a dû s'adapter à ce sol. Il ne vit pas de la même manière sur le granit breton aux sources nombreuses, aux maisons disséminées, aux terres pauvres, ou sur le calcaire de la Beauce, aux sources rares, aux maisons groupées, aux champs féconds[1].

LEÇON II

RELIEF DU SOL, GRANDES PLAINES ET SYSTÈMES MONTAGNEUX

(Voir la carte en couleurs du Relief du sol)

ENTRETIEN

La France est, pour plus de moitié, un *pays de plaine*. La montagne domine à l'est d'une ligne qui joindrait Givet à Bayonne *(fig. 7)*.

Si la mer montait seulement de 200 mètres, il ne resterait plus, de tout l'ouest et le nord-ouest de la France, que des îlots qui seraient les sommets des *collines d'Artois*, de *Normandie*, de *Poitou*, et des *monts de Bretagne*. Au sud et à l'est, de grands golfes pénétreraient entre nos divers massifs montagneux. Les *Pyrénées* seraient à peine séparées des *Cévennes* par un détroit. Puis viendraient le *Massif Central*, adossé aux Cévennes, la *Côte d'Or*, le *plateau de Langres*, les *Faucilles*, arc de cercle de collines

qui relie les Cévennes aux Vosges, et en avant duquel se dresse le *Morvan*; enfin, au nord, la Lorraine, plateau qui s'appuie, d'une part, sur les *Vosges* et les Faucilles, et, d'autre part, sur la haute forêt d'Ardenne. Au sud du *seuil de Belfort* s'élèveraient le *Jura* et les *Alpes*.

Si nous laissons de côté ces hauteurs, nous trouvons dans la partie basse de la France plusieurs plaines très différentes les unes des autres. Ce ne sont pas, d'ailleurs, des pays uniformément plats : les eaux y découpent des vallons et même des vallées profondes. C'est ainsi que la Seine serpente dans la « plaine parisienne » entre de véritables collines.

Le groupe des plaines du nord-ouest comprend principalement : la plaine de *Flandre*, pays plat, humide, coupé de ruisseaux, de fossés, de canaux, très cultivé et très riche; — la plaine de *Normandie* aux beaux herbages *(fig. 8)*; — la plaine de *Champagne*, en grande partie sèche, crayeuse et nue, mais enrichie par des vignobles. Près de Paris, la *Brie* est mieux arrosée; la *Beauce*, peu humide, est pourtant féconde en blé.

Au centre de la France, la *Sologne* est marécageuse; le Berry est en partie trop sec, en partie marécageux, toujours pauvre; les plaines *d'Anjou* et de *Touraine* sont tièdes, bien arrosées, riches en fruits; les plaines du *Poitou*, riches en herbages.

Les plaines du sud-ouest sont plus variées, plus vallonnées que celles du Nord. De véritables coteaux, couronnés

Fig. 8. — Herbage normand

de vignes, s'y épanouissent (Saintonge, Bordelais, Armagnac). Le pays sablonneux des *Landes (fig. 9)* fait exception : c'est une vaste étendue de terrain plat, bordée seulement, le long de la mer, d'un cordon de dunes. La nature a fait les Landes pauvres et marécageuses, mais l'homme les transforme en une vaste forêt.

Au *sud*, le *Haut-Languedoc* est comme un couloir qui nous permet de gagner la plaine du *Bas-Languedoc*; toute en vignobles, et le pays marécageux des Bouches-du-Rhône. Au *sud-est*, les Alpes et les Cévennes se rapprochent, laissant entre elles peu d'espace. Aussi, la *plaine du Rhône*, si chaude et qui pourrait être si riche, n'a-t-elle presque pas

---

1. Le langage populaire en témoigne. On appelle les gens du nom de leur province parce que les provinces (et non les départements) correspondent le plus souvent à des divisions naturelles du sol : ainsi dit-on un Berrichon, un Champenois, un Breton. Mais souvent aussi on leur donne le nom de leur pays, qui ne correspond à aucune province : ainsi dit-on un Beauceron, un Solognot, parce que, s'il n'y a ni province de Beauce, ni province de Sologne, il y a un sol de Beauce, un sol de Sologne qui font le pays de Beauce et celui de Sologne.

Fig. 9. — Paysage des Landes

de largeur. *Celle de la Saône,* qui s'élargit davantage, est d'un climat moins heureux : on y trouve la *Bresse,* pays marécageux et malsain.

RÉSUMÉ. — I. La France renferme plus de plaines que de montagnes. Les principaux systèmes montagneux sont à l'est, au centre et au sud.

II. Sauf les monts de Bretagne, les collines d'Artois, de Normandie et du Perche, et celles du Poitou, le nord-ouest, l'ouest et le sud-ouest de la France ne comprennent que des plaines.

III. Les principales plaines sont celles de Flandre, de Normandie, de Champagne et de Beauce au nord ; celles de Sologne, du Berry et du Poitou au centre ; celles du Bordelais et des Landes au sud-ouest ; celle du Bas-Languedoc dans la région méditerranéenne.

Exercice. — Croquis rapide des systèmes montagneux : indiquer les plaines.

LEÇON III

CÔTES DE FRANCE AU NORD ET A L'OUEST

ENTRETIEN

L'**Océan** sous divers noms, *golfe de Gascogne, Manche, mer du Nord,* bat nos côtes de l'ouest et du nord. Ses marées

Fig. 10. — Côtes de la Manche et de la mer du Nord

rendent nos ports accessibles, mais ses courants et ses tempêtes attaquent le rivage, creusant ici, ensablant là.

D'ordinaire, les côtes basses sont mal découpées ; les côtes élevées offrent de meilleurs abris.

La plaine de Flandre se termine sur la mer du Nord par une côte basse, bordée de dunes [1]. Dunkerque entretient par des travaux incessants son port, qui est devenu le quatrième de France *(fig. 10)*.

Au pied des collines du Boulonnais, Calais et Boulogne, ports bien placés sur le chemin de Paris à Londres, sont aux deux extrémités du détroit ou « *Pas* » *de Calais*. Ce

Fig. 11. — La falaise d'Étretat (pays de Caux)

détroit est si peu large (30 kilomètres au cap Gris-Nez) qu'on a projeté de faire passer un chemin de fer sous ses eaux, par un tunnel.

La plaine de la Somme n'a pas de bons ports : les alluvions du fleuve agrandissent le rivage et envasent l'embouchure. Ensuite viennent les falaises du pays de *Caux (fig. 11),* où s'abritent les ports de *Dieppe,* Fécamp,

Fig. 12. — Le mont Saint-Michel

Le Havre. Ce dernier est le deuxième de France : il recueille le trafic de la Seine, de Rouen et de Paris.

1. Ces dunes sont des collines de sable qui, autrefois, se déplaçaient lentement au souffle du vent, ensevelissant parfois des villages. On les a fixées par des plantations. — Dunkerque veut dire « Église des dunes ».

La baie de la Seine est dangereuse, bordée par des écueils, les rochers du Calvados. La presqu'île du *Cotentin*, qui la limite, a plusieurs petits ports, et un seul grand, *Cherbourg*, port militaire, notre sentinelle sur la Manche.

Dans le grand golfe de *Saint-Malo*, les Anglais ont conservé des îles qui ont été et devraient être normandes (*Jersey*, etc.). Au fond du golfe se creuse la baie du *Mont-Saint-Michel* [1] (*fig. 12*).

La côte de Bretagne est entaillée de golfes et d'estuaires profonds, et même d'une minuscule mer intérieure, le golfe du *Morbihan* (*fig. 13*). Elle est découpée en caps (pointe Saint-Mathieu, de Penmarch, etc.), en presqu'îles (presqu'île de Quiberon) et bordée d'îles et d'îlots (Ouessant, Belle-Île). Les ports y sont bons et nombreux. *Saint-Malo* est connu pour ses hardis marins (Duguay-Trouin); *Brest*, au bord d'une rade vaste et inattaquable, est notre grand port de guerre; *Lorient* est un port militaire de second rang; *Saint-Nazaire* est surtout le port de la Loire et l' « associé » de Nantes.

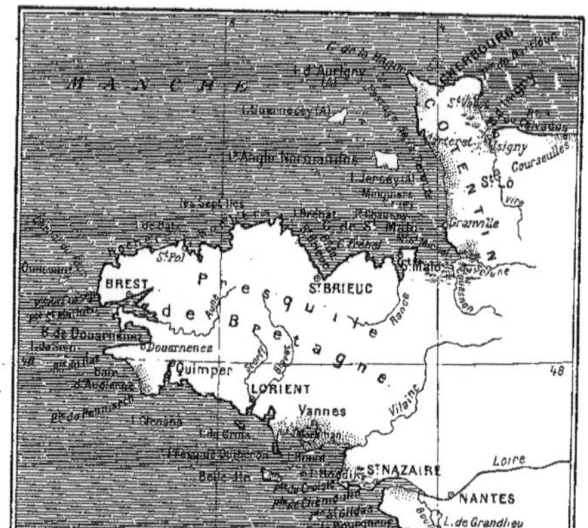

Toute cette côte bretonne est battue des tempêtes, dangereuse par ses écueils, célèbre par ses naufrages (comme en témoignent certains noms : la baie des Trépassés, l'Enfer de Plogof); mais elle est riche en poisson (sardines). Le climat est doux et le littoral, bien cultivé, est très peuplé.

De la Loire à la Garonne, le travail des eaux modifie la côte très basse du Poitou et de la Saintonge. Les îles (Noirmoutier, Yeu, Ré, Oléron) sont des morceaux de l'ancien rivage qui a disparu sous les eaux. La côte actuelle est marécageuse, couverte de salines (*fig. 14*). On y pratique

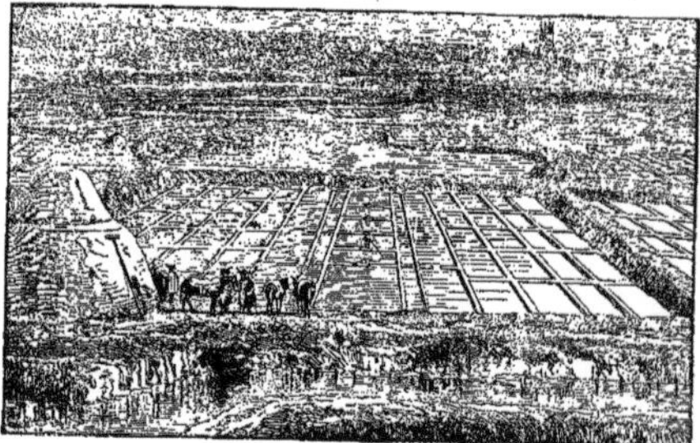

Fig. 14. — Marais salants

l'élevage des huîtres (Marennes) et naturellement aussi la pêche. *La Rochelle* est aujourd'hui sans grande importance. C'est à l'écart, dans l'estuaire de la Charente, que s'est installé le port militaire de *Rochefort*.

De la Gironde à l'Adour, la côte est droite, sablonneuse, bordée de dunes qu'il a fallu fixer par des plantations de pins. L'eau séjourne en étangs malsains au delà des dunes. La mer pénètre dans un seul de ces étangs, le bassin d'Arcachon; elle l'assainit et le rend propre à l'ostréiculture (culture des huîtres). Point de vrai port jusqu'à *Bayonne*, qui a grandi dans l'estuaire de l'Adour, à la limite des Landes et déjà au pied des Pyrénées [1].

Le grand port de toute la région du sud-ouest n'a point grandi sur la côte : c'est **Bordeaux**, à 24 lieues de la mer.

RÉSUMÉ. — I. La côte de la mer du Nord, basse et bordée de dunes, a pour ports Dunkerque et Calais. L'Angleterre est proche de la France au Pas-de-Calais.

II. Dans la Manche, Le Havre est le port de la Seine, et Cherbourg celui de la presqu'île du Cotentin.

III. La Bretagne, bien découpée, commode pour les marins et les pêcheurs, a pour ports Brest, Lorient et Saint-Nazaire sur la Basse-Loire.

Fig. 13. — Côtes de l'Atlantique

1. L'abbaye du Mont-Saint-Michel, sur un grand rocher en pyramide, est une île à marée haute ; à marée basse le rocher redevient presqu'île.

1. La Bidassoa, petit fleuve qui descend des Pyrénées, sert de frontière entre la France et l'Espagne.

IV. La côte est basse et bordée d'îles entre la Loire et la Gironde; bordée de dunes et d'étangs au sud. Les ports importants sont à l'écart, sur les fleuves, comme Rochefort, Bayonne et surtout Bordeaux.

Exercices. — Croquis : 1. Mer du Nord et Manche jusqu'au Cotentin ; 2. Bretagne ; 3. De Saint-Nazaire à l'Espagne.

LECTURE

LA GRANDE PÊCHE

La grande pêche attire au loin les plus hardis de nos pêcheurs *(fig. 15)*. Autrefois, ils allaient jusque dans les mers les plus reculées poursuivre la baleine, le cachalot, le

Fig. 15. — L'appareillage pour la pêche à la morue

phoque : mais ces animaux se font rares. La morue est aujourd'hui le seul objet de la grande pêche.

De mars en septembre, on pêche la morue sur les bancs [1] qui avoisinent l'Islande; d'avril en août sur ceux qui avoisinent Terre-Neuve, en Amérique.

Le navire bancquier va tout d'abord s'approvisionner de boitte, c'est-à-dire de petits poissons qui serviront d'appât. Comme il faut l'acheter fraîche, nos pêcheurs sont ici exposés aux exigences des gens d'Islande, de ceux de Terre-Neuve surtout, qui font à leurs dépens de bonnes affaires.

Puis le bancquier prend position sur le banc, à distance convenable des autres bancquiers. Là, il tend chaque jour tout autour de lui de longues et fortes lignes de cinq ou six kilomètres, que garnissent des milliers d'hameçons amorcés de boitte. Au matin, les marins les relèvent et en arrachent la morue captive. Le soir, ils les amorcent à nouveau et les tendent. Et cela, tous les jours, sans trève, pendant plusieurs mois et par tous les temps, par la bise, la houle, et souvent parmi des brouillards si intenses que les chaloupes s'égarent, que les navires s'entrechoquent et se brisent.

Ce n'est pas tout, il faut tuer, vider, trancher, saler la morue, ou bien la porter à terre au plus vite pour qu'on l'y sale et l'y sèche. Tout cela en hâte et sans repos, tant que le poisson « donne ».

Pendant plusieurs mois qu'ils travaillent ainsi péniblement, dormant à peine, les pauvres pêcheurs ne se nourrissent guère que de poisson et de biscuit; trop souvent aussi ils abusent de l'alcool. Vie cruelle et dangereuse, mais qui passe pour former de bons marins.

Les seuls pêcheurs français prennent annuellement pour 12 à 15 millions de francs de morue.

LEÇON IV

CÔTES DE FRANCE, LA MÉDITERRANÉE

ENTRETIEN

La **côte méditerranéenne** peut se diviser en deux parties de caractère tout opposé. Les bouches du Rhône les séparent *(fig. 16)*.

A l'ouest, la **côte du Languedoc** (excepté au pied des Pyrénées où s'abritent de bons petits ports) est une côte

Fig. 16. — Côtes de la Méditerranée

très plate. Les boues que les fleuves jettent au *golfe du Lion* se déposent et s'alignent en longues flèches de sable ou en dunes [1]. Elles agrandissent notre territoire, mais elles séparent de la mer de vastes étangs malsains, et elles envasent tous les ports. Cette, au bord de l'étang de Thau, progresse,

---

1. Ces bancs sont de vastes plateaux sous-marins, c'est-à-dire des endroits où la mer est moins profonde. Les morues les choisissent pour y déposer leurs œufs : c'est donc là que nos marins vont tendre leurs lignes. Fécamp, Granville, Saint-Malo arment surtout pour Terre-Neuve, Dunkerque pour l'Islande.

1. La Méditerranée n'a point de marée qui vienne contrarier ce lent travail des alluvions.

mais à force de travaux qui la défendent des ensablements. Les villes d'autrefois, celles que les Romains avaient bâties près de la mer, en sont fort loin aujourd'hui. Elles sont parfois peu salubres.

Un canal réunit les principaux étangs (c'est le canal des Étangs) et continue jusqu'au Rhône le Canal du Midi. (*Voir la carte.*)

Les bouches du Rhône enferment un delta qu'elles ont formé et qui, lui-même, comprend plusieurs étangs (*fig. 17*) : pays malsain, exposé aux inondations, la *Camargue* est pauvre. On la cultive au nord : mais au sud ce n'est qu'une prairie où paissent des bœufs.

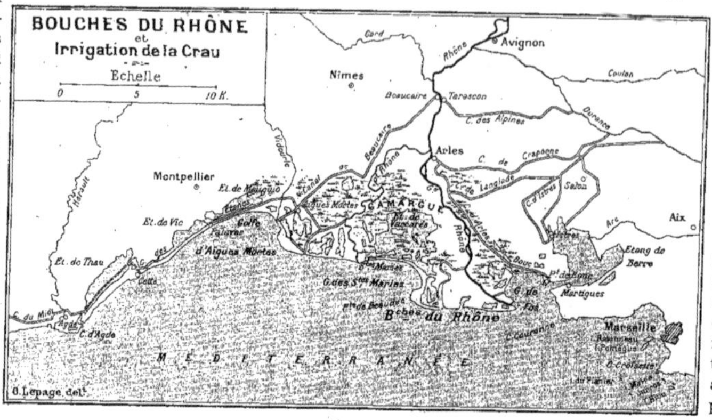

La **côte de Provence** est, en général, élevée, dominée par l'extrémité des montagnes. Elle offre beaucoup de découpures, de caps et de baies où s'abritent d'excellents ports. L'*étang de Berre* qui y pénètre est un beau golfe intérieur mais il faudrait des travaux considérables pour le

améliore et étend son port qui est un des premiers du monde et le premier de France.

Plus loin, se cachent dans la côte les chantiers de constructions navales de *La Ciotat*, puis le grand port militaire de Toulon, au fond d'une belle rade que défendent plusieurs presqu'îles.

Au delà, c'est la côte d'Azur (*fig. 18*), le pays au ciel presque toujours bleu, même l'hiver, au climat doux, abrité des vents du nord, aux cultures presque africaines ; le pays des oranges et des fleurs, le pays des hiverneurs ; îles d'Hyères, Cannes, la grande ville de **Nice**, Menton, et enchâssée dans le littoral français, la petite principauté de *Monaco* [1]. Du haut des montagnes qui bordent la côte d'Azur, on aperçoit les sommets de la Corse, à 180 kilomètres de la France (6 heures de navigation.) Cette île, au climat délicieux, est un de nos plus grands départements, et pourtant un des moins peuplés. C'est qu'elle est toute montagneuse et en grande partie inculte. Aucun des petits torrents qui descendent de la montagne ne trouve

Fig. 17. — Les bouches du Rhône

Fig. 18. — Beaulieu (la petite Afrique)

rendre accessible aux grands navires. Quelles belles flottes il pourrait contenir !

C'est plus au sud qu'a grandi **Marseille**, protégée contre la mer par un archipel d'îlots, et contre les vents du nord par un écran de montagnes. Chaque jour elle

assez de plaine pour devenir un vrai fleuve. La plus vaste plaine, sur le littoral oriental, est riche mais peu salubre ; sa côte toute droite n'a pas de port, pas de ville importante.

Fig. 19. — Méditerranée occidentale

---

1. La Roya, fleuve minuscule qui descend des Alpes, marque la frontière entre la France et l'Italie.

Bastia se cache au nord dans un creux de montagne. A l'ouest au contraire, la côte est saine, découpée en golfes dont le plus important a pour port *Ajaccio*, capitale de l'île.

La Corse et l'Algérie font de la Méditerranée occidentale un lac en grande partie français *(fig. 19)*.

RÉSUMÉ. — I. La côte du Languedoc, plate et souvent malsaine, excepté au pied des Pyrénées, est bordée de longs étangs comme celui de Thau au bord duquel est Cette, le seul port important du Languedoc. Les bouches du Rhône et la Camargue ne sont pas moins marécageuses.

II. La côte de Provence est élevée, bien découpée, et abrite de bons ports, surtout Marseille et Toulon. A l'est, vers Nice, la côte d'Azur est recherchée des malades, l'hiver, pour la douceur de son climat.

III. La Corse est une grande île montagneuse et pauvre, malgré son beau climat. Elle est mal découpée à l'est, mieux découpée et plus riche à l'ouest où est Ajaccio et au nord où est Bastia.

Exercices. — 1. Croquis d'ensemble de la Méditerranée occidentale ; 2. Croquis de la côte du Languedoc et de la Provence.

LEÇON V

LE MASSIF CENTRAL

ENTRETIEN

Les **terres élevées** du centre de la France occupent un bon sixième du territoire *(fig. 20)*. Elles sont entourées de vastes plaines. Celle du Languedoc se resserre un peu entre les Cévennes et les avant-monts pyrénéens, au seuil de Naurouze. Vers le nord-est, les Cévennes se relient par de hautes collines aux montagnes du Morvan et à la Côte d'Or. Le canal du Centre peut être considéré comme limite du système montagneux du centre de la France.

Le Massif Central est adossé comme à un mur aux Cévennes, qui s'élèvent en pente raide au-dessus de la

Fig. 21. — Le puy de Dôme

plaine du Rhône : montagnes ravinées, en grande partie déboisées. Rien n'est plus triste que le mont *Lozère*, tout nu et balayé du mistral.

Des environs du mont Lozère descendent le Tarn, le Lot et l'Allier ; plus au nord, la Loire naît au Gerbier-des-Joncs. Entre leurs vallées se dressent les rameaux du Massif Central :

1° Entre Loire et Allier s'allongent les monts du Velay et les monts du Forez, couverts de sapins et de hêtres.

2° Entre Allier, Lot et Dordogne s'élèvent les **monts d'Auvergne** (Cantal, monts Dore, monts Dôme, où est le puy de Dôme) *(fig. 21)*, dominés par des sommets arrondis comme des pains de sucre, les *puys*, dont le plus élevé *(puy de Sancy)* n'a pas tout à fait une demi-lieue de hauteur. Ces monts d'Auvergne renferment d'anciens volcans qui les ont couverts de lave. Tantôt ils sont déboisés et arides, tantôt ils sont revêtus de châtaigniers ; plus souvent ils offrent un vaste pâturage. Quelques anciens cratères y forment de beaux lacs. La lave y est parfois bizarrement découpée en colonnades, en forme de « tuyaux d'orgue », en grottes, en défilés curieux. La pierre noire qu'elle fournit donne un aspect sombre aux maisons du pays.

3° Les monts d'Auvergne se prolongent à l'ouest, vers la Vienne, par les monts du Limousin et de la Marche, bien arrosés, riches en pâturages où paissent de beaux bœufs.

4° Enfin, au sud, dans les vallées du Tarn et du Lot, s'étalent les **Causses**, plateaux de craie arides et nus, où pâturent de maigres moutons et où l'on ne peut cultiver que du seigle. Ces Causses sont un terrain tendre, facilement raviné par les eaux. Les rivières s'y taillent des défilés à pic (le Tarn surtout) et parfois s'y perdent dans des grottes souterraines (les avens).

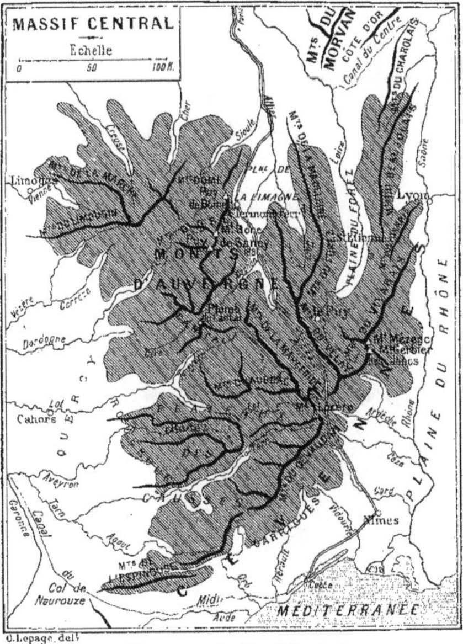

O. Lepage, del†

Fig. 20. — Le Massif Central

Sauf dans le fond des vallées et dans les deux riches plaines de la *Limagne* et du *Forez*, tous ces pays sont froids et pauvres. La terre végétale n'y est pas assez épaisse : c'est qu'elle est emportée par les eaux, à moins que les racines des arbres ne la retiennent. Bienfaisantes sont les forêts dans la montagne : quand le paysan ignorant les détruit, il fait grand tort à son pays. Les pentes méridionales des Cévennes sont en grande partie déboisées : aussi les torrents cévenols (tels le Gard, l'Hérault) dévastent-ils leurs vallées ; faute de terre qui boive les eaux et les rende en sources intarissables, les pluies s'écoulent par les torrents en crues violentes ; puis la sécheresse succède à l'inondation. Les pentes des monts sont moins rapides au nord et à l'ouest ; la terre est plus épaisse, les cours d'eau sont plus longs et plus réguliers : là sont les bons pâturages et les belles forêts, excepté toutefois dans les Causses.

RÉSUMÉ. — I. Le Massif Central occupe un sixième du territoire de la France. Il est adossé aux Cévennes. Du mont Lozère partent les monts du Velay et du Forez, puis, au nord-ouest, les monts d'Auvergne (Cantal, monts Dore et monts Dôme) où le puy de Sancy atteint 1.886 mètres. Ces monts sont continués à l'ouest par ceux du Limousin. Au sud s'étendent les plateaux des Causses.

II. Le pays est pauvre. Les pâturages et les châtaigniers sont les seules productions des montagnes. Les fonds des vallées, la Limagne et le Forez surtout, sont seuls bien cultivés.

Exercices. — 1. Croquis du système montagneux ; 2. Coupe de la France du Rhône à l'Océan selon le 45ᵉ degré de latitude (hauteurs exagérées 20 fois).

LECTURE

LES AVENS

Les grottes naturelles, les cavernes souterraines fouillées par les eaux, ne sont pas rares dans les Causses : on les appelle des avens (abîmes). Les touristes connaissent surtout le Bramabiau et le gouffre de Padirac.

Le *Bramabiau* est un aven des Cévennes (département du Gard). Avec des échelles et des cordes on pénètre aisément dans cet abîme. On y parcourt 1.700 mètres de souterrains et de hautes grottes au fond desquels coule en cascade un ruisseau abondant. C'est la rivière du **Bonheur**. Elle jaillit ensuite au dehors avec une sorte de mugissement. De là le nom de cette

Fig. 22. — Intérieur du gouffre de Padirac

curieuse caverne : *Bramabiau* veut dire « beuglement du taureau ».

Le *gouffre de Padirac (fig. 22)* (dans le Lot) est plus étonnant encore. La rivière qui s'y engouffre, traverse, sur un parcours de deux kilomètres, une suite de galeries et de grandes salles hérissées de stalactites. Elle y forme des lacs et des cascades bruyantes. Elle tombe de cent trois mètres entre l'entrée de l'aven et la sortie. — La principale des salles n'a pas moins de quatre-vingt-dix mètres de haut : une nef de cathédrale y tiendrait à l'aise. Les touristes visitent facilement cette merveille des Causses : des escaliers de fer, des passerelles, des bateaux permettent de s'y promener sans danger.

LEÇON VI

LES PYRÉNÉES

ENTRETIEN

Les Pyrénées *(fig. 23)* sont une véritable barrière, longue de plus de cent lieues (430 kilomètres) entre la

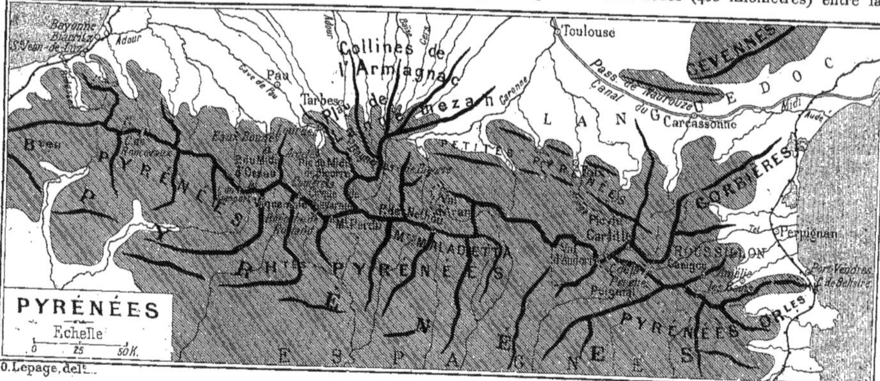

Fig 23. — Massif des Pyrénées

France et l'Espagne. Leurs principaux monts sont moins hauts que ceux de nos Alpes, mais leurs cols sont peu accessibles.

La partie la plus élevée de la chaîne est au centre : ce

Fig. 24. — Le cirque de Gavarnie

sont les *Hautes Pyrénées*. On y trouve des glaciers (bien moins grands que ceux des Alpes). Plusieurs cimes ont plus de trois kilomètres de hauteur. Dans les monts *Maladetta* (ou Maudits), se trouve le pic de *Néthou* (3.404 mètres), le géant des Pyrénées : mais ces monts sont en Espagne. On peut en admirer d'autres chez nous, comme le Vignemale, et surtout nos deux *pics du Midi*, moins élevés, mais plus voisins de la plaine (pic du Midi de Bigorre près de Tarbes, pic du Midi d'Ossau près de Pau). Ces sommets sont les derniers refuges de l'isard et de l'ours que traquent les chasseurs. Les Hautes Pyrénées renferment des lacs, de grandes forêts de hêtres et de sapins, des pâturages où paissent les bœufs. Là naît la Garonne (au *val d'Aran*, en Espagne). Là naissent des torrents nombreux dans des vallées pittoresques : ce sont les *gaves*. Celui de Pau tombe, par une chute de quatre cents mètres, d'un immense cirque de montagnes qui est une merveille (*cirque de Gavarnie*) (*fig. 24*). Dans ces vallées sourdent des eaux thermales (Cauterets, Luchon, Bagnères, etc.), qui attirent des milliers de visiteurs et rendent populaires en France nos paysages pyrénéens.

Les Hautes Pyrénées sont presque infranchissables. Les *Basses Pyrénées* vers l'Atlantique, les *Pyrénées Orientales* vers la Méditerranée, ne sont guère plus faciles à traverser. D'une mer à l'autre on ne trouve que peu de routes, comme le *col de la Perche*, qui est bien fréquenté (à l'est), le col de Roncevaux qui est plus connu (par la légende de Roland) et d'ailleurs bien moins utile. Les principaux passages, qu'utilisent les chemins de fer, sont tout à fait aux deux extrémités, de Bayonne et de Perpignan vers l'Espagne.

En France, la crête des Pyrénées ne s'appuie pas, comme les Alpes, sur de longs contreforts : presque toutes les vallées gagnent rapidement la plaine. Cependant, à l'est,

les montagnes nues et tristes des Corbières s'avancent fort loin dans le Roussillon et le Languedoc, à la rencontre des Cévennes.

Au centre, en avant des monts, le *plateau de Lannemezan*, découpé en éventail par les cours d'eau (Adour, Gers, etc.) abaisse lentement ses landes et ses bruyères vers les collines de l'Armagnac.

RÉSUMÉ. — I. Les Pyrénées sont, entre la France et l'Espagne, une haute barrière, presque infranchissable, excepté aux deux extrémités.

II. Au centre, les Hautes Pyrénées dépassent parfois 3.000 mètres (3.404 mètres au pic de Néthou dans les monts Maladetta.) On y trouve des glaciers, des lacs, des cascades comme celle de Gavarnie.

III. En avant des Pyrénées sont les Corbières, à l'est, et le plateau de Lannemezan, à la source de l'Adour.

Exercice. — Croquis des Pyrénées.

LEÇON VII

LES ALPES

ENTRETIEN

Les **Alpes** (*fig. 25*) sont un vaste système montagneux qui s'étend depuis la France jusqu'à l'Autriche, et qui

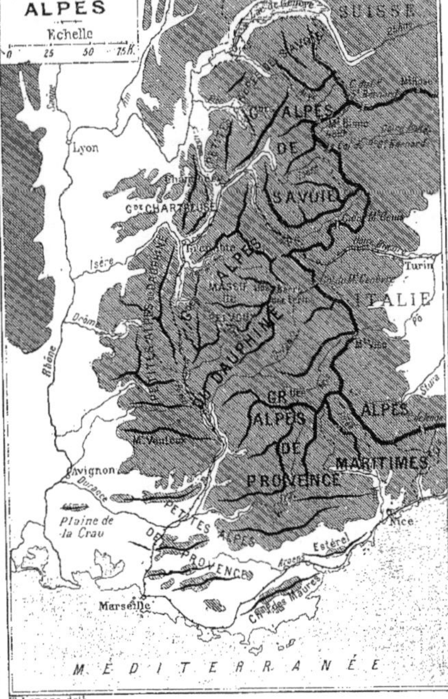

Fig. 25. — Massif des Alpes

donne naissance aux plus grands fleuves de l'Europe centrale. Nous possédons le quart de ces montagnes.

Les Alpes nous séparent de l'Italie par un enchevêtrement de massifs fort élevés, dont la crête principale forme, au bord de la plaine italienne, un gigantesque talus à pente rapide. Mais, de notre côté, les vallées s'allongent

Fig. 26. — La Mer de Glace

ainsi que les rivières et les chemins qui les suivent. On aurait à marcher toute une semaine (200 kilom.) pour aller de la plaine française à la crête des Alpes ; et il ne faudrait qu'un jour ou deux pour redescendre dans la plaine d'Italie. Cette longueur de nos vallées alpestres permet d'accéder facilement aux cols qui sont nombreux et faciles, excepté quand l'hiver les couvre de neige. Les Alpes ne sont donc pas pour nous un obstacle aussi difficile à franchir que les Pyrénées.

Les Alpes françaises comprennent, à l'est, de hauts massifs couronnés de glaciers dont plusieurs sont quarante et cinquante fois plus étendus que ceux des Pyrénées. La **Mer de Glace** *(fig. 26)*, dans la Savoie, est le plus célèbre de ces glaciers. Elle s'étale sur le *Mont Blanc* et descend vers l'Arve qu'elle alimente. Le Mont Blanc est le géant de nos grandes Alpes, et le sommet le plus élevé de l'Europe centrale *(4.810* mètres). Le *Pelvoux* ne lui cède guère (Barre des Écrins 4.103 m.). Il domine nos grandes *Alpes du Dauphiné*, chaos de pics, de glaciers, de vallées sauvages, un des pays les plus admirables qu'on puisse visiter.

Parmi les passages il faut retenir, au nord, le petit *Saint-Bernard* entre l'Isère et l'Italie ; au sud, le col de *Tende* dans les Alpes-Maritimes, et surtout au centre le chemin de fer du *mont Fréjus* qui suit l'ancienne route du mont Cenis [1], et qui passe sous la crête des Alpes par un tunnel de 12 kilomètres.

Les *grandes Alpes*, soit en Savoie, soit dans le Dauphiné *(fig. 27)*, soit dans la Provence et les Alpes-Maritimes, sont trop hautes et trop froides pour être bien peuplées et cultivées. Les sommets sont des déserts où se réfugient l'ours, le chamois, et, plus haut encore, l'aigle. Mais sur le flanc des vallées profondes, on trouve des forêts qui s'étagent jusqu'à la limite des glaces éternelles ; on y trouve aussi

de beaux pâturages d'été. Des villages réussissent à vivre du produit des bois et des troupeaux, ou encore des industries qui empruntent la force motrice aux torrents (papeteries par exemple).

A l'ouest, les *petites Alpes* sont séparées des grandes Alpes par une série de vallées très profondes. Les petites Alpes de Savoie, toujours fraîches, arrosées de cours d'eau vifs et intarissables, avec quelques jolis lacs où affluent les visiteurs, ont des forêts et des pâturages admirables, un bétail superbe, des arbres fruitiers même, au flanc des monts. C'est le jardin de la Savoie. La population y est relativement nombreuse [1].

Les petites Alpes du Dauphiné sont plus sèches, mais leurs vallées sont comme des oasis de culture. Les plus connues de ces montagnes sont celles de la *Grande-Chartreuse*.

Sauf le mont *Ventoux* sur lequel s'étagent les cultures les plus variées, les petites Alpes de Provence sont sèches et pauvres. Comme elles ont perdu leurs forêts par la faute des hommes, elles sont mises à nu par les eaux que rien ne retient : ce sont des pays désolés. Les troupeaux de moutons de la Crau les traversent, quand vient l'été, n'ayant plus rien à tondre dans la plaine ; ils achèvent de les dévaster, puis gagnent les pâturages des grandes Alpes d'où leurs pâtres les ramènent aux approches de l'hiver. La vie ne renaîtra dans ces pays qu'avec les bois.

Fig. 27. — Vue de Grenoble et des Alpes

RÉSUMÉ. — I. Les Alpes nous séparent de l'Italie. Ce sont de très hautes montagnes ; surtout, à l'est, les grandes Alpes de Savoie (mont Blanc 4.810 mètres), celles du Dauphiné (Pelvoux 4.103), celles de Provence, et les Alpes maritimes.

II. On accède de France à ces grandes Alpes par de longues vallées qui mènent à des cols faciles à franchir. Le passage principal est le tunnel du mont Fréjus que traverse le chemin de fer (dit du mont Cenis).

III. — Les petites Alpes sont bien moins élevées. Celles de Savoie sont bien arrosées et peuplées. Celles de Provence sont nues et sèches.

Exercices. — 1. Croquis des Alpes ; 2. Coupes diverses.

---

1. On l'appelle communément chemin de fer du mont Cenis. Mais il ne passe pas au Cenis.

1. Beaucoup de Savoyards émigrent dans les villes de la plaine.

LEÇON VIII
LE JURA, LES VOSGES, LE MORVAN
ENTRETIEN

1. Le **Jura** (*fig. 28*) comprend, au nord des Alpes, un grand arc de cercle de terrains élevés surmontés de chaînons

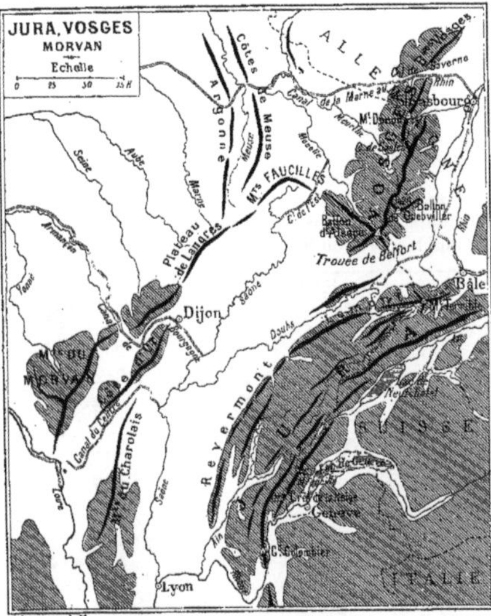

Fig. 28. — Jura, Vosges, Morvan

parallèles. Au sud, le Rhône coupe les premiers chaînons ; au nord, les derniers se continuent en Suisse. Entre les chaînes sont des vallées étroites où les eaux s'accumulent parfois en lacs, où les rivières, surtout le Doubs (*fig. 29*) et l'Ain, franchissent des cascades et des défilés. Le sommet le plus élevé (**Crêt de la Neige**), n'a guère plus de 1.700 mètres. Néanmoins,

Fig. 29. — Saut du Doubs

ces montagnes à travers lesquelles passent les routes et les chemins de fer, comme les fleuves, constituent une ligne solide de protection naturelle. C'est au nord seule-

Fig. 30. — Un schlitteur dans les Vosges

ment, par la *trouée de Belfort*, qu'il est facile de passer.

Les chaînons les plus hauts du Jura sont secs et nus ; mais les autres sont couverts d'épaisses forêts où se trouvent les plus beaux pins de l'Europe. Les collines sont riches en vignes et en blé, même en maïs. De gras pâturages s'étendent partout. Les fromageries, le travail du bois et du papier, la fabrication des montres occupent les habitants. Les usines empruntent aux rivières la force motrice.

2. Au nord de la trouée de Belfort s'allongent les chaînes des **Vosges** (*fig. 30*), hautes surtout vers le sud où

Fig. 31. — Lac de Gérardmer

dominent des sommets arrondis, les ballons (*ballon de Guebwiller*, 1.428 mètres, en Alsace). Plus abruptes sur l'Alsace, les Vosges descendent en pente plus douce vers le plateau de Lorraine. Les crêtes sont une forêt continue que l'on conserve sagement. Les vallées sont semées de villages et d'usines (scieries, fromageries, papeteries, distilleries, tissages.) Quelques lacs bien connus attirent, l'été, les visiteurs (lac de Gérardmer) *(fig. 31)*.

Peu de passages coupent les Vosges, bien qu'elles soient peu élevées ; mais malheureusement la frontière les quitte au mont *Donon*, et les passages les plus faciles ne nous appartiennent pas [1].

3. Au sud-ouest des Vosges, la plaine que traverse la Saône est limitée par de simples collines, les monts *Faucilles*, puis un plateau sans grande élévation, le plateau de Langres, enfin les coteaux de la Bourgogne, ces pentes couvertes de riches vignobles, qu'on a appelées fort justement **Côte d'Or**. Plus au sud, les monts du Mâconnais, sont encore bourguignons, et eux aussi portent des vignobles ; mais ils font déjà partie du système montagneux de la France centrale.

Ni les Faucilles, ni le plateau de Langres, ni la Côte d'Or, bien qu'ils donnent naissance à de puissants cours d'eau *(Saône, Marne, Seine), ne sont de véritables montagnes*. Des routes, des canaux, des chemins de fer nombreux rayonnent au travers, de la Saône jusqu'aux fleuves voisins. Le pays de Bourgogne a sa capitale, Dijon, dans la plaine de la Saône, mais de tout temps il a compris une partie des pays dont les eaux vont à la Seine et à la Loire.

4. Les **monts du Morvan** sont de vraies montagnes. Pays froid et pauvre, le Morvan est tout en forêt. Les habitants sont surtout des bûcherons. Les rivières sont torrentielles ; on les retient par des écluses qu'on lâche de temps à autre pour faire flotter vers l'Yonne des monceaux de bûches jetées à plein courant. Paris, qui achète ce bois, fait vivre les Morvandiaux [2].

RÉSUMÉ. — I. Le Jura se compose de nombreux chaînons parallèles, difficiles à franchir quoique peu élevés, qui bordent la frontière suisse.

II. Les Vosges bordent l'Alsace. Elles sont surtout élevées vers le sud.

III. — Le Morvan est un pays montagneux et boisé, aux sources de l'Yonne.

IV. Les hauteurs de la Bourgogne, comme le plateau de Langres et les Faucilles, sont facilement traversées même par des canaux.

Exercices. — 1. Croquis du Jura ; 2. Des Vosges ; 3. Coupe du terrain de la Loire à la Suisse par le Morvan.

1. Principaux passages : col de Saules, et surtout col de *Saverne* (canal et chemin de fer). Ce dernier passage est sur le territoire allemand.

2. Paris enrichit encore le pays d'une autre manière. Il envoie aux nourrices du Morvan des milliers d'enfants à élever.

CHAPITRE II

LES EAUX

LEÇON IX

LES PLUIES — PETITS FLEUVES FRANÇAIS

ENTRETIEN

1. Étudions la **carte des pluies** *(fig. 32)*. Nous y voyons que les montagnes reçoivent quantité d'eau : elles arrêtent les nuages qui s'y précipitent en pluie. Les plaines en reçoivent beaucoup moins, et elles en reçoivent d'autant moins qu'elles sont plus éloignées de la mer. Enfin, les pays où les nuages arrivent de plusieurs mers,

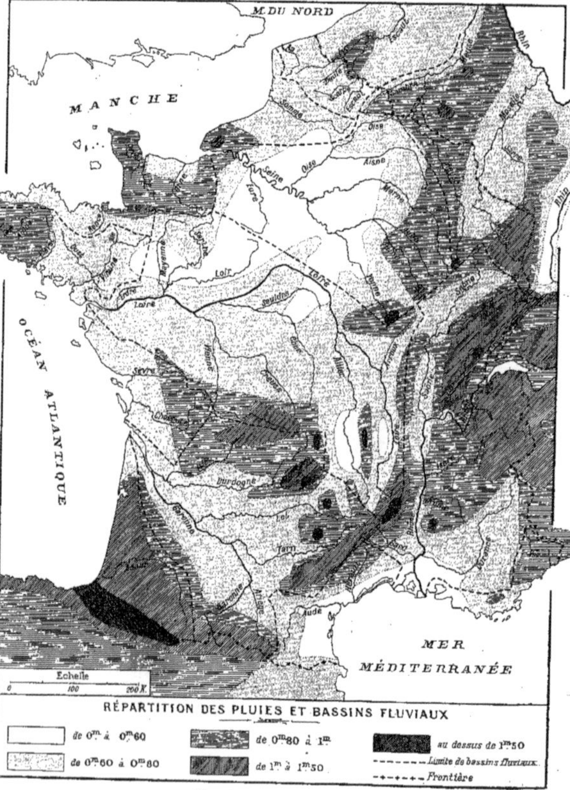

Fig. 32. — Carte des pluies

apportés par des vents opposés (comme la Bretagne), sont fortement arrosés [1].

Les pluies sont réparties très inégalement. A l'est des Cévennes, il pleut rarement en été. On y souffre de la sécheresse, surtout si le mistral vient à souffler ; mais au printemps et en automne tombent d'énormes averses qui

Fig. 33. — Estuaire de la Somme

ravinent la terre et font croître violemment les cours d'eau. Tel ruisseau s'enfle en quelques heures de mille fois son volume. Des rivières, des fleuves assez longs comme le Gard, l'Hérault, le Var, sont inutiles et souvent dangereux.

Dans l'ouest et le nord de la France, les pluies qu'amènent les vents d'ouest sont fines et nombreuses en toute saison [2].

La terre est plus également humide, et par là, plus féconde, et les cours d'eau sont plus réguliers.

De là, de grandes différences dans le régime de nos rivières et de nos fleuves.

2. Outre nos **quatre grands fleuves**, qui seront étudiés séparément, outre ce que nous possédons des bassins de l'Escaut, de la Meuse et du Rhin, nous avons nombre de petits fleuves. Passons en revue les principaux.

Les fleuves du nord sont très réguliers ; ils ont de l'eau en toute saison et coulent en pente douce. Le seul important est la **Somme** *(fig. 33)*, le plus égal de tous nos fleuves : aussi est-il bien navigable, malgré sa faible longueur. La Somme passe à Amiens et Abbeville.

Les fleuves normands, comme l'**Orne**, qui passe à Caen, servent surtout à arroser les belles prairies normandes [3].

Les petits fleuves bretons sont presque tous trop courts pour être navigables : mais ils se terminent tous par de véritables golfes par où la marée et les navires pénètrent assez loin dans l'intérieur. Seule la **Vilaine** a quelque longueur et est une utile voie de communication : deux canaux qui la rejoignent augmentent l'importance de son trafic.

La **Charente** est le fleuve le plus sinueux de France. Dans la montagne, elle fait tourner bien des moulins. Près

d'Angoulême, elle devient navigable. Elle se termine par un large estuaire (port de Rochefort).

L'**Adour** reçoit des Pyrénées beaucoup d'eau par les gaves, torrents abondants, ce qui permet à Bayonne d'être un bon port. Mais dans la plaine des Landes, ce fleuve est très maigre.

L'**Aude**, comme nos autres petits fleuves méditerranéens, l'Hérault, le Var, est fort inégal et inutile à la navigation ; mais sa vallée est suivie par le canal du Midi, qui prend le rôle commercial auquel le fleuve se refuse.

RÉSUMÉ. — I. La pluie est surtout abondante dans les montagnes, puis au voisinage de la mer. Dans l'ouest et le nord de la France, il pleut en toute saison. Dans la région méditerranéenne, la pluie tombe par averses et rarement l'été.

II. Les principaux de nos petits fleuves sont : la Somme, qui passe à Amiens, l'Orne qui passe à Caen, la Vilaine qui traverse Rennes, la Charente qui arrose Angoulême et Rochefort, l'Adour qui passe à Tarbes et à Bayonne.

Nos petits fleuves méditerranéens, comme l'Aude et le Var, sont trop peu réguliers pour être navigables.

Exercices. — 1. Comparer la carte du relief et celle des pluies : indiquer le régime pluvial de telle région (océanique ou méditerranéen 2. Croquis séparés de la Somme, la Vilaine, la Charente, l'Adour.

LEÇON X

LA SEINE

ENTRETIEN

La **Seine** *(fig. 34)* est le plus important de nos fleuves. Ce n'est pas qu'elle soit très longue (776 kilom.), mais

Fig. 34. — Bassin de la Seine
(Les petits traits placés en travers des rivières indiquent l'endroit où elles deviennent navigables)

elle est régulière et tranquille. Elle traverse un pays varié, presque tout entier en pente douce, où les eaux de pluie ruissellent lentement, s'infiltrent dans la terre et donnent naissance à des sources nombreuses et intarissables. En toute saison elle a donc beaucoup d'eau ; elle n'est pas

---

1. Paris, 0 m. 52 de pluie par an ; Vosges, 1 mètre ; Toulouse, 0 m. 66 ; Basses-Pyrénées, 1 m. 80 ; Mont Lozère et quelques sommets des Alpes, 2 mètres.

2. Nîmes a 53 jours de pluie par an, Paris, 154 ; Saint-Malo, 189.

3. On a canalisé une petite partie de l'Orne, pour mettre la ville de Caen en relation avec la mer.

exposée à de bien grosses crues, et elle est aisément navigable. On y a d'ailleurs fait, quand il l'a fallu, des barrages, des écluses, voire un canal latéral, qui facilitent la navigation.

La Seine vient du mont *Tasselot*, une des principales hauteurs de la Bourgogne (département de la Côte-d'Or). Elle coule vers le nord-ouest, mais non pas en ligne droite : les faibles hauteurs qui dominent la plaine champenoise lui font décrire une grande S entre Troyes et Melun ; aux environs de Paris et plus encore aux environs de Rouen, elle multiplie ses sinuosités et serpente entre des collines. Elle débouche dans la Manche par un large estuaire où la marée remonte souvent avec violence [1] *(fig. 35)* et où la navigation est gênée par des amas de cailloux et de sable ; on a dû creuser le long de cet estuaire le canal de Tancarville.

Fig. 35. — Le mascaret

Les **affluents de la Seine** sont, comme elle, tranquilles et navigables dans une bonne partie de leur cours. Quelques-uns offrent encore cet avantage de n'être séparés des fleuves voisins par aucune montagne élevée, en sorte qu'on a pu les y joindre par des canaux. — Les plus importants de ces affluents sont, à gauche, l'**Yonne**, le *Loing* et l'*Eure*, à droite, l'**Aube**, la **Marne** et l'**Oise**, grossie de l'**Aisne**.

L'**Yonne** transporte les bois du Morvan et du Nivernais, et les vins de Bourgogne. Elle passe à Auxerre. Elle est unie à la Loire par un canal, et son grand affluent, l'Armançon, prête sa vallée au canal de Bourgogne. Le **Loing**, ou plutôt le canal du Loing, est relié à la Loire par deux canaux. L'Eure est la rivière de Chartres et de la Beauce.

L'**Aube**, dont le nom veut dire « la blanche », est un faible cours d'eau blanchi par le terrain crayeux qu'il traverse.

La **Marne**, rivière longue et maigre, est accompagnée et prolongée par des canaux. Elle transporte du bois, des pierres, le fer de Lorraine et le charbon du Nord. C'est la grande artère de la Champagne. Elle passe à Chaumont, à Saint-Dizier, à Châlons.

L'**Oise**, qui est reliée à l'Escaut et à la Meuse par plusieurs canaux, est parcourue par d'innombrables bateaux chargés de houille française ou belge : c'est la rivière la plus utile de France. Elle naît en Belgique au pied de l'Ardenne ; elle traverse, en France, plusieurs villes assez importantes, notamment Creil, ville d'industrie. Elle se grossit de l'*Aisne* qui est plus longue qu'elle et bien navigable. Plusieurs canaux unissent l'Aisne à l'Oise, à la Meuse, à la Marne. Sur l'un d'eux est la grande ville de Reims.

Tous ces « chemins qui marchent » aboutissent à la Seine qui est, à son tour, comme une grande rue unissant quantité de villes et de villages.

Les principales villes qu'elle traverse sont Troyes, Melun, Paris, Saint-Denis, Saint-Germain, Mantes, Elbeuf, Rouen et Le Havre, le grand port de toute la vallée.

RÉSUMÉ. — I. La Seine est le plus égal et le plus utile de nos fleuves. Elle est comme la grande voie qui unit de nombreuses villes, Troyes, Melun, Paris, Saint-Denis, Rouen, le Havre.

II. Ses principaux affluents de droite sont l'Aube, la Marne et l'Oise grossie de l'Aisne. Ses principaux affluents de gauche sont l'Yonne, le Loing et l'Eure.

III. Des canaux relient les affluents de la Seine à l'Escaut, à la Meuse, au Rhin, à la Saône et à la Loire.

Exercices. — 1. Décrire le cours de la Seine, en indiquant dans leur ordre les confluents et les villes traversées ; 2. Croquis du réseau fluvial ; 3. Voyage par eau de la Sambre à la Loire.

LECTURE

LES ENVIRONS DE PARIS

(Voir carte en couleurs)

Vingt siècles d'histoire et le voisinage d'une des plus grandes et des plus belles villes du monde ont fait surgir autour de Paris nombre de villes célèbres et populeuses.

À l'est, c'est Vincennes où saint Louis rendait la justice, où Napoléon fit fusiller le duc d'Enghien. Au nord, c'est Saint-Denis, grande ville d'industrie aujourd'hui, connue autrefois par son abbaye où les rois de France étaient enterrés. Au sud-est, Sceaux, petite ville située dans une vallée si pittoresque que les princes et les grands seigneurs d'autrefois l'avaient toute semée de châteaux. À l'ouest, les coteaux de Meudon, de Sèvres, de Saint-Cloud, de Saint-Germain, de Poissy, de Saint-Cyr, de Marly, de Versailles ont été pendant des siècles le séjour des rois, de la cour et des Parisiens riches : encore aujourd'hui, on n'y voit que châteaux, villas et maisons de plaisance. La ville de Sèvres est connue par sa manufacture de porcelaine. Saint-Cloud rappelle le séjour de Bonaparte ; mais son beau palais a été détruit par les Allemands. Saint-Germain possède un riche musée d'antiquités gallo-romaines. Versailles enfin, ville créée tout entière par Louis XIV, est comme une dépendance de son palais immense : ville un peu morte, puisque le palais est mort [1].

LEÇON XI

LA LOIRE

ENTRETIEN

Plus longue que la Seine (980 kilomètres environ), la **Loire** est bien moins utile *(fig. 36)*.

D'abord elle est trop rapide, non seulement en montagne,

---

1. À l'époque des grandes marées d'*équinoxe* un curieux phénomène se produit à l'embouchure de la Seine : c'est la barre ou *mascaret*. Au moment du flux, une grande vague de près de 4 mètres de haut remonte brusquement le fleuve jusque vers Caudebec, engloutissant parfois les bateaux qu'elle surprend.

1. Le château de Versailles est un musée national où l'on a réuni de nombreux tableaux d'histoire. Il est entouré de cours et de parcs, et voisin de deux châteaux plus petits, le Grand et le Petit Trianon.

mais pendant des centaines de kilomètres en plaine *(fig. 37)*. Puis elle est encombrée de bancs de sable qui se renouvellent sans cesse. Enfin, le débit des eaux est fort inégal. Une

Fig. 36. — Bassin de la Loire

bonne partie de son bassin se compose de terrains à peu près imperméables; les pluies ne pénètrent ni dans les roches dures des montagnes du centre ou du Morvan, ni dans les plaines d'argile de la Sologne. Les grandes pluies enflent donc promptement le fleuve et la plupart de ses affluents; de là des crues subites et parfois des inondations. On a, il est vrai, construit des digues parallèles au fleuve pour empêcher ses débordements; mais il est arrivé plusieurs fois qu'elles ont cédé à la poussée des eaux. C'est ainsi que la crue de 1856 a ouvert soixante-treize brèches dans les digues de la Loire, inondé les plaines, emporté des arbres, des maisons, noyé des habitants, causé pour trente millions de dégâts aux riverains. En revanche, les périodes de sécheresse réduisent la Loire à un si faible volume qu'elle ne peut plus porter bateau.

Pour toutes ces raisons, ce beau fleuve n'est guère navigable. On a dû lui adjoindre un canal latéral sur lequel s'amorcent divers autres canaux qui gagnent la Saône et la Seine. Mais le canal latéral s'arrête à Briare; en aval de cette ville il faudrait des travaux longs et coûteux pour que le fleuve devînt utile à la navigation.

La Loire naît au mont *Gerbier-des-Joncs*, à plus de 1.300 mètres d'altitude. Elle descend comme un torrent à travers le Velay et le Forez, et passe à quelque distance du Puy et de Saint-Étienne. A Roanne commence le canal latéral qui l'accompagne sur la rive gauche. Dans toute cette partie de son cours, la Loire coule au nord-est comme pour rejoindre la Seine; après Briare, elle change de direction, décrit une grande courbe dans le département du Loiret, puis s'infléchit vers l'ouest et gagne l'océan Atlantique. Quelques grandes villes jalonnent son cours. Dans la haute

vallée, Saint-Étienne n'est pas sur le fleuve, mais sur un petit affluent, le *Furens*. Dans la plaine, Nevers, Orléans, Blois, Tours et Nantes sont les villes les plus importantes qui aient grandi sur ses bords. Saint-Nazaire, à l'embouchure, est le port de toute la vallée.

Les principaux affluents de la Loire viennent de gauche.

L'Allier, plus long qu'elle, est un cours d'eau torrentiel et dangereux; il passe à Moulins; il laisse assez loin de sa rive gauche la grande ville de sa vallée, Clermont-Ferrand.

Le Cher, qui arrose le Berry, ne traverse point de ville importante; Bourges, la capitale berrichonne, est située sur un de ses affluents.

L'Indre passe à Châteauroux.

La Vienne, cours d'eau plus considérable, traverse Limoges et le Limousin *(fig. 38)*. Elle reçoit deux affluents notables, le *Clain*, qui passe à Poitiers et dont la vallée est une route naturelle vers Bordeaux, et la *Creuse*, longue rivière qui coule au fond d'une vallée fort pittoresque.

Quant au petit *Loiret*, qui naît et finit près d'Orléans, c'est une jolie rivière, bien connue, mais sans importance.

Tous ces affluents de gauche de la Loire sont à peu près

Fig. 37. — Vue de la basse Loire

impropres à la navigation. Pourtant il a fallu donner satisfaction aux besoins du trafic local, transporter à bas prix de la houille, du bois, du fer, des pierres. On a donc creusé plusieurs canaux dans le Berry et la vallée du Cher, et doté ainsi d'une artère navigable la plaine centrale de la France.

De tous les affluents de droite de la Loire (y compris la Nièvre qui donne son nom à un département), aucun n'est important, excepté la *Maine*.

Fig. 38. — Vallée de la Vienne

La **Maine** c'est la **Mayenne** dont le nom est abrégé après qu'elle s'est grossie de la *Sarthe* et du *Loir*. Le Mans a grandi sur la Sarthe, Laval sur la Mayenne, Angers sur la Maine, les trois rivières coulent en plaine et sont assez régulières. La masse de leurs eaux contribue à rendre la basse Loire (*fig. 37*) un peu moins impropre à la navigation que les autres parties du fleuve.

RÉSUMÉ. — I. La Loire est peu navigable et dangereuse par ses crues, en dépit des digues qui la bordent.

II. Ses affluents de gauche sont peu propres à la navigation : tels sont l'Allier, le Cher, l'Indre et la Vienne que grossit la Creuse. A droite, le seul important est la Maine, ou Mayenne que grossissent la Sarthe et le Loir.

III. Les grandes villes de la Loire sont : Nevers, Orléans, Blois, Tours, Nantes et Saint-Nazaire. Saint-Étienne est à quelque distance de la Loire, Clermont assez loin de l'Allier, Limoges est sur la Vienne, Le Mans sur la Sarthe et Angers sur la Maine.

Exercices. — 1. Croquis; 2. Décrire le cours de la Loire en indiquant les diverses directions qu'il prend, les confluents, les villes traversées; 3. Voyage par eau de Brest à la Saône (par le canal de Nantes à Brest).

LECTURE

LA LOIRE NAVIGABLE

Rendra-t-on la Loire navigable ? Les riverains le demandent. Ils ont vu autrefois des bateaux sur la Loire. Si dure qu'y fût la navigation, on y naviguait, faute de mieux, quand les chemins de fer n'existaient pas. Il n'en est plus ainsi, et le fleuve abandonné n'en devient que plus rétif.

De grands travaux seront nécessaires pour l'améliorer. On projette de rétrécir et d'approfondir le chenal principal, de déblayer les sables, d'élever des barrages dans les montagnes pour former des réservoirs, des lacs qui atténueront tour à tour les crues et les sécheresses. Puis on devra lutter contre les caprices du fleuve, reconstruire quand il détruira, creuser quand il comblera, et toujours le tenir en bride... Que de millions à dépenser !

Ne vaudrait-il pas mieux, selon un autre projet, ouvrir un canal parallèle au fleuve ? Créer une Loire artificielle, sœur de la grande Loire, serait-ce plus économique ?

Enfin cette grande courbe que la Loire navigable imposerait à la navigation serait bien longue. Ne serait-il pas plus commode de l'abréger, selon un troisième projet, en poussant jusqu'à la basse Loire le réseau des canaux du Berry ? — Mais alors on laisserait en dehors de la voie navigable tout l'Orléanais, toute la moyenne Loire...

Que d'intérêts en jeu ! Que de problèmes difficiles à résoudre ! Et pourtant il serait bien désirable que la France centrale disposât d'une grande voie de navigation !

LEÇON XII

LA GARONNE

ENTRETIEN

La **Garonne** (*fig. 39*) vient des glaciers du val d'Aran, en Espagne. Elle a recueilli plusieurs sources, mais elle n'est encore qu'un torrent quand elle entre en France au défilé de Pont-du-Roi. Elle coule au nord-ouest d'abord. Le plateau de Lannemezan la rejette au nord-est, au milieu d'une plaine qui va s'ouvrant, s'élargissant vers Toulouse. Nouveau coude à Toulouse : là le fleuve prend définitivement la direction du nord-ouest.

Moins longue que la Loire, et même que la Seine (650 kilom.), la Garonne roule beaucoup plus d'eau : malheureusement, elle est sujette à de grandes crues comme à des baisses excessives. Au printemps, en même temps que fondent les neiges, de grosses pluies se précipitent sur les Pyrénées et enflent à la fois le fleuve et ses affluents pyrénéens. Si les affluents qui descendent du Massif Central croissent au même moment, de grandes inondations sont à craindre. Celle de 1875 a noyé plus de 500 personnes et détruit des milliers de maisons, en dépit des quais et des digues.

Fig. 39. — Bassin de la Garonne

La Garonne n'en est pas moins une belle voie navigable. Un long canal latéral la suit, d'ailleurs, en aval de Toulouse; d'autre part, ce canal est prolongé jusqu'à la Méditerranée par le *canal du Midi* ou « des deux mers ». Enfin, le fleuve débouche non pas directement dans l'Océan, mais dans une sorte de golfe appelé *Gironde*. La mer pénètre ainsi fort avant dans les terres, et la marée grossit régulièrement la Garonne jusqu'à Bordeaux, dont elle fait comme un port de mer.

Le bassin de la Garonne comprend trois régions très différentes : 1° celle des Pyrénées, d'où viennent des

Fig. 40. — Les gorges du Tarn

affluents abondants, mais courts, comme l'Ariège ; 2° celle des Causses, d'où descendent de longues rivières sinueuses, le Tarn, le Lot, la Dordogne et leurs affluents ; 3° enfin, la plaine, toute hérissée de blé, puis de vignes, jusqu'à l'Atlantique.

Les affluents de la Garonne forment donc trois groupes. 1° Les affluents pyrénéens : l'Ariège en est le plus considérable : elle passe à Foix et se jette, rive droite, un peu avant Toulouse ; 2° les affluents qui descendent du plateau de Lannemezan, cours d'eau insignifiants, comme le Gers ; 3° les rivières du Massif Central.

Ces dernières sont considérables et leurs vallées sont parmi les plus curieuses de France. — Le Tarn a creusé non seulement son lit, mais toute sa vallée dans les Causses. Il y serpente dans des défilés étroits et parfois sauvages (fig. 40), Albi est sur ses bords, à son entrée dans la plaine. Montauban a grandi plus bas, sur le Tarn, mais tout près de la Garonne.

L'Aveyron, qui passe à Rodez, traverse une vallée assez semblable à celle du Tarn : il rejoint cette rivière non loin de la Garonne elle-même.

Le Lot est moins long et moins volumineux que le Tarn. Il arrose Cahors ; sa vallée est triste et pauvre dans la montagne, riche en arbres fruitiers et en blé dans la plaine.

La Dordogne se jette dans la Gironde. C'est la sœur jumelle de la Garonne ; elle n'est pas beaucoup moins longue que le fleuve lui-même, mais elle roule bien moins

d'eau. Elle descend du puy de Sancy et traverse des pays pauvres où n'a pu grandir aucune ville. Sa basse vallée se confond avec les coteaux et les plaines qui portent les vignobles bordelais ; là est Libourne, petite ville bien placée, mais qui n'a pu se développer, étant trop proche de Bordeaux. La seule ville importante de la vallée de la Dordogne est Périgueux, sur un petit affluent, l'Isle.

C'est sur la Garonne qu'ont grandi les deux villes importantes du sud-ouest, Toulouse (fig. 41) et Bordeaux. Toulouse est bien située, à mi-chemin des deux mers, au coude que fait le fleuve en débouchant dans la grande plaine du Midi. Plus bas, on peut mentionner Agen, petite ville que ses chemins de fer rendent importante. Enfin, Bordeaux, le grand port du sud-ouest, est sur la basse Garonne, assez loin de la Gironde et très loin de la mer. C'est la quatrième ville de France.

RÉSUMÉ. — I. La Garonne vient d'Espagne. C'est un fleuve abondant, mais inégal et sujet à des débordements, plus navigable que la Loire et moins que la Seine. Un canal latéral et le canal du Midi prolongent son trafic jusqu'à la Méditerranée.

II. La Garonne traverse, de Toulouse à Bordeaux, une plaine fort riche. Elle se jette dans la Gironde.

III. Elle reçoit à droite l'Ariège qui vient des Pyrénées, le Tarn grossi de l'Aveyron, et le Lot qui viennent des Causses ; la Dordogne qui vient de l'Auvergne et dont l'embouchure est dans la Gironde. A gauche, elle reçoit le Gers et la Baïse.

Exercices. — 1. Décrire le cours du fleuve en expliquant ses directions successives (par le relief) ; 2. Croquis.

Fig. 41. — Vue de Toulouse

LECTURE

SI LA GARONNE AVAIT VOULU

Le chansonnier Gustave Nadaud [1], dans sa chanson « La Garonne », plaisante les Gascons qui sont justement fiers de leur beau fleuve.

> Si la Garonne avait voulu !
> Tranchant vallons, plaines, montagnes...
> Elle aurait arrosé l'Espagne.

Elle aurait encore fait bien d'autres choses :

> Elle aurait coupé la Charente,
> Coupé la Loire aux bords fleuris,
> Coupé la Seine dans Paris...
> Elle aurait pu boire la Saône,
> Boire le Rhin après le Rhône ;
> Elle aurait pu, dans sa furie,
> Pénétrer jusqu'en Sibérie...
> Elle aurait dégelé le Pôle.

____

1. G. Nadaud. Œuvres. — P. V. Stock, éditeur.

Mais sachons gré à ce bon fleuve d'avoir daigné rester chez nous.

> La Garonne n'a pas voulu
> Humilier les autres fleuves...
> Ayant pris le Tarn et le Lot,
> Elle confisqua la Dordogne.
> La Garonne n'a pas voulu...
> Quitter le Pays de Gascogne.

LEÇON XIII

LE RHONE

ENTRETIEN

Le **Rhône** (*fig. 42*) (812 kilom.) a sa source en Suisse, dans les glaciers du Saint-Gothard : mais il n'est dans ce pays qu'un long torrent qui va grossir le *Léman* ou lac de Genève.

Ce beau lac, en partie français, est plus grand que le département de la Seine : c'est comme un vaste réservoir où le fleuve violent et boueux s'étale et disparaît. A Genève, le lac épanche un nouveau Rhône, un Rhône bleu, aux flots limpides, qui ne manque d'eau en aucune saison.

Les affluents alpestres viennent le troubler, lui apportant

Fig. 42. — Bassin du Rhône

des alluvions, pierres et boues, qui encombrent son lit. Ils rendent fort inégal le régime de ses eaux : ils croissent violemment au printemps, quand fondent les neiges et les

Fig. 43. — Lyon. — Le confluent de la Saône et du Rhône

glaciers des grandes Alpes ; l'été ils s'amaigrissent. Ils sont d'ailleurs trop rapides pour être navigables. Du moins sont-ils utilisés par de nombreuses usines et par des canaux d'irrigation.

L'**Isère** est la plus abondante de nos rivières alpestres : elle serpente dans les montagnes de la Savoie et du Dauphiné ; elle y ouvre par ses affluents des routes importantes. Par la vallée de l'Arc on monte au Cenis ; par celle du Drac on gagne la Durance. Au confluent du Drac est située Grenoble, qui garde les routes des Alpes.

La **Drôme** n'est qu'un torrent sans importance.

La **Durance** est une de nos plus longues rivières. Elle est plus longue que la Somme, que la Charente et plus longue que l'Adour. Elle a été autrefois un fleuve ; elle jetait ses alluvions dans un golfe de la Méditerranée et elle l'a comblé, semble-t-il, de concert avec le Rhône ; ainsi s'est faite la plaine de la Crau, aussi la Durance est devenue un affluent du Rhône. Ce torrent, que les crues grossissent de deux ou trois cents fois son volume, est des plus dangereux ; aucune ville importante n'a pu grandir sur ses bords. Gap et Digne, capitales minuscules, sont sur ses affluents. Pourtant la plaine qu'arrose la basse Durance est chaude, riche et bien irriguée.

Les affluents de droite du Rhône sont de deux sortes. Ceux qui tombent des Cévennes (tels que l'**Ardèche** et le **Gard**) sont des torrents dangereux. On les utilise pourtant comme force motrice.

Les affluents du nord sont réguliers et abondants. L'**Ain**, qui vient du Jura est trop court, trop en zigzags, trop barré de cascades pour être longtemps navigable : mais il fait tourner des roues d'usines et porte de longs trains de bois : de petites villes industrielles se sont élevées sur ses bords et auprès de ses affluents qui ouvrent des routes dans le Jura.

Mais la belle rivière de toute cette région, la grande voie navigable, c'est la **Saône** (*fig. 43*). Elle porte bateau presque au pied des monts Faucilles ; un canal, d'ailleurs, l'accompagne dans sa haute vallée ; d'autres canaux la joignent à la Loire, à la Seine, à la Meuse, au Rhin. Elle est elle-même comme un vrai canal, tant elle coule paresseuse et presque toujours égale dans la plaine bourguignonne. De ses nombreux affluents, le principal est le *Doubs*, rivière du Jura, assez semblable à l'Ain par ses cascades, ses coudes, son utilité industrielle et commerciale.

Chose remarquable, ce n'est pas sur la Saône que sont situées les deux grandes villes de Bourgogne et de Franche-Comté, mais sur des affluents ; ces villes sont au débouché des routes qui coupent les montagnes : Dijon au pied de la Côte-d'Or et Besançon sur le Doubs. Chalon et Mâcon sur la Saône sont moins considérables.

Fig. 44. — Vue de la Camargue

On voit que le Rhône ne doit jamais manquer d'eau : et pourtant il fait peu de trafic. En amont de Lyon, quand il se glisse dans les derniers chaînons du Jura, il est sinueux, resserré, peu accessible, mais il est utilisé par des usines. Il s'étale ensuite dans la plaine de la Dombes, se heurte aux pentes du Lyonnais et tourne brusquement vers le sud : mais là sa pente est trop rapide et les navires le remontent péniblement. Après Lyon, les ponts sont rares et tous sont suspendus : des arches de pierre craindraient trop la colère du fleuve [1]. Par Valence et Avignon, le Rhône, toujours fougueux, atteint Arles ; là, il se ralentit, il se divise en plusieurs bras et il gagne lentement la mer, encombrant son lit des alluvions qu'il dépose, et agrandissant chaque jour, aux dépens de la mer, le sol de la Camargue *(fig. 44)*.

Ce fleuve puissant n'est que médiocrement utilisé par la navigation. Il pourrait, dans les plaines desséchées du Midi, répandre ses eaux par des canaux d'irrigation et porter la fécondité : mais il faudrait pour cela de grands travaux et de grandes dépenses.

Lyon seul a grandi sur le Rhône : Marseille, le véritable

---

1. Aussi le fleuve ne coupe-t-il aucun autre département que ceux du Rhône et des Bouches-du-Rhône.

port de toute la vallée, s'est développée assez loin des bouches et des alluvions du fleuve.

RÉSUMÉ. — I. Le Rhône vient du Saint-Gothard en Suisse, traverse le lac de Genève, serpente à l'extrémité du Jura, et se recourbe à Lyon vers le sud. Il passe à Valence, Avignon, Arles, et finit par plusieurs bouches dans la Méditerranée.

II. Ses affluents de gauche sont des torrents. Les principaux sont l'Isère, qui passe à Grenoble, et la Durance.

III. A droite, le Rhône reçoit l'Ain qui vient du Jura, la Saône qui vient des Faucilles, et des torrents cévenols comme le Gard. La Saône est la plus belle voie navigable de toute la vallée du Rhône. Elle se grossit du Doubs qui passe à Besançon ; Dijon est sur un autre de ses affluents.

Exercices — 1. Croquis ; 2. Décrire le cours du Rhône : 1° en Suisse ; 2° de Genève à Lyon ; 3° de Lyon à Arles ; 4° jusqu'à la mer.

LEÇON XIV

L'ESCAUT, LA MEUSE ET LE RHIN

ENTRETIEN

Plusieurs cours d'eau importants qui naissent en France vont finir à l'étranger, et rejoignent la mer du Nord *(fig. 45)*.

1° Dans notre plaine du nord, l'**Escaut** est plutôt un canal qu'une rivière, tant il coule paresseusement au milieu des villes et des usines, tant il est peuplé de bateaux de charbon. Il naît au pied des collines de Saint-Quentin, traverse Cambrai et Valenciennes qu'entourent des mines de houille. Il ne prend l'allure d'un fleuve qu'en Belgique, après qu'il s'est grossi de la *Scarpe*, en France, et de la *Lys* qui le rejoint à Gand. Il se termine par un vaste estuaire où il accueille largement la marée, et où s'allongent les quais du grand port belge, Anvers. Ses bouches sont en territoire hollandais.

La *Scarpe* et la *Lys* sont, comme l'Escaut, régulières et propres au commerce : elles font partie du réseau navigable du nord, qui comprend plus de canaux que de cours d'eau naturels, et qui unit l'Escaut à la Somme, à l'Oise *(fig. 46)* et à la mer. Elles traversent le pays du charbon, le pays de l'industrie, celui où croissent à vue d'œil les grandes villes, aussi bien sur les canaux que sur les rivières. Arras et Douai sont sur la Scarpe, Lille sur le canal de la Deule (affluent de la Lys), Roubaix et Tourcoing sur un canal.

2° Le plateau de Lorraine est parcouru par deux grands cours d'eau.

La **Meuse** est un fleuve presque aussi long que la Loire, et bien plus propre à la navigation : mais nous n'en possédons que la moitié la moins importante, celle où aucun grand affluent n'apporte ses eaux. Le fleuve est chez nous moins une voie de communication qu'un fossé que nous utilisons pour la défense de notre territoire.

La Meuse a sa source au plateau de Langres. Elle s'engage dans le pays lorrain entre de hautes berges qui deviennent bientôt de véritables collines (les côtes de Meuse) et qui ne laissent place à aucune grande ville. Traversée par le canal de la Marne au Rhin, elle s'accompagne quelque temps d'un canal latéral puis devient navi-

Fig. 45. — Bassins de l'Escaut, de la Meuse et du Rhin

gable. Elle laisse à sa gauche la forêt d'Argonne. En arrivant au plateau des Ardennes, elle se glisse dans un lit sinueux qu'elle use et approfondit. Ainsi dominée par des collines, la Meuse est comme une fortification naturelle.

Le principal affluent de ce fleuve est la *Sambre*, qui naît en France, et devient belge dans la deuxième moitié de son cours. La Sambre traverse le bassin houiller de Charleroi ; c'est par elle et par le canal de la Sambre à l'Oise que nous arrive le charbon de Belgique.

Grand fleuve en Belgique quand elle a reçu la Sambre, la Meuse passe ensuite en Hollande, et va confondre ses

grande courbe dans la plaine par Epinal, Toul et Metz, aujourd'hui forteresse allemande. De là elle s'insinue à travers les crevasses du plateau des Ardennes, elle longe la principauté de Luxembourg et se jette dans le Rhin à Coblentz. Les deux tiers de son cours sont à l'Allemagne.

Les collines de la Moselle sont fortifiées comme celles de la Meuse.

Un affluent de la Moselle, la *Sarre*, traverse une vallée où abonde la houille. Cette houille allemande gagne les usines françaises par la Moselle ou par les canaux lorrains.

4° Du **Rhin**, qui fut notre frontière avant 1871, nous ne possédons plus rien : mais il reçoit la Moselle et il communique encore avec nous par les deux canaux de la Marne au Rhin et du Rhône au Rhin. Il longe l'Alsace et en reçoit les eaux. L'*Ill*, son principal affluent alsacien, est la rivière de Strasbourg.

Le Rhin est un des grands fleuves du monde. Venu du Saint-Gothard, il traverse la Suisse, l'Allemagne, la Hol-

Fig. 46. — Canal de Saint-Quentin. L'écluse

bouches avec celles du Rhin au milieu de l'archipel de Zélande.

3° La **Moselle** est une longue rivière qui vient des Vosges ainsi que son affluent la Meurthe, rivière de Nancy. Elle descend rapidement de la montagne, puis fait une

lande où ses bouches vont rejoindre celles de la Meuse. C'est une voie de navigation des plus utiles.

RÉSUMÉ. — Plusieurs cours d'eau français gagnent la mer du Nord en traversant des pays étrangers.

I. L'Escaut, fleuve très navigable, associé à nos canaux du nord, se grossit de la Scarpe et de la Lys : Lille sur la Deule, Roubaix sur un canal, sont les plus grandes villes de cette région.

II. La Meuse, fleuve peu important en France, sinon pour la défense, a pour affluent principal la Sambre. La Meuse passe à Verdun et Sedan.

III. La Moselle, longue rivière qui se jette dans le Rhin, passe à Épinal, Toul et, en Allemagne, à Metz. Son affluent, la Meurthe, passe à Nancy.

IV. Le Rhin, un des grands fleuves du monde, arrose la Suisse, l'Allemagne et la Hollande. Sur l'Ill, son affluent, est situé Strasbourg.

Exercices. — 1. Croquis de l'Escaut ; 2. Croquis de la Meuse, de la Moselle et du Rhin moyen ; 3. Voyage par eau de Dunkerque à Strasbourg.

CHAPITRE III

LES PAYS DE FRANCE

GÉOGRAPHIE POLITIQUE

LEÇON XV

FORMATION TERRITORIALE DE LA FRANCE

ANCIENNES PROVINCES. — DÉPARTEMENTS

(Voir la carte en couleurs des anciennes provinces)

PLAN

1. La carte des provinces en 1789 indique les 32 grands gouvernements de la France à la fin de l'ancien régime. La Corse en formait un 33ᵐᵉ. Ils étaient fort inégaux. (Comparez le comté de Foix avec Guyenne et Gascogne.)

2. Principales phases de notre histoire. — La Gaule, plus grande que la France, s'agrège à l'Empire romain. Les royaumes mérovingiens s'y succèdent. L'empire carolingien dépasse les limites de la Gaule ; puis il s'émiette en minuscules États féodaux. L'œuvre des Capétiens est de réunir tous ces États soit par guerre, soit par héritage. Encore font-ils la faute de donner aux princes cadets de leur maison des apanages, ce qui retarde l'unité nationale.

3. Les premiers Capétiens ont l'Ile-de-France et l'Orléanais, noyau de la monarchie (987), *Philippe-Auguste* (xiiiᵉ siècle) fait de gros héritages (Artois, etc.) et des conquêtes sur les Anglais (Normandie, Maine, Anjou, Touraine, Poitou), qui portent au sextuple ses domaines immédiats. Louis VIII et Louis IX prennent aux Anglais l'Aunis et la Saintonge, aux Albigeois le Bas-Languedoc. Philippe III hérite de son frère le reste du Languedoc et épouse l'héritière de Champagne.

4. Les Valois reçoivent donc des Capétiens un bon tiers de la France actuelle. Ils l'aventurent dans la guerre de Cent Ans. — Philippe VI achète le Dauphiné. Charles VII chasse les Anglais, reprend son héritage, et y joint

la Guyenne. *Louis XI* détruit de grandes maisons féodales. Il hérite des princes d'Anjou, outre leurs apanages, la Provence, pays jusque-là étranger. Il enlève à la maison de Bourgogne la Bourgogne, la Picardie, et d'autres provinces que son fils restitue bientôt. Au xviᵉ siècle, soixante années de guerre ne nous font gagner que quelques villes (Calais, Metz, Toul et Verdun). Mais le double mariage d'Anne de Bretagne avec Charles VIII et Louis XII nous dote d'une belle province, et la trahison du connétable de Bourbon permet au roi de confisquer ses domaines, la Marche, le Bourbonnais, l'Auvergne, tout le centre de la France.

5. Henri IV réunit au domaine royal ses biens personnels, Béarn, Navarre, Gascogne, Limousin, Périgord, Foix, etc. Il conquiert la Bresse sur le duc de Savoie. — Désormais, l'unité territoriale est à peu près faite. Les quelques enclaves qui subsistent disparaîtront aisément.[1] Tout l'effort des rois va donc se porter aux frontières. — Richelieu, Mazarin, Louis XIV, prennent pendant la guerre de Trente Ans l'Alsace, moins Strasbourg (Traité de Westphalie, 1648), le Roussillon, des parcelles de l'Artois et de la Flandre (Traité des Pyrénées, 1659). D'autres guerres entament la Flandre (1668-1678) et nous donnent la Franche-Comté (1678.) Strasbourg est pris en 1681. Louis XV conquiert la Lorraine pour son beau-père, et cette province lui revient en 1766. Il achète la Corse aux Génois (1768). Au début de la Révolution, Avignon, terre pontificale, et les derniers pays enclavés dans notre territoire se donnent à la France (1791).

6. En 1790, la **Constituante** abolit l'ancienne organisation pour détruire l'esprit provincial et compléter l'unité nationale. Elle crée 83 départements. Le Consulat organise les préfectures et les sous-préfectures.

Depuis lors, le nombre des départements a varié selon la fortune de nos guerres. La Savoie et le comté de Nice annexés sous la Révolution, perdus par Napoléon Iᵉʳ, nous sont revenus en 1860 ; Napoléon III nous a fait perdre l'Alsace-Lorraine, savoir les départements du Bas-Rhin, du Haut-Rhin moins Belfort, de la Moselle, une grande partie de la Meurthe, une petite partie des Vosges. Des débris de la Moselle et de la Meurthe nous avons fait, en 1871, le département de Meurthe-et-Moselle. Le territoire de Belfort n'a été rattaché à aucun département. Aujourd'hui nous avons 86 départements et un fragment du 87ᵉ.

7. Deux États minuscules sont encore enclavés dans la France : la République d'Andorre, dont nous partageons avec l'Espagne le protectorat, et la **Principauté de Monaco.**

RÉSUMÉ. — I. Les premiers Capétiens n'avaient en propre que l'Ile-de-France et l'Orléanais, mais ils commandaient aux seigneurs féodaux d'une bonne partie de la France actuelle. Leurs successeurs ont hérité, acheté ou conquis successivement les domaines de tous ces seigneurs et plusieurs provinces étrangères.

II. Les plus grands assembleurs de terres françaises ont été Philippe-Auguste, Louis XI, François Iᵉʳ, Henri IV et Louis XIV. Les deux Napoléons ont rétréci nos frontières.

III. Les trente-trois gouvernements ou provinces de l'ancien régime ont été remplacés en 1790 par des départements.

Exercice. — Indiquer d'après la carte l'époque où furent réunies à la France les provinces frontières.

Remarque. — Les limites des départements ne coïncident pas toujours avec celles des provinces qui les ont formés. Lorsque, pour la

------

1. La Constituante en réunit plusieurs en 1790.

commodité de l'enseignement, nous disons que telle province a formé tels départements, il arrive souvent que nous commettons une erreur volontaire sur laquelle il faut appeler l'attention des élèves.

TABLEAUX A CONSULTER

I

GRANDS GOUVERNEMENTS DE L'ANCIEN RÉGIME, COMMUNÉMENT APPELÉS PROVINCES. DÉPARTEMENTS QUI EN SONT FORMÉS

Nos	GOUVERNEMENTS	CHEFS-LIEUX	DÉPARTEMENTS
1	FLANDRE	Lille	Nord.
2	ARTOIS	Arras	Pas-de-Calais.
3	PICARDIE	Amiens	Somme.
4	NORMANDIE	Rouen	Seine-Inférieure, Eure, Calvados, Manche, Orne.
5	ILE-DE-FRANCE	Paris	Seine, Seine-et-Oise, Oise, Aisne, Seine-et-Marne.
6	CHAMPAGNE	Troyes	Aube, Hte-Marne, Marne, Ardennes.
7	LORRAINE	Nancy	Meurthe, Moselle (dont il reste Meurthe-et-Moselle), Vosges, Meuse.
8	ALSACE	Strasbourg	Bas-Rhin (perdu tout entier), Haut-Rhin (dont il reste le territoire de Belfort).
9	FRANCHE-COMTÉ	Besançon	Doubs, Haute-Saône, Jura.
10	BOURGOGNE	Dijon	Côte-d'Or, Ain, Saône-et-Loire, Yonne.
11	LYONNAIS	Lyon	Rhône, Loire.
12	ORLÉANAIS	Orléans	Loiret, Loir-et-Cher, Eure-et-Loir.
13	TOURAINE	Tours	Indre-et-Loire.
14	BERRY	Bourges	Cher, Indre.
15	NIVERNAIS	Nevers	Nièvre.
16	BOURBONNAIS	Moulins	Allier.
17	MARCHE	Guéret	Creuse.
18	LIMOUSIN	Limoges	Haute-Vienne, Corrèze.
19	AUVERGNE	Clermont	Puy-de-Dôme, Cantal.
20	BRETAGNE	Rennes	Ille-et-Vilaine, Côtes-du-Nord, Finistère, Morbihan, Loire-Inférieure.
21	MAINE	Le Mans	Sarthe, Mayenne.
22	ANJOU	Angers	Maine-et-Loire.
23	POITOU	Poitiers	Vienne, Deux-Sèvres, Vendée.
24	AUNIS et SAINTONGE	La Rochelle	Charente-Inférieure.
25	ANGOUMOIS	Angoulême	Charente.
26	GUYENNE et GASCOGNE	Bordeaux	Gironde, Dordogne, Lot, Lot-et-Garonne, Aveyron, Tarn-et-Garonne, Gers, Landes, Hautes-Pyrénées.
27	BÉARN	Pau	Basses-Pyrénées.
28	LANGUEDOC	Toulouse	Haute-Garonne, Tarn, Aude, Hérault, Gard, Lozère, Ardèche, Haute-Loire.
29	COMTÉ DE FOIX	Foix	Ariège.
30	ROUSSILLON	Perpignan	Pyrénées-Orientales.
31	DAUPHINÉ	Grenoble	Isère, Drôme, Htes-Alpes.
32	PROVENCE	Aix	Bouches-du-Rhône, Basses-Alpes, Var.

PROVINCES RÉUNIES POSTÉRIEUREMENT A L'ORGANISATION DE CES TRENTE-DEUX GRANDS GOUVERNEMENTS

CORSE	Bastia	Corse.
COMTAT-VENAISSIN et COMTAT D'AVIGNON	Avignon	Vaucluse.
SAVOIE	Chambéry	Savoie et Hte-Savoie.
COMTÉ DE NICE	Nice	Alpes-Maritimes.

QUELQUES PAYS DE FRANCE

ALBIGEOIS *(Albi)*, en Haut-Languedoc.

ARMAGNAC *(Lectoure)*, en Gascogne.

BARROIS *(Bar-le-Duc)*, en Lorraine.

PAYS BASQUES, plusieurs pays de Gascogne.

BASSIGNY *(Chaumont)*, en Champagne.

BEAUCE *(Chartres)*, en Orléanais.

BEAUJOLAIS *(Beaujeu)*, dans le Lyonnais.

BIGORRE *(Bagnères-de-Bigorre)*, en Gascogne.

BOCAGE *(Vire)*, en Normandie.

BORDELAIS *(Bordeaux)*, en Guyenne.

BOULONNAIS *(Boulogne)*, en Picardie.

BRESSE *(Bourg)* et BUGEY *(Belley)*, en Bourgogne.

BRIE *(Meaux, Provins)*, en Ile-de-France et Champagne.

PAYS DE CAUX *(Yvetot)*, en Normandie.

CERDAGNE, jointe au Roussillon.

CHAMPAGNE POUILLEUSE *(Vitry)*, en Champagne.

CHAROLAIS *(Charolles)*, en Bourgogne.

COTENTIN *(Coutances)*, en Normandie.

PAYS DE DOMBES *(Trévoux)*, en Bourgogne.

FOREZ, en Lyonnais.

GATINAIS *(Nemours)*, en Ile-de-France et Orléanais.

GRAISIVAUDAN, en Dauphiné.

LIMAGNE *(Clermont)*, en Auvergne.

MACONNAIS *(Mâcon)*, en Bourgogne.

MÉDOC *(Lesparre)*, en Guyenne.

NAVARRE, en Béarn.

PRINCIPAUTÉ D'ORANGE, enclavée dans le Comtat-Venaissin.

PERCHE *(Mortagne)*, dans le Maine.

PÉRIGORD *(Périgueux)*, en Guyenne.

QUERCY *(Cahors)*, en Guyenne.

ROUERGUE *(Rodez)*, en Guyenne.

SOLOGNE *(Romorantin)*, Orléanais.

VALOIS, en Ile-de-France.

VERMANDOIS, en Picardie.

VEXIN *(Gisors)*, en Normandie et *(Mantes)*, Ile-de-France.

VIVARAIS, en Bas-Languedoc.

LEÇON XVI

LA RÉGION DES PYRÉNÉES ET LA COTE DE GASCOGNE

RÉVISION. — *La chaîne des Pyrénées, sommets et passages ; l'Adour, la côte de Gascogne*

ENTRETIEN

Les **vallées pyrénéennes** *(fig. 47)* du versant français sont, en général, assez courtes. Elles atteignent vite la plaine. D'autre part, elles sont séparées de leurs voisines par des crêtes élevées, difficiles à franchir. Chaque vallée formait, au moyen âge, un petit État féodal, ou même une République. Tous ces États entraient facilement en relations avec la plaine. Ils y trouvaient des marchés ; et ainsi ont grandi au pied des monts nombre de petites villes qui forment une ligne continue d'une mer à l'autre, comme Saint-Jean-de-Luz, Mauléon, Oloron, Argelès, Bagnères-de-Bigorre, Saint-Gaudens, Foix, etc... Plus avant dans la plaine ont crû les grandes villes qui centralisaient le commerce de plusieurs vallées : Bayonne, Pau, Tarbes, Perpignan, — sans parler de Toulouse.

La montagne est relativement peuplée. Ce n'est pas que le sol y soit bien riche. Excepté le bois et le bétail, il produit peu. Quelques mines sont assez importantes, mines de beau *marbre* dans la Haute-Garonne, mines de *fer* dans l'Ariège... elles sont en somme assez rares. Mais la nature a doté les Pyrénées d'une richesse dans ces centaines de *sources thermales* qui y jaillissent un peu partout, et qui attirent d'innombrables malades. Ces sources ont donné la vie à beaucoup de petites villes, comme Amélie-les-Bains (Pyrénées-Orientales), Luchon (Haute-Garonne), *Bagnères*, Barèges, *Cauterets* (Hautes-Pyrénées), Eaux-Bonnes, Salies-de-Béarn (Basses-Pyrénées) et Dax (Landes). C'est l'été que les malades vont aux eaux dans la montagne.

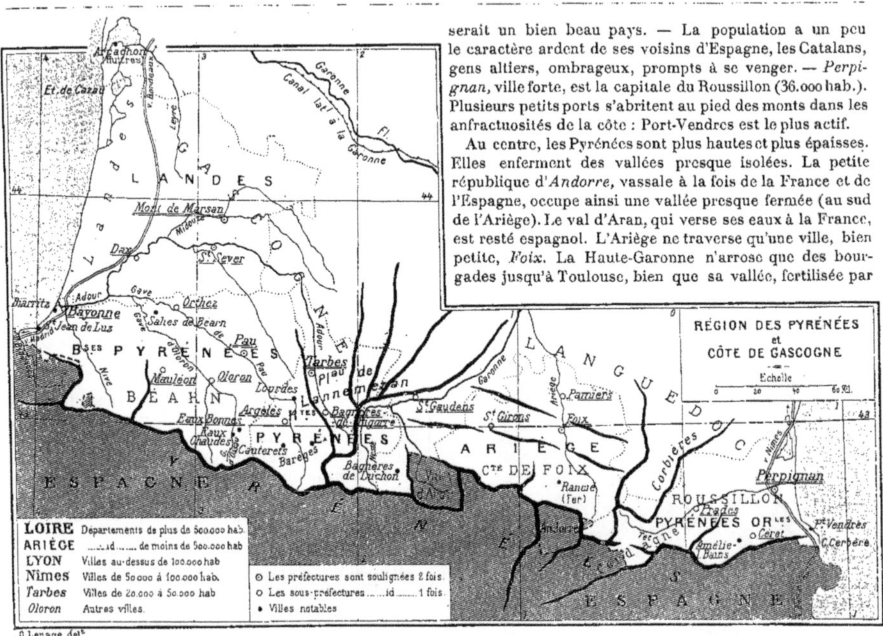

serait un bien beau pays. — La population a un peu le caractère ardent de ses voisins d'Espagne, les Catalans, gens altiers, ombrageux, prompts à se venger. — *Perpignan*, ville forte, est la capitale du Roussillon (36.000 hab.). Plusieurs petits ports s'abritent au pied des monts dans les anfractuosités de la côte : Port-Vendres est le plus actif.

Au centre, les Pyrénées sont plus hautes et plus épaisses. Elles enferment des vallées presque isolées. La petite république d'*Andorre*, vassale à la fois de la France et de l'Espagne, occupe ainsi une vallée presque fermée (au sud de l'Ariège). Le val d'Aran, qui verse ses eaux à la France, est resté espagnol. L'Ariège ne traverse qu'une ville, bien petite, *Foix*. La Haute-Garonne n'arrose que des bourgades jusqu'à Toulouse, bien que sa vallée, fertilisée par

Fig. 47. — Carte de la région des Pyrénées et de la côte de Gascogne

L'hiver, le climat est si doux dans la plaine que l'on vient des pays du nord hiverner à Pau, à Bagnères-de-Bigorre, à Dax, tout comme à Nice ou à Cannes. Enfin, la côte de Gascogne, bien que battue des vents et des tempêtes et moins favorisée que la Côte d'Azur, attire des baigneurs l'été, des malades l'hiver, à Saint-Jean-de-Luz, à *Biarritz*, à *Arcachon* [1]. D'ailleurs les Pyrénées sont « à la mode ». On y va pour le plaisir de les voir : et elles le méritent, car elles sont fort belles. L'attrait d'un beau voyage contribue assurément à achalander certains pèlerinages, comme celui de Lourdes qui attire chaque année de très nombreux visiteurs. — Ainsi des milliers d'étrangers vont porter aux Pyrénées leur argent et donnent la vie à ces régions.

La plaine n'est d'ailleurs pas sans richesse, et elle avait vu croître ses villes avant la vogue des eaux thermales.

A l'est, le Roussillon (*fig. 48*), isolé du reste de la France par les monts Corbières, ne communique avec le Languedoc que par la côte. Il a les cultures des pays méditerranéens. On voit dans les champs la vigne, l'olivier, les arbres fruitiers et ces grandes touffes d'agavé, aux longues feuilles vertes, d'où jaillissent des tiges droites et très hautes. Si la côte, bordée de lagunes, n'était pas malsaine, ce

un canal d'irrigation, ait de beaux champs de céréales. Plus à l'ouest, le plateau de Lannemezan est pauvre et relativement sec.

La vallée de l'Adour comprend deux régions bien distinctes. Au nord de l'Adour, le pays des Landes n'a que de maigres rivières et point de ville : *Mont-de-Marsan* est une bourgade. La côte bordée de dunes et d'étangs n'a

Fig. 48. — Paysage du Roussillon

1. Arcachon est dans le département de la Gironde. Cette ville est encore renommée pour ses huîtres.

qu'une petite ville : *Arcachon*. Toute cette contrée est un ancien désert qu'on a transformé en forêt en y plantant des pins. La résine et le bois sont devenus la principale ressource des Landais.

Au sud de l'Adour, c'est le pays des belles rivières, du bétail, des riches cultures de maïs. Les attelages de bœufs sillonnent les champs, les villages sont nombreux.

Tarbes, sur l'Adour, a 26.000 habitants : c'est un marché important de petits chevaux de montagne. *Pau* (35.000 hab.), au bord du Gave, est une des plus jolies villes de France ; de sa terrasse on contemple le merveilleux panorama des Pyrénées. C'est la patrie de Henri IV. *Bayonne* enfin (27.000 hab.) est une ville forte et le port de toute la région. Elle est connue dans le commerce pour ses jambons.

Fig. 49. — **Types basques**

Les Gascons, surtout les Basques *(fig. 49)*, sont sobres, vifs, gais, aventureux ; ils travaillent, comme il convient à un peuple fier, accoutumé depuis des siècles à la liberté.

RÉSUMÉ. — I. Les Pyrénées sont relativement peuplées. Beaucoup de petites villes ont grandi au sortir des vallées. Le bois, le bétail, le marbre sont les principaux produits des montagnes. Les eaux thermales, les plages de la mer, les villes d'hivernage et de pèlerinage attirent aux Pyrénées des visiteurs qui sont une ressource précieuse pour les habitants.

II. Dans la plaine, le Roussillon cultive la vigne et l'olivier. Sa ville importante est Perpignan ; Port-Vendres est son port.

III. La vallée de l'Adour est riche en maïs. Elle a pour villes, Tarbes, Pau et Bayonne. La région des Landes est une immense forêt de pins.

Exercice. — Ajouter les noms des villes sur le croquis des Pyrénées.

LEÇON XVII

LE MIDI BORDELAIS — BORDEAUX

RÉVISION. — *La Garonne et ses affluents*

ENTRETIEN

La grande plaine du Midi est partagée entre la Guyenne et le Languedoc. A travers toute notre histoire, son sort est lié à celui de ses deux capitales, **Bordeaux et Toulouse** [1]. Avec Toulouse, le Midi languedocien résiste aux rois de la France du Nord : il faut le massacre des Albigeois et la longue terreur de l'Inquisition pour y dompter l'esprit d'indépendance. Avec Bordeaux, la plaine de la Guyenne reste sous la main du grand vassal anglais de nos rois jusqu'à la fin de la guerre de Cent Ans. Ainsi l'histoire coupe en deux notre Midi, en dépit de la Garonne, trait d'union qu'y jette la nature.

Le Midi bordelais *(fig. 50)*, c'est le pays de la Gironde, de la Garonne basse et moyenne, de la basse Dordogne ; ce sont les collines de l'Armagnac, les coteaux du Périgord et les dernières pentes du Quercy ; c'est la plaine de l'entre-deux-mers (entre Garonne et Dordogne) et la presqu'île du Médoc ; et tout cela est couvert de vignes *(fig. 51)*. Quand on remonte vers le Languedoc, on trouve encore la vigne : mais le vin qu'elle donne s'épaissit. Le vignoble ne s'interrompt pas non plus quand on gagne, au nord, la Charente, mais le vin de cette région est transformé en eau-de-vie (cognac). Le terroir bordelais, bien distinct de celui des provinces voisines, donne un vin unique, un vin clair, léger et généreux, le vin des estomacs délicats, celui qu'on prescrit aux malades. Ses crus sont connus du monde entier : vins blancs des **Graves** (rive gauche de la Garonne), comme le Sauternes, vins blancs et rouges du Médoc, comme le Château-Lafite, le Château-Margaux, etc., vin de Saint-Emilion, près de la Dordogne, etc... Sur les coteaux de l'Armagnac, la vigne, plus commune, donne surtout de l'eau-de-vie.

La *vigne* est donc la richesse principale des coteaux et de la plaine : ce n'est pas la seule. Les arbres fruitiers sont cultivés avec soin. *Agen* prépare des pruneaux et

1. Si elle avait eu un centre unique, un Paris, l'Aquitaine fût peut-être devenue un État distinct de la France.

TABLEAU A CONSULTER [1]

PROVINCES	DÉPARTEMENTS	CHEFS-LIEUX	SOUS-PRÉFECTURES	VILLES NOTABLES
ROUSSILLON. — Acquis par le traité des Pyrénées, 1659.	Pyrénées-Orientales. .	*Perpignan*	Prades, Céret.	Amélie-les-Bains.
COMTÉ DE FOIX. — Faisait partie des domaines de Henri IV et fut réuni à son avènement	Ariège	Foix	Pamiers, Saint-Girons	Rancié (fer).
GASCOGNE. — En partie acquise sur les Anglais (1453), en partie réunie au xvi° siècle par l'avènement de Henri IV : la Gascogne était jointe au gouvernement de Guyenne . . .	Hautes-Pyrénées . . .	*Tarbes*	Argelès, Bagnères	Cauterets (eaux thermal")
	Landes	Mont-de-Marsan .	Dax (thermes), Saint-Sever . . .	Biarritz (plage).
BÉARN ET NAVARRE. — Domaine de Henri IV.	Basses-Pyrénées . . .	*Pau*.	Oloron, Mauléon, Orthez, *Bayonne*.	Lourdes (pèlerinage).

1. *N.-B.* — Nous distinguons dans ces tableaux par la grosseur des caractères les villes et les départements importants. Nous écrivons comme Isère les départements de plus de 500.000 habitants ; comme ROUEN, les villes de plus de 100.000 habitants ; comme ORLÉANS, celles de plus de 50.000 habitants ; comme *Pau*, celles de plus de 20.000.

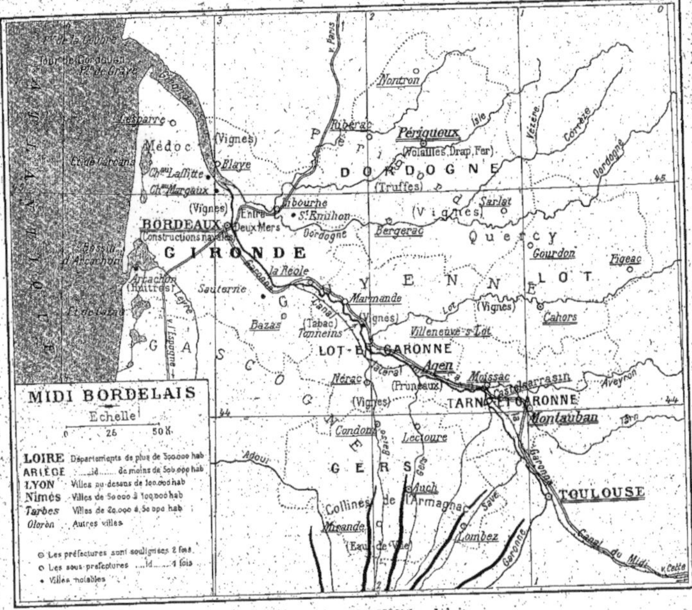

Fig. 50. — Carte du Midi bordelais.

Sur un affluent est *Périgueux* (32.000 hab.), le marché du Périgord. Il vend des volailles et du gibier truffés, il fabrique des draps et travaille le fer.

Bordeaux (*fig. 52*) quatrième ville de France (257.000 hab.), attire tout le commerce du sud-ouest. C'est donc un grand marché de vins et d'eaux-de-vie. Bien que situé à près de cent kilomètres de la mer, il reçoit à marée haute les navires transatlantiques. Il est ainsi en relations régulières avec l'Europe occidentale, l'Afrique et l'Amérique du Sud. Il reçoit le fer d'Espagne, le charbon d'Angleterre, le bois du Nord, les graines du Sénégal, les cuirs et les laines de la Plata, les cafés du Brésil, les sucres, etc. Tout naturellement il est devenu un grand centre industriel (distilleries, raffineries, filatures, fonderies, fabriques de conserves alimentaires, ateliers pour la construction des navires, etc). Mais la profondeur de la Gironde et celle de la Garonne ne suffisent plus aux grandes dimensions des navires, et la prospérité de Bordeaux pourra s'en ressentir.

Cette belle ville, très bien bâtie, est riche en monuments

d'autres fruits séchés. On cultive en grand le maïs et le tabac; on engraisse des volailles dont on fait des pâtés et des « confits ». Le Périgord a une ressource particulière, les truffes. Il semble que, dans ce climat, la nature aime les bons vivants. Aussi a-t-elle fait les habitants de l'Aquitaine enjoués, de bon caractère et de commerce agréable. Les Bordelais sont, en outre, bien doués pour les affaires.

Il n'y a que *peu d'industrie* dans cette région, parce que la houille y manque. Les seules villes qui aient de l'importance sont donc celles qui ont des facilités naturelles pour l'exportation des produits agricoles, les gros marchés, les croisements de routes et de voies ferrées. Point de vraie grande ville, hormis Bordeaux, mais beaucoup de petites villes animées et prospères.

Dans la région de l'Armagnac, *Auch*, marché des eaux-de-vie du pays, n'a pas 14.000 habitants.

Sur les bords du Lot, *Cahors* (14.000 hab.), au débouché des tristes causses du Quercy, occupe le milieu d'un pays de coteaux dont il centralise les vins.

Agen, connu pour ses pruneaux et ses vins, est le plus gros marché de la Garonne moyenne (23.000 hab.).

La Dordogne, dont la vallée est étroite, n'arrose pas de ville importante. Pourtant *Libourne* a 18.000 habitants; la marée qui remonte jusqu'à son quai lui porte quelques bateaux. Au reste, ses chemins de fer lui donnent un bien autre trafic que son fleuve.

Fig. 51. — Vignoble bordelais

importants, Palais de Justice, Hôtel de Ville, églises; elle est ornée de promenades fameuses, comme les Quinconces; mais elle s'enorgueillit surtout de ses quais à perte de vue (4 kilom.), avec leurs docks, leurs bassins et leurs chantiers : ils font sa fortune et sa réputation.

RÉSUMÉ. — I. Le Midi bordelais est tout agricole. Faute de houille, l'industrie n'y a pris qu'une faible importance. Il est surtout riche en vin. Il produit aussi du maïs, du tabac, des fruits.

II. Les villes importantes sont : Agen, sur la Garonne, centre d'un commerce de fruits; Périgueux, le marché du Périgord, et surtout Bordeaux.

III. Bordeaux (257.000 hab.), est le grand port du sud-ouest, en relations régulières avec l'Angleterre, l'Espagne, le Sénégal et l'Amérique du Sud. Il exporte principalement du vin et importe des denrées coloniales. C'est aussi une ville industrielle.

Exercice. — Indiquer sur le croquis de la Garonne les villes et les productions.

Fig. 52. — Bordeaux. Les quais

TABLEAU A CONSULTER

PROVINCES	DÉPARTEMENTS	CHEFS-LIEUX	SOUS-PRÉFECTURES	AUTRES VILLES
GUYENNE. — Faisait partie des domaines d'Éléonore d'Aquitaine, qui épousa Henri II d'Angleterre après le divorce de Louis VII. Conquise à la fin de la guerre de Cent Ans (1453).	Gironde	BORDEAUX	Lesparre, Blaye, Libourne, La Réole, Bazas.	
	Lot-et-Garonne	Agen	Villeneuve-d'Agen, Marmande, Nérac.	Tonneins (tabacs)
	Lot	Cahors	Gourdon, Figeac.	
	Dordogne	Périgueux	Nontron, Ribérac, Bergerac, Sarlat.	
GASCOGNE. — Elle était en grande partie du domaine de Henri IV; réunie en 1589, elle fut ajoutée au gouvernement de Guyenne.				
GUYENNE pour partie.	Gers	Auch	Lombez, Lectoure, Condom, Mirande.	
LANGUEDOC pour le reste	Tarn-et-Garonne	Montauban	Moissac, Castelsarrasin.	

LEÇON XVIII

LE LANGUEDOC ET LE MIDI TOULOUSAIN

RÉVISION. — *La côte de la Méditerranée* (première partie)

ENTRETIEN

La plaine du **Haut Languedoc** (*fig. 53*) où est Toulouse, et celle du **Bas Languedoc** qui borde la Méditerranée, sont unies par le passage de Naurouze, petite plaine en pente douce où se glissent facilement le chemin de fer et le canal des deux mers. Ainsi s'explique que Toulouse ait été liée plus étroitement dans l'histoire au littoral méditerranéen qu'au pays bordelais.

Le **Languedoc** ne comprend pas seulement deux pays de plaine, mais des vallées cévenoles. De tout temps, les villages des bords du Tarn, de l'Aveyron ont envoyé leurs denrées et leurs habitants à Albi et à Toulouse. De tout temps, les immigrants cévenols ont peuplé les villes du littoral. Il faut aux fabricants de Nîmes les cocons des Cévennes, aux tisserands de Castres la laine des causses, et un peu partout on emploie le charbon d'Alais, de Carmaux, de Decazeville. Et puis, sur la montagne et dans la plaine, on a les mêmes sentiments, on parle le même patois[1]. Au temps des Albigeois, plus tard au temps des guerres protestantes ou du soulèvement des Camisards, on était massacré, brûlé ou « dragonné » dans la montagne comme dans le plat pays. La communauté des souffrances unissait les Languedociens comme la communauté des intérêts.

Au sortir des vallées et dans la plaine, les villes sont nombreuses, parce que les ressources de l'industrie[1] s'ajoutent à celles de l'agriculture.

Dans le Haut Languedoc, les cultures sont variées : blé, maïs, tabac, vigne, fruits; le mûrier croît sur les dernières pentes des Cévennes. Les fabriques disposent de la houille de Carmaux et de Decazeville. L'industrie donne quelque importance à *Castres*, sur un affluent du Tarn (27.000 hab.; draps); Milhau et *Albi* sur le Tarn (verre, toile, drap, 22.000 hab.). Cette dernière ville rappelle l'hérésie et les malheurs des Albigeois. Plus bas *Montauban* (3o.000 hab.) est, depuis trois siècles, une sorte de capitale religieuse des protestants français (faculté de théologie protestante). Sur l'Aveyron, Rodez est une petite ville, la capitale du Rouergue (lainage et fromage).

Toulouse (15o.000 hab.) est très bien placée au point de rencontre des routes qui viennent des deux mers, des Pyrénées et des montagnes du Centre.

C'est un grand marché de blé et de vin. Elle a des minoteries importantes, une manufacture de tabacs, des filatures, des fonderies, etc. Elle a toujours encouragé l'instruction et les beaux-arts, et son Académie des jeux floraux est la plus ancienne société littéraire de France. Bâtie en briques, la ville n'est pas des plus belles. Le Capitole, ou Hôtel de Ville, est son principal monument.

---

1. Ce patois était, au moyen âge, une des deux *langues* de la France. Le Nord parlait la langue d'oïl, et le Midi la langue d'oc.

1. L'industrie de ces pays dut son essor aux protestants : aussi eut-elle beaucoup à souffrir de la révocation de l'Edit de Nantes.

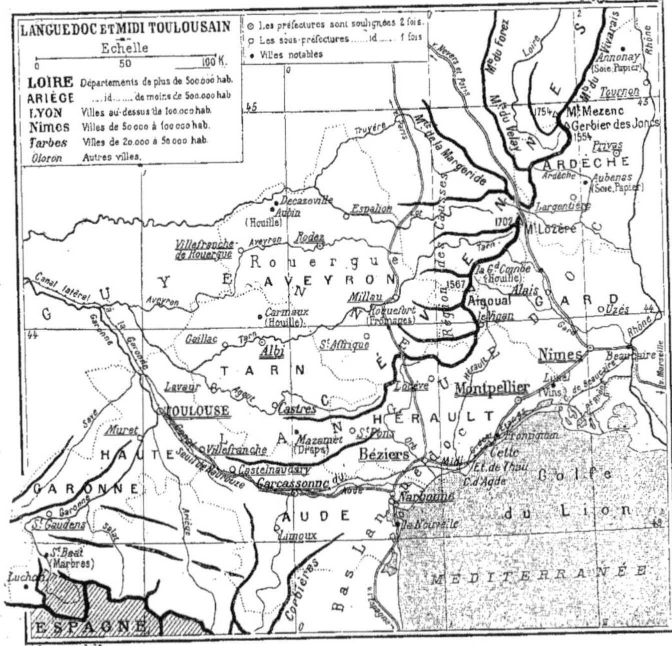

Fig. 53. — Carte du Languedoc et du Midi toulousain

sont les magnaneries. L'élève du ver à soie et la fabrication des soies grèges sont même la principale ressource du pauvre département de l'Ardèche, qui a plus de montagnes que de plaines[1]. Enfin diverses industries qui utilisent la force motrice des torrents font vivre des petites villes au pied des monts (papeteries d'Annonay dans l'Ardèche, 17.000 hab.)

Narbonne (29.000 hab.) qui fut une grande ville et un port, est aujourd'hui loin de la côte qui s'est avancée dans la mer. Son maigre canal fait peu de trafic. Elle exporte par chemin de fer beaucoup de vin. On en peut dire autant de *Béziers* (52.000 hab.) ; ville qui fut détruite pendant la croisade des Albigeois et que le commerce a relevée.

Montpellier (76.000 hab.) n'est pas seulement un marché, mais une ville d'études, qui, depuis des siècles, forme des médecins. *Nimes* (82.000 hab.) fait des soieries et devient de plus en plus une grande ville industrielle grâce au voisinage du bassin houiller d'*Alais* (25.000 hab.).

En suivant la trouée de Naurouze, on arrive à l'Aude et à *Carcassonne (fig. 54)* (30.000 hab.) qu'enrichissent le vin et l'industrie des draps, et qui garde jalousement, à côté de ses quartiers neufs, sa vieille cité, vestige remarquable de l'époque féodale.

Fig. 54. — Vue de la cité de Carcassonne

Plus loin, la plaine du Bas Languedoc est toute en vignobles. Elle produit du vin ordinaire, mais de bonne qualité et en très grande abondance. Vers la côte, certains vins liquoreux (Frontignan, Lunel) se vendent assez cher. Dans les vallées cévenoles croît le mûrier, et nombreuses

Fig. 55. — Le port de Cette

Cette (fig. 55) enfin (33.000 hab.), port de toute la région, est bien placé au débouché du canal du Midi

---

1. Une seule ville de l'Ardèche atteint 10.000 âmes : *Annonay*.

et de la grande voie ferrée de Paris-Nevers-Cette; mais elle lutte avec peine contre le sable qui envahit ses eaux et rend malsain l'étang de Thau. Son commerce, presque borné au transport des vins, ne se développe que lentement. Il manque donc à cette côte inhospitalière un Bordeaux : mais les villes du Bas Languedoc n'en grandissent peut-être que plus à l'aise; elles sont un peu « la monnaie » de la grosse capitale qui n'a pu croître parmi elles.

RÉSUMÉ. — I. Le Haut Languedoc riche, en blé, en vin, en tabac, a pour capitale Toulouse (150.000 hab.), cité intelligente et lettrée, ville de grand commerce et d'industrie ; Montauban, la ville protestante ; Castres, Albi, villes de filatures, sont beaucoup moins importantes.

II. Le Bas Languedoc est le premier pays de France pour la quantité de vin qu'il récolte. Il produit aussi de la soie. Son port est Cette qui ne peut que difficilement grandir. Ses grandes villes sont : Nîmes, qui fabrique des soieries ; Montpellier, ville d'études ; Béziers, Carcassonne, Narbonne, grands marchés de vin.

Exercice. — Croquis du pays, fleuves, montagnes et villes.

TABLEAU A CONSULTER

PROVINCES	DÉPARTEMENTS	CHEFS-LIEUX	SOUS-PRÉFECTURES	AUTRES VILLES
LANGUEDOC.—Province formée de territoires acquis successivement. La majeure partie du Bas Languedoc fut cédée à Saint-Louis en 1229, après la croisade des Albigeois. Toulouse et Albi furent réunis en 1270 par Philippe III, héritier de son oncle Alphonse de Poitiers, qui avait épousé la fille du comte de Toulouse. Montpellier fut acheté plus tard (1349.)	Haute-Garonne	TOULOUSE	Villefranche-de-Lauraguais, Muret, Saint-Gaudens	Saint-Béat (marbres), Luchon (eaux thermales).
	Tarn	*Albi*	Gaillac, *Castres*, Lavaur.	Mazamet (draps), Carmaux (houille).
	Aude	*Carcassonne*	*Narbonne*, Limoux, Castelnaudary	La Nouvelle (port de Narbonne). *Cette*(port).Frontignan, Lunel (vins).
	Hérault	MONTPELLIER	Béziers, Lodève, Saint-Pons	
	Gard	NIMES	*Alais*, Uzès, Le Vigan	La Grand'Combe (houille). Beaucaire (sur le Rhône).
	Ardèche	Privas	Largentière, Tournon	Annonay (soie et papier), Aubenas (soie et papier.)
GUYENNE	Aveyron	Rodez	Espalion, Villefranche-de-Rouergue, Milhau, Saint-Affrique.	Roquefort (fromages), Decazeville (houille et fer), Aubin (houille).

LEÇON XIX

LE MIDI PROVENÇAL ET LA CORSE — MARSEILLE

RÉVISION. — *La côte de la Méditerranée* (suite)

ENTRETIEN

Quand on parle des Provençaux, on pense tout de suite aux gens de Marseille et d'Avignon, à ceux de Toulon, et l'on y joint ceux de Nice. La **Provence** *(fig. 56)* c'est surtout le pays du soleil, des fleurs et des olives. On oublie qu'il y a des montagnes et tout le pauvre pays des Basses-Alpes dans la joyeuse Provence.

Les grandes Alpes occupent plus de la moitié du pays. Elles versent soit à la mer, soit à la Durance, leurs rivières et leurs produits. Elles prêtent, l'été, leurs pâturages aux moutons de la Crau. Quelques vallées sont tièdes et fertiles, mais trop petites pour avoir de grandes villes. *Digne* et *Draguignan*, préfectures, ne sont que de gros bourgs.

La Durance a contribué, comme le Rhône, à former la Basse Provence. Elle y a porté toute une plaine de cailloux qui s'étend d'Avignon aux Bouches-du-Rhône. Là est la Crau, terre de maigres herbages, brûlée l'été, déserte quand l'eau y manque; mais dès qu'on l'arrose, on y fait naître des oasis de verdure : l'olivier, l'amandier, la vigne, le mûrier y viennent bien.

Plus riche est la plaine de Vaucluse, si bien cultivée et irriguée : ses légumes, ses melons, ses fruits, ses olives, ses vers à soie ont pour marché *Avignon* (46.000 hab.). Cette ville est connue dans l'histoire parce qu'elle a été longtemps la résidence des papes. Ils y ont bâti un vaste château et l'ont embellie de diverses manières.

Au nord de Marseille, *Arles (fig. 57)*, célèbre par ses monuments gallo-romains (arènes, théâtre, etc.), *Aix*, qui a été la capitale de la Provence, n'a pas 30.000 habitants. Elle est connue par son huile d'olive. C'est encore une ville d'études de quelque importance, bien que la concurrence de Marseille diminue chaque jour son rôle.

Le joyau de la Provence, c'est le littoral.

Après la Camargue plate, malsaine et pauvre, des montagnes s'avancent sur la mer, encadrant nombre de petits ports de pêche et de petites villes. L'olivier *(fig. 58)*, le mûrier et les vers à soie, la vigne, l'oranger, le citronnier, le miel des abeilles, et sur la Côte d'Azur, les fleurs que la parfumerie exploite, sont les principales productions du pays, sans parler de la pêche et du commerce de mer. Mais surtout la douceur du climat attire de nombreux hiverneurs, aux îles d'Hyères, à *Cannes* (30.000 hab.), à *Nice*, à *Menton* et aussi à *Monaco*, principauté minuscule dont une maison de jeu fait surtout l'attrait et la fortune. *Nice* croît avec une rapidité surprenante ; elle a doublé sa population depuis trente ans [1] (105.000 hab.) C'est une belle ville, en grande partie neuve ; c'est notre grande forteresse du côté de l'Italie.

Juste au milieu de la côte provençale, *Toulon* (101.000 hab.), ville populeuse et trop peu salubre, est notre grand port de guerre sur la Méditerranée.

A l'Ouest, **Marseille** *(fig. 59)* est aujourd'hui la deuxième ville de France [2] : 491.000 habitants, mais parmi eux beaucoup d'étrangers, d'ouvriers italiens surtout. Grande et belle ville, si elle a des quartiers misérables, elle a quelques rues splendides, comme la fameuse Cannebière, des monuments remarquables, comme l'admirable palais de Longchamps (musée); mais surtout des quais immenses (18 kilom.), et un outillage maritime de premier ordre. C'est de beaucoup le plus considérable de nos ports de mer, et l'un des plus commerçants du monde (le cinquième ou le sixième pour le chiffre des affaires, le dixième pour le

1. Sans parler des hiverneurs étrangers qui ne font que passer, une partie de cette population est italienne.

2. Elle a dépassé Lyon au recensement de 1901 : mais il faut dire qu'elle a un territoire beaucoup plus vaste que cette ville. La banlieue de Marseille fait encore partie de Marseille. Lyon redeviendrait deuxième ville de France si on lui annexait sa banlieue.

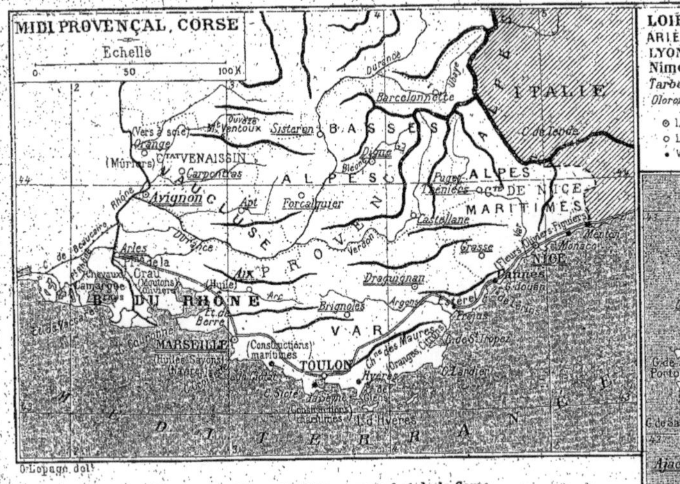

Fig. 56. — Cartes du Midi provençal et de la Corse

mouvement des navires.) Toute la vallée du Rhône et toute la France du Nord lui envoient leurs produits. Ceux de l'Algérie et de la Tunisie y débarquent moutons, blé, vin, fer, huile. L'Afrique occidentale y envoie des graines oléagineuses, l'Autriche des bois de construction, la Russie du bois et du pétrole, l'Extrême-Orient de la soie que réclame Lyon, du riz et du thé, etc. Marseille est aussi un grand centre d'industrie (savon, huile, sucre, liqueurs, construction de navires, etc.).

Cette ville est une des plus vieilles de notre pays. Il y a vingt-cinq siècles qu'elle a été fondée par des marchands grecs, bien avant l'arrivée des Romains dans la Gaule. Elle est comme née pour le commerce. Les Marseillais sont, ainsi que les autres Provençaux, gais, vivants, parleurs, exubérants, et d'ailleurs fort habiles en affaires. Parmi les Marseillais célèbres, citons M. Thiers.

La Corse est pauvre et peu peuplée : la montagne y tient trop de place. Elle a de belles forêts de châtaigniers qui contribuent à la nourriture des habitants; mais de grandes étendues sont en maquis [1], sorte de lande qui ne nourrit que la chèvre et le mouton.

Fig. 57. — Arlésienne

Fig. 58. — La cueillette des olives

---

[1] Il y avait autrefois beaucoup de bandits en Corse. Tout homme qui avait reçu une injure se croyait tenu de tuer son ennemi, et tous ses parents l'y aidaient : c'était la vendetta (ou vengeance). Le coup fait, ceux qui avaient des raisons de craindre les gendarmes « prenaient le maquis ». Cette sorte de « bandits » va disparaissant.

Les plaines donnent le maïs, l'orange, l'olive, le mûrier ; elles devraient produire bien davantage. On pourrait aussi tirer parti des mines qui sont nombreuses. Mais les

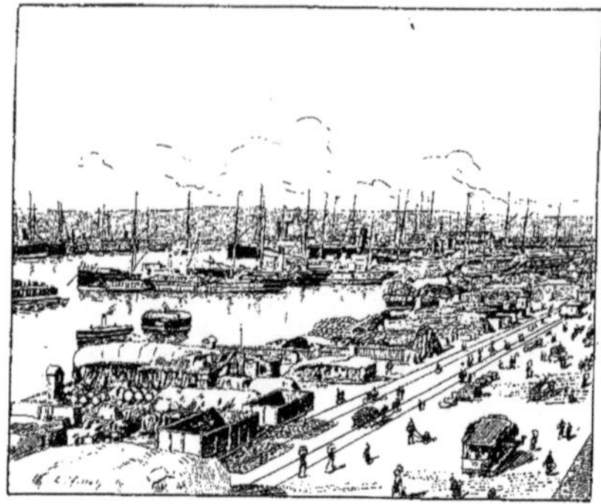

Fig. 59. — Marseille (La Joliette)

Corses répugnent, en général, aux travaux manuels ; ils les laissent aux ouvriers italiens, et ils cherchent à devenir fonctionnaires ou soldats. Nous savons que Bonaparte était Corse.

Bastia (25.000 hab.) est la principale ville ; *Ajaccio* la capitale, la patrie de Napoléon, a un peu plus de 20.000 habitants.

RÉSUMÉ. — I. Le Midi provençal est riche en oliviers, en mûriers et en vignes, dans les plaines de Vaucluse et des Bouches-du-Rhône, en fruits, en fleurs, en miel sur le littoral. La Côte d'Azur, Cannes, Nice, Monaco, attirent les hiverneurs.

II. Nice, la ville des étrangers, Toulon, grand port de guerre, et Marseille, notre premier port de commerce, sont les grandes villes du littoral. Marseille est la deuxième ville de France (490.000 hab.) ; elle fabrique des savons.

III. La Corse est pauvre et peu peuplée. Elle ne prend que lentement les mœurs et la langue de la France.

Exercice. — Croquis avec indication des villes et des produits.

LEÇON XX

SAVOIE ET DAUPHINÉ

RÉVISION. — *Relief et cours d'eau (Rhône, Isère, Durance)*

ENTRETIEN

Les grandes Alpes *(fig. 60)* n'offrent à la culture que le fond de leurs vallées ; elles donnent au bétail leurs pâturages, quand la neige ne les envahit pas ; elles portent aussi des

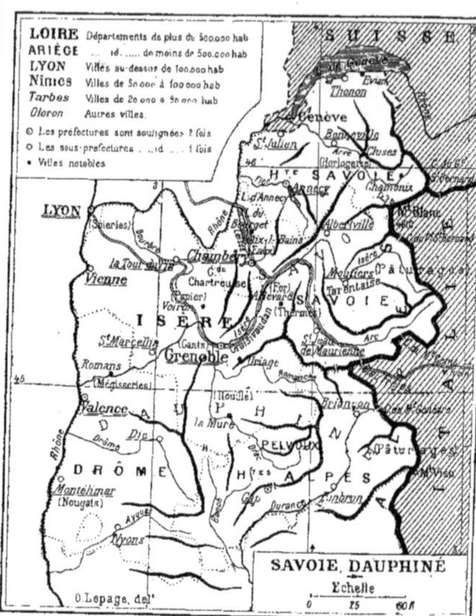

Fig. 60. — Carte de la Savoie et du Dauphiné

TABLEAU A CONSULTER

PROVINCES	DÉPARTEMENTS	CHEFS-LIEUX	SOUS-PRÉFECTURES	AUTRES VILLES
COMTAT-VENAISSIN. — Possession du pape réunie en 1791 par l'Assemblée Constituante, selon le désir des habitants	Vaucluse[1]	*Avignon*	Apt, Orange, Carpentras.	
	Bouches-du-Rhône.	MARSEILLE . . .	Arles, Aix.	La Ciotat (chantiers de construction de navires).
PROVENCE. — Léguée à Louis XI par le dernier souverain (1481).	Basses-Alpes . . .	Digne.	Barcelonnette, Sisteron, Forcalquier, Castellane.	
	Var[2]	Draguignan. . . .	TOULON, Brignoles	Hyères (ville d'hivernage), La Seyne (chantiers de construction de navires).
COMTÉ DE NICE. — Cédé par l'Italie en 1860	Alpes-Maritimes .	NICE.	Grasse, Puget-Théniers.	Cannes (ville d'hivernage).
CORSE. — Achetée aux Génois en 1768	Corse.	*Ajaccio*	*Bastia*, Calvi, Corte, Sartène.	

1. Le département doit son nom à la célèbre fontaine de Vaucluse, source de la Sorgues.
2. Le fleuve du Var bordait autrefois le département de ce nom. En 1860 on a créé le département des Alpes-Maritimes en joignant au comté de Nice l'arrondissement de Grasse. Le fleuve ne coule plus dans le département auquel il a donné son nom.

forêts, mais en somme elles sont peu propres à la vie. Entre des chapelets de villages se dressent d'énormes dos

Fig. 61. — Vue du lac d'Annecy

montagneux qui sont déserts. Le département des Hautes-Alpes tout entier a moins d'habitants que la seule ville du Havre : *Gap*, sa préfecture, n'est qu'une bourgade. Telle sous-préfecture, comme *Briançon*, est perdue dans la neige et presque isolée du monde pendant cinq mois de l'année. Il en est de même dans les Basses-Alpes. Cependant la Savoie et le Dauphiné sont si beaux que les touristes y affluent en été, à Chamonix, par exemple, d'où l'on part pour gravir le Mont Blanc, sous la conduite des guides du pays. Les bords des lacs de Genève, d'Annecy *(fig. 61)*, du Bourget, ou encore les eaux thermales (Allevard, Uriage, Aix-les-Bains, etc.) attirent aussi les visiteurs, — et les malades.

La population est plus dense aux abords du Rhône et de

Fig. 62. — Glaciers du mont Aurouze

la basse Isère, où l'industrie groupe les hommes. D'ailleurs les cultures y sont belles et variées, depuis la vigne, le blé et le mûrier, au bord du Léman et du Rhône, jusqu'au seigle et aux pommes de terre des premières montagnes

alpestres. Malgré cela, c'est encore le bétail, dans cette contrée verdoyante, qui est la vraie ressource des cultivateurs savoyards et dauphinois : viande, laine, cuir, lait, beurre et fromage sont les principaux articles d'échange à la campagne.

Les industries du pays sont nombreuses et très disséminées. Ce n'est pas que les mines soient de grande importance ; la houille [1] d'ailleurs fait défaut. Mais n'est-elle pas remplacée par la force motrice que procurent les cours d'eau ? Et les glaciers *(fig. 62)* qui rendent intarissables les rivières et les cascades *(fig. 63)*, ne sont-ils pas une vraie mine de « houille blanche » ? Ne faut-il pas travailler la laine des moutons dont Vienne fait des draps ? la peau des chevreaux dont Grenoble fait des gants ? le bois des forêts que Voiron et plusieurs villages du Graisivaudan transforment en papier ? La soie n'accompagne-t-elle pas les plantations de mûriers ? Les plantes de la montagne ne donnent-elles pas leur arome à des liqueurs comme la chartreuse ? Et quand les produits indigènes ne suffisent pas à l'activité des usines ou au travail solitaire de l'habitant, on fait venir de bien loin, le coton, le chanvre, ou les rouages de montres dont on a besoin. Ainsi le montagnard peut employer chez lui ses loi-

Fig. 63. — Cascade de la Sarenne (Dauphiné)

sirs d'hiver à tisser la toile ou les rubans de soie, à tailler des jouets dans des planches de sapin, à fabriquer des montres [2].

D'ailleurs les grandes villes de Grenoble et de Lyon n'occupent pas seulement leurs ouvriers par milliers : elles distribuent du travail fort loin dans la campagne. Plus de 20.000 femmes sont employées à coudre des gants jusque dans les petits villages du Graisivaudan. Lyon, qui est le premier marché du monde pour les soieries, alimente les métiers des tisserands à domicile jusqu'en Savoie et jusqu'au pays d'Avignon. Cela prouve, une fois de plus, combien les hommes sont solidaires.

Les villes importantes ne sont nombreuses ni dans la

1. On n'en trouve qu'au sud de Grenoble (près de La Mure), et bien peu.
2. L'industrie horlogère a été portée à *Genève* par les protestants français chassés sous Louis XIV : de là elle a remonté les vallées du Jura et des Alpes.

Savoie, ni dans le Dauphiné. Voici les plus dignes d'être connues.

Annecy, dans la Haute-Savoie, n'est qu'un gros bourg. *Cluses* est un village intéressant par son école d'horlogerie. Évian, sur le lac de Genève, est fréquenté des touristes. Aix-les-Bains, sur le lac du Bourget, n'est pas moins à la mode. *Chambéry* seul est une véritable et une jolie ville (20.000 hab.). C'est l'ancienne résidence des ducs de Savoie. On y tisse la soie et la laine.

Les villes industrielles du Dauphiné sont plus considérables. *Voiron* est connu surtout pour son école nationale professionnelle. *Vienne* (25.000 hab.), importante par ses draps, est une vieille ville gallo-romaine. *Romans* est un centre industriel actif (mégisserie) ; *Valence* (27.000 hab.), chef-lieu de la Drôme, tisse la soie, Montélimar (15.000), la laine et la soie. Montélimar est plus connu par ses nougats. — La plus grande ville du Dauphiné, *Grenoble* (68.000 hab.), est la première ville de France pour la fabrication des gants ; elle a d'ailleurs bien d'autres ressources. C'est aussi une place forte qui commande les routes des Alpes.

Fig. 64. — Types Savoyards

Les Savoyards *(fig. 64)* sont gens laborieux, économes, persévérants et simples. Pourtant la pauvreté est fréquente chez eux [1]. Ils émigrent en grand nombre, cherchant du travail dans des pays plus riches que le leur.

Les Dauphinois ne sont pas moins actifs. Ils passent

1. Dans la Savoie et le Dauphiné on rencontre de pauvres êtres dégénérés, les crétins, affligés du goitre et à peu près idiots : la misère est pour beaucoup dans leur maladie. Ils sont heureusement assez rares.

pour être plus fiers. Casimir Périer, le grand ministre de Louis-Philippe, était fils du Dauphiné.

RÉSUMÉ. — I. La Savoie est un pays pauvre dont la population laborieuse et économe vit surtout du produit des troupeaux. La capitale est Chambéry. Les Savoyards émigrent en grand nombre.

II. Le Dauphiné, pauvre dans la montagne, est bien cultivé dans le fond des vallées, au bord du Rhône et de la basse Isère. Il renferme nombre de petites villes industrielles, comme Voiron, Vienne, Valence.

III. Grenoble est la première ville de France pour la fabrication des gants (68.000 hab.).

Exercice. — Croquis de la région : mettre les noms des villes et indiquer les productions.

LEÇON XXI

LA VALLÉE DE LA SAONE — LYON

RÉVISION. — *Le Jura, la Saône, le Doubs et l'Ain*

ENTRETIEN

Franche-Comté et **Bourgogne** *(fig. 65)* comprennent montagne et plaine, mais aussi, entre les deux, les coteaux qui sont leur parure. Les coteaux c'est le pays du vin. Le vin d'Arbois, sur les collines comtoises, fait vis-à-vis aux crus bourguignons de la Côte-d'Or : mais le vin du Jura compte à peine, et celui de Bourgogne est une source de richesse.

Le Jura, pays de forêts et d'élevage, est pauvre et peu peuplé. Pourtant l'industrie y donne la vie à quelques petites villes. Aux industries agricoles : fromageries *(fig. 66)*, distilleries, absinthe de *Pontarlier*, se joint la fabrication des montres, à *Morteau*, sur le Doubs, à *Montbéliard* et dans beaucoup de pays de la montagne. *Besançon* (56.000 hab.), métropole de la Franche-Comté, est le marché principal de l'horlogerie. Il occupe à cette industrie 13.000 ouvriers [1] et vend par an 400.000 montres. Cette ville est encore importante comme forteresse.

Comtoise ou bourguignonne, la plaine n'est guère riche. Au nord, elle a des prairies et du blé : pas une grande ville (Vesoul a 10.000 hab.). Plus au sud, le blé et le maïs alternent dans les champs, les forêts s'y mêlent. La Bresse a pour ressource propre les volailles, dont le marché principal est à *Bourg (fig. 67)* (20.000 hab.). *Lons-le-Saunier,* qui vend le sel des salines voisines et le vin du Jura, est une petite ville. — Tout à fait au sud, en approchant de Lyon, la Dombes est marécageuse et sans ville.

1. Besançon a une école nationale d'horlogerie qui prépare de bons ouvriers.

TABLEAU A CONSULTER

PROVINCES	DÉPARTEMENTS	CHEFS-LIEUX	SOUS-PRÉFECTURES	VILLES NOTABLES
SAVOIE. — Duché dont les souverains sont devenus rois d'Italie au siècle dernier ; cédé à la France en 1860, selon le désir des habitants.	Savoie . . . . . . Haute-Savoie . . .	Chambéry. . . . . Annecy.	Moutiers, Albertville, Saint-Jean-de-Maurienne . . . . Sⁱ-Julien, Thonon, Bonneville. .	Aix-les-Bains (eaux). Cluses (horlogerie).
DAUPHINÉ. — Acheté en 1349, par Philippe VI ; apanage de l'héritier du trône ou Dauphin jusqu'à Louis XI.	Isère . . . . Drôme . . . . . . Hautes-Alpes . . .	GRENOBLE. . . . . Valence. . . . . . Gap.	Vienne, Saint-Marcellin, La Tour-du-Pin . . . . Montélimar, Nyons, Die. . . . . Embrun, Briançon.	Voiron (école professionnelle). Allevard (thermes, fer). Romans (mégisserie).

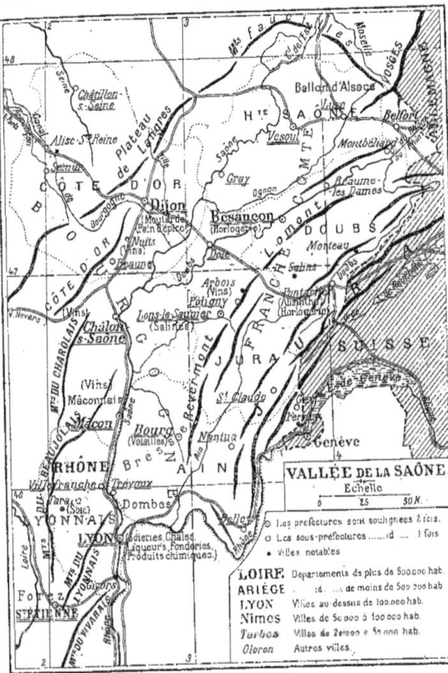

Fig. 65. — Carte de la vallée de la Saône

Sur la rive droite de la Saône se succèdent les fameux coteaux de la Bourgogne. Ils produisent des vins renommés qui atteignent des prix élevés. Ceux de la Côte-d'Or d'abord, le chambertin, le clos-vougeot, le pommard, etc., puis ceux du Mâconnais et de la côte chalonnaise, du Beaujolais... quelle mine d'or pour la Bourgogne ! Voilà, sinon l'unique, du moins la première ressource de *Beaune* (12.000 hab.), de *Chalon-sur-Saône* (24.000 hab.), qui vend aussi des blés; de *Mâcon* (20.000 hab.), et enfin de *Dijon* (70.000 hab.) Mais *Dijon* est aussi universitaire, militaire, industriel (moutarde, pain d'épice, cou-

Fig. 66. — Intérieur d'une fromagerie

vertures, etc.). Surtout il est bien placé pour le commerce, sur le canal de Bourgogne, au débouché des routes qui viennent de la Seine : ville bien bâtie, propre et vivante, ornée de beaux monuments dont le plus connu est le palais des ducs de Bourgogne.

Lyon n'est pas moins bien situé, au confluent de la Saône et du Rhône, au point où se rejoignent la France du nord et celle du midi, où descend la route de Suisse, et où les Cévennes, s'abaissant un moment, laissent un passage aux routes qui mènent aux houillères de la Loire et de Saint-Étienne. Il est donc le grand marché non seulement du Rhône et de la Saône, mais

Fig. 67. — Types de Bressannes

aussi du *Lyonnais* qui s'étend au delà des monts jusque dans le Forez. Dès le temps des Romains, Lyon était une grande ville et la capitale de la Gaule. Son importance a crû grandement depuis qu'on a su joindre aux ressources de son commerce l'industrie des soieries. Il achète les cocons des magnaneries du Lyonnais et du Languedoc, et bien d'autres qu'expédient l'Italie, la Chine et le Japon. Il tisse la soie (*fig. 68*) et il alimente au loin des milliers de métiers dans les vallées du Rhône et de la Loire. Il arrive à vendre chaque année

Fig. 68. — Un canut lyonnais [1]

pour 400 millions de soieries qui sont les premières du monde par leur qualité. Ses autres industries (châles, liqueurs, fonderies, produits chimiques, etc.), sont impor-

1. Gravure extraite de *Le Lyon de nos Pères*, Bernoux et Cumin, éditeurs.

tantes, mais non pas comparables à celle de la soie. Lyon a des écoles techniques et une université florissantes. Enfin c'est une forteresse de premier ordre.

Lyon a 459.000 habitants et n'est plus que la troisième ville de France : mais une banlieue peuplée l'environne, et, à quelque distance, tout un cercle de petites villes industrielles, *Villefranche*, Tarare, Givors, etc., lui font comme une deuxième banlieue. Il est peu de cités qui soient au même degré nécessaires à la contrée qui les entoure : c'est comme un cœur qui envoie partout le travail et la vie.

RÉSUMÉ. — I. En Franche-Comté, le Jura est un pays de forêts et d'élevage, la plaine donne du blé et du maïs, et les coteaux du vin. L'industrie de l'horlogerie est de première importance, surtout à Besançon (56.000 hab.).

II. La Bourgogne est riche en vins : ses meilleurs crus sont ceux de la Côte-d'Or. Dijon, la capitale, a 70.000 habitants.

III. Lyon, la troisième ville de France, a environ 460.000 habitants. C'est la ville des soieries et le grand marché de l'Est.

Exercice. — Indiquer sur le croquis de la Saône les villes et les productions.

LECTURE

BOURGUIGNONS ET FRANC-COMTOIS

La plaine de la Saône a une grande importance dans notre vie nationale, et elle a eu son rôle dans notre histoire. Mais ce n'est point pour sa richesse, c'est parce qu'elle est un lieu de passage nécessaire entre la France du sud et la France du nord et du centre. L'obstacle des Cévennes et celui du Jura font refluer vers elle les routes, et avec elles, le commerce, voire les armées. Elle est un passage, un trait d'union.

Tel est aussi, et par excellence, le rôle de la Bourgogne. Cette province qui s'étend sur les deux rives de la Saône, a un pied sur la Loire et un autre sur la Seine. Elle tient les routes qui unissent les trois fleuves. Si l'on compare la France à une belle construction aux façades variées, la voûte qui les unit c'est la Bourgogne, et la clef de voûte, c'est Dijon. Avec une sagesse merveilleuse, Louis XI, à qui l'on offrait, comme à son fils, des conquêtes lointaines, s'acharnait à prendre la Bourgogne sans laquelle il n'y avait pas d'unité nationale : en cela il fut un grand Français. Henri IV, en enlevant la Bresse au duc de Savoie, complétait la Bourgogne et éloignait de Lyon la frontière.

La Franche-Comté est entrée plus tard dans le domaine de la France : moins nécessaire que la Bourgogne, elle nous donnait du moins une frontière naturelle, le Jura.

Ces deux pays semblent avoir les habitants qu'ils méritent. Les Bourguignons sont actifs, pleins d'imagination, éloquents, et aussi ouverts, aimables, conciliants, bons vivants, comme il sied au pays du vignoble. Les Comtois sont réfléchis, patients et tenaces. — Le grand Pasteur était franc-comtois.

LEÇON XXII

LES MONTAGNARDS DU CENTRE DE LA FRANCE — L'INDUSTRIE DU DÉPARTEMENT DE LA LOIRE

RÉVISION. — *Relief et Cours d'eau du Massif Central*

ENTRETIEN

Un bon tiers du Massif Central (*fig. 69*) ne saurait être cultivé. On y trouve des rochers stériles, des landes de genêts et de bruyères que l'on pourra restreindre, mais qui ne peuvent complètement disparaître. On y trouve surtout d'immenses pâturages et des forêts.

Dans les **Causses**, le pâturage est maigre : il faut une vaste surface pour nourrir quelques moutons, et les moutons s'y trouvent par centaines de mille ; du lait des brebis, on fait des fromages fameux, comme celui de Roquefort (Aveyron). — Les pâturages d'Auvergne et surtout ceux du Limousin, plus humides et plus gras, nourrissent de belles races de bœufs. — Les forêts renferment le sapin, le hêtre, le chêne, mais aussi le châtaignier, qui est comme un « arbre à pain » pour les montagnards [1].

Les plateaux cultivables sont le plus souvent trop froids pour donner du froment. On en tire le seigle, l'orge, le sarrasin, trop peu de pommes de terre et peu ou point de légumes. Seules les basses vallées qui avoisinent la plaine donnent du blé. Telle la vallée de la Corrèze, où *Brive*, marché agricole, a presque l'air d'une ville du Midi (17.000 hab.).

Deux plaines se glissent entre les monts : la Limagne et le Forez. Encore le *Forez*, froid et marécageux, donne-t-il peu de blé et peu de légumes : *Montbrison*, son marché principal, n'a guère que 17.000 habitants. Seule, la *Limagne* est vraiment riche en froment, en arbres fruitiers, en vignes. *Clermont-Ferrand*, qui est son marché depuis le temps des Gaulois, atteint 52.000 habitants. — C'est un centre universitaire assez actif.

Sans le secours de l'industrie, aucune autre ville, sauf Limoges, n'aurait pu grandir dans toute cette contrée. *Mende* (*fig. 70*), Guéret, bien que préfectures, sont de petites villes. Les deux ensemble tiendraient au large dans *Aurillac*, qui n'a que 16.000 habitants. Mais les régions indus-

1. Les marrons de Lyon sont parmi les plus beaux produits des châtaigniers cévenols.

TABLEAU A CONSULTER

PROVINCES	DÉPARTEMENTS	CHEFS-LIEUX	SOUS-PRÉFECTURES	VILLES NOTABLES
LYONNAIS. — Réuni par Philippe le Bel et complété par la confiscation du Forez sur le connétable de Bourbon (1527).	Rhône	LYON	Villefranche	Tarare (soie). Givors.
BOURGOGNE. — Réunie par Louis XI (1481) ; complétée par l'annexion de la Bresse, du Bugey, et de Gex sous Henri IV (1601.).	Côte-d'Or	DIJON	Beaune, Semur, Châtillon-sur-Seine.	Nuits (vins), Alise-Sainte-Reine, (où fut pris Vercingétorix).
FRANCHE-COMTÉ. — Conquise plusieurs fois, mais acquise définitivement au traité de Nimègue sous Louis XIV (1678)	Ain. Doubs Jura Haute-Saône	Bourg. BESANÇON. Lons-le-Saunier. Vesoul	Gex, Belley, Nantua, Trévoux. Montbéliard, Baume-les-Dames. Pontarlier. Poligny, Saint-Claude, Dôle. Gray, Lure.	Ferney (où habita Voltaire). Villersexel (défaite en 1871).

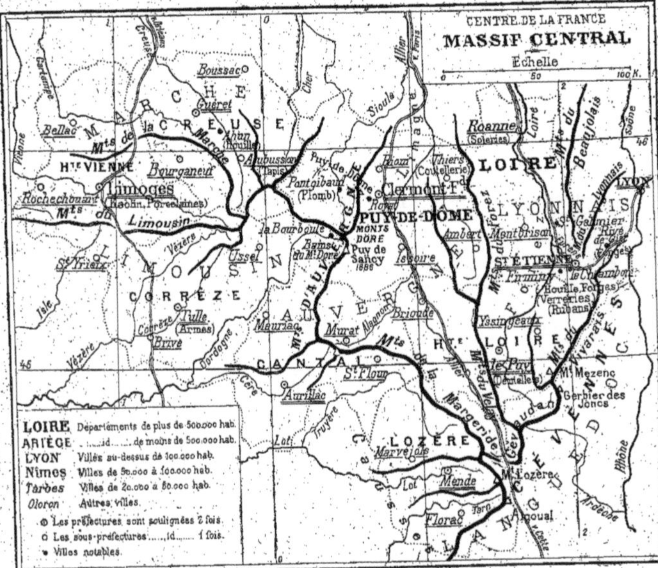

Fig. 69. — Carte du Massif Central

houiller de Saint-Étienne (Loire) a fait naître quantité d'usines métallurgiques ou textiles, de verreries, de poteries, etc. Le bassin houiller de *Saint-Étienne* est le deuxième de France. La ville a 146.000 habitants : elle en avait six fois moins il y a cent ans. Le travail de l'acier sous toutes ses formes : armes, machines, bicyclettes, quincaillerie, etc., et la fabrication des rubans de soie sont les deux éléments de sa richesse. Et du Furens au Rhône, le long d'un passage naturel qu'ouvrent les Cévennes, s'alignent des petites villes qui ont à peu près la même fortune, Firminy, Le Chambon, Rive-de-Gier, etc. Plus de cent mille ouvriers sont occupés dans les usines de cette région.

Quelques pays, que ne favorise point le voisinage de la houille, savent se procurer d'autres ressources. Ainsi, *Le Puy*

trielles font comme une ceinture au Massif Central et elles le peuplent.

Les mines sont nombreuses et diverses : houille, kaolin, fer, plomb, etc. C'est au kaolin surtout que *Limoges* et les villes voisines doivent leur prospérité. Il y a des siècles que Limoges est renommée pour ses porcelaines et ses émaux. Elle est d'ailleurs bien placée sur la ligne de Paris à Agen ou à Toulouse, et elle compte 84.000 habitants.

La houille d'Alais (Gard), de Carmaux, Decazeville (Aveyron), de Montluçon (Allier) et surtout du bassin (20.000 hab.) est le marché des dentelles que les femmes du Velay font à la maison. Dans le Lyonnais les tisserands sont nombreux et Lyon leur procure la soie : là est *Roanne*, qui n'a pas moins de 35.000 habitants. Ailleurs on fait des toiles, des lainages. *Thiers*, à l'est de Clermont, fait des couteaux (17.000 hab.). *Tulle*, sur la Corrèze, fabrique des armes. *Aubusson*, sur la Creuse, fait des tapis. Nombreuses sont les tanneries, les scieries dont les torrents font tourner les roues, et toutes les industries qu'alimente l'agriculture.

Enfin, des villes d'eaux minérales attirent les malades, comme *Royat*, la *Bourboule*, le *Mont-Dore* dans le Puy-de-Dôme [1].

Fig. 70. — Viaduc de Garabit (entre Mende et Saint-Flour)

Fig. 71. — Type d'Auvergnat

RÉSUMÉ. — I. Les châtaignes, le bétail, le seigle et le sarrasin sont les principales ressources des paysans du Massif Central. La plaine de la Limagne est riche en blé et en fruits ; elle a pour marché Clermont-Ferrand (52.000 hab.).

---

1. Il y en a d'autres sur le pourtour du Massif Central : Vals dans l'Ardèche, Saint-Galmier dans la Loire, Vichy, Néris dans l'Allier, etc.

II. Plusieurs régions sont industrielles. Limoges (84.000 hab.) fait des porcelaines, Roanne des soieries, Le Puy des dentelles.

III. — Mais la région la plus peuplée du Massif Central est celle de la Loire où se trouve notre deuxième bassin houiller ; Saint-Étienne (146.000 hab.) fabrique l'acier et les rubans.

Exercice. — Indiquer sur le croquis du Massif Central les villes et les productions.

LECTURE

AUVERGNATS ET LIMOUSINS

Pôle répulsif de la France : c'est ainsi que des géographes ont appelé la vaste région de terres élevées que surmontent les Cévennes, les monts d'Auvergne et ceux du Limousin.

Les montagnes de ces régions sont en grand nombre d'anciens volcans. On en trouve encore la trace en maints endroits, et le sol formé par la lave qui coulait de ces volcans et que le temps a durcie, est impropre aux cultures qui font la richesse de tant d'autres pays.

Ce n'est pas que ce pays manque d'attraits pour le touriste. Certaines vallées tourmentées et fouillées par les eaux, dans les causses, par exemple, sont des plus curieuses à visiter ; et du haut du Cantal ou du Sancy, on jouit d'un spectacle merveilleux.

Mais l'habitant songe à vivre avant d'admirer. Il trouve dans son pays trop de neige, trop de pentes, où ne peut passer la charrue, même cet araire si léger, que le paysan paraît presque le porter derrière ses bœufs. En somme, faute de travail, les montagnards émigrent. Il y a, à Paris seulement, 200.000 Auvergnats (la plupart portefaix ou hommes de peine), et combien d'autres ailleurs ! Combien de gens des causses dans les villes du midi ! Un peu partout, combien de milliers de maçons de la Creuse, de chaudronniers du Limousin, de raccommodeurs de porcelaine, etc...

Les Auvergnats *(fig. 71)* sont honnêtes, francs, mais gauches, timides et souvent peu instruits : l'habitude du patois n'éclaircit ni leur langage ni leurs idées. Les Limousins, lourds encore, sont déjà plus affinés, plus gais, plus mêlés de sang méridional.

Tous ces montagnards passent pour laborieux et économes. Ceux qui n'émigrent pas mènent une vie très dure ; malgré leur misère, ils forment une population robuste et saine et ils essayent courageusement de tirer un parti utile d'un sol souvent ingrat.

LEÇON XXIII

BOURBONNAIS — NIVERNAIS — BERRY
LA RÉGION INDUSTRIELLE DU CENTRE

RÉVISION. — *La Loire et ses affluents*

ENTRETIEN

Quand on descend du Massif Central en suivant la Loire, l'Allier ou le Cher, on n'arrive pas tout d'abord à la plaine. Le **Bourbonnais** *(fig. 72)* forme comme des degrés par où l'on descend au Berry. Il est accidenté, et les cours

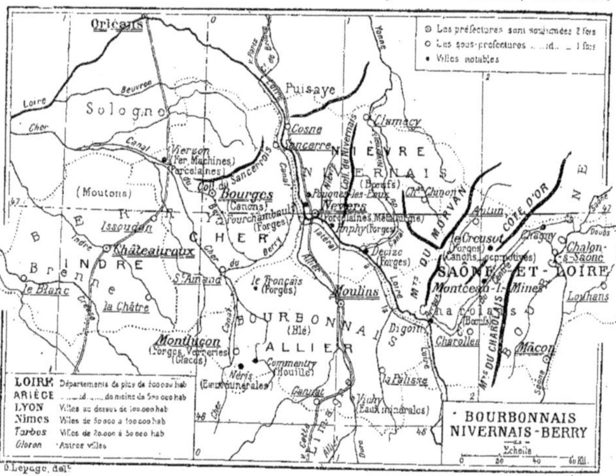

Fig. 72. — Carte de Bourbonnais, Nivernais, Berry

d'eau s'y creusent des vallées profondes et sinueuses. Le **Berry** est plus uni : il devient bientôt plat et monotone, puis marécageux [1].

Le sol de ces pays n'est pas des plus riches. Assurément le *Val de la Loire* et celui de l'*Allier*, par où la Limagne se continue dans le Bourbonnais, sont bien culti-

1. Dans la Sologne, qui va du Cher à la Loire, et dans la Brenne, vers Châteauroux. Il y a d'ailleurs dans le Berry des collines, vers Sancerre.

TABLEAU A CONSULTER

PROVINCES	DÉPARTEMENTS	CHEFS-LIEUX	SOUS-PRÉFECTURES	VILLES NOTABLES
LYONNAIS.	Loire	SAINT-ÉTIENNE.	Roanne, Montbrison.	Rive-de-Gier (forges).
LANGUEDOC.	Haute-Loire	Le Puy	Brioude, Yssingeaux.	
	Lozère	Mende	Florac, Marvejols.	
AUVERGNE. — Confisquée sur le connétable de Bourbon (1527).	Puy-de-Dôme	CLERMONT-FERRAND.	Riom, Thiers, Ambert, Issoire.	Royat, La Bourboule (eaux thermales), Pontgibaud (plomb).
	Cantal.	Aurillac	Murat, Saint-Flour, Mauriac.	
LIMOUSIN. — Du domaine de Henri IV ; réuni à son avènement (1589).	Haute-Vienne.	LIMOGES	Rochechouart, Bellac, St-Yrieix.	
	Corrèze.	Tulle.	Brive, Ussel.	
MARCHE. — Confisquée sur le connétable de Bourbon (1527).	Creuse	Guéret	Aubusson, Boussac, Bourganeuf.	Ahun (houille).

vés ; il y a des vignobles sur les bords du Cher : mais ce sont les parties heureuses de ces contrées. Il y reste aussi des landes. Les forêts et les pâturages maigres s'y étendent, et les immenses troupeaux de moutons berrichons paissant sous la garde de bergers ou de pastoures *(fig. 73)*, y occupent de vastes territoires, ne sont pas un signe de la fertilité de ces contrées ! Les céréales et, parmi elles, le blé, sont les cultures dominantes, mais leur rendement n'est pas très considérable.

Fig. 73. — Une pastoure berrichonne

Sur la rive droite de la Loire, le **Charolais** qui fait partie de la Bourgogne, et le **Nivernais** qui occupe les pentes du Morvan, sont moins doués encore pour la culture, si l'on en excepte le Val de Loire. Les gens de ces pays exploitent les forêts et élèvent les belles vaches du Charolais, les gros bœufs et les chevaux du Nivernais.

Heureusement l'industrie est venue enrichir ces provinces. Elle y alimente surtout quatre régions ouvrières, celles de Saône-et-Loire (ou du Creusot), du Nivernais, du Bourbonnais (vers Montluçon) et du Berry (à Vierzon). Entre les quatre circule un fleuve artificiel, composé du canal latéral à la Loire et des canaux du Centre, du Berry, du Cher. C'est comme une « Loire navigable » qui transporte incessamment le fer et le charbon.

Le bassin houiller de Saône-et-Loire est le quatrième de la France. Il voisine avec des minerais de fer. De là sont nées, en un siècle, des industries nombreuses : métallurgie, verrerie, quincaillerie, plumes d'acier, etc. De simples villages sont devenus des villes.

Montceau-les-Mines était un hameau il y a soixante-dix ans : il a 28.000 habitants. *Le Creusot (fig. 74)* avait 1.300 habitants sous le premier Empire : il en a 30.000, et son prodigieux essor tient à une seule usine métallurgique : mais c'est la première usine de France et l'une des premières du monde. Ses forges sont admirablement outillées [1] et toujours en progrès. Là s'est fabriquée la première locomotive française ; là se forgent des canons, des plaques de blindage, des rails, des ponts, etc. C'est la ville du fer et de l'acier : car l'usine est une ville, avec ses 13.000 ouvriers, ses maisons ouvrières, ses écoles, son hôpital. A l'activité d'un pareil organisme les ressources locales ne suffisent pas. Le Creusot demande au loin la houille du Bourbonnais et celle du Nord, le fer du Dauphiné (Allevard), et celui d'Algérie : et bientôt tout cela ne suffira plus.

Bien moins puissantes sont les forges du groupe industriel du Nivernais, de *Decize*, d'Imphy, de Fourchambault, de *Nevers*. Leur principale cliente est la marine de l'État. Nevers, vieille capitale, n'a pourtant que 26.000 habitants. Ses faïences et ses porcelaines sont plus connues que sa

Fig. 74. — Un atelier du Creusot

métallurgie. Le groupe industriel du Bourbonnais dispose de la houille de Commentry. *Montluçon* n'a pas moins de 35.000 habitants (forges, verreries, glaceries, etc.).

Dans le groupe du Berry, *Vierzon* (18.000 hab.) prend l'allure d'une grande ville : il joint au travail du fer, à la fabrication des machines, des manufactures de porcelaine. Son école professionnelle est importante.

1. Le fameux marteau-pilon de cent tonnes est si bien réglé qu'il peut casser une noix sans l'écraser.

TABLEAU A CONSULTER

PROVINCES	DÉPARTEMENTS	CHEFS-LIEUX	SOUS-PRÉFECTURES	VILLES NOTABLES
BOURBONNAIS. — Confisqué sur le connétable de Bourbon (1527).	Allier.	*Moulins.*	Gannat, *Montluçon*, La Palisse . .	Le Tronçais (fer), Commentry (houille). Vichy, Néris (eaux minérales).
BERRY. — Acheté dès le xe siècle, mais donné en apanage à plusieurs reprises jusqu'en 1601 . .	Cher . . . . Indre	*Bourges* . . . . . . *Châteauroux* . . .	Sancerre, Saint-Amand . . . . . Issoudun, La Châtre, Le Blanc.	Vierzon.
NIVERNAIS. — Propriété de ses ducs jusqu'en 1790 . . . . **BOURGOGNE.**	Nièvre . . . . . Saône-et-Loire . .	*Nevers* . . . . . *Mâcon.*	Cosne, Clamecy, Château-Chinon. Charolles, Autun, Chalon-sur-Saône, Louhans	Decize (houille), Pougues-les-Eaux. *Le Creusot, Montceau-les-Mines,* Chagny.

GÉOGRAPHIE DE LA FRANCE ET DE SES COLONIES

Bourges, vieille ville gauloise, capitale du Berry (46.000 hab.), est surtout une ville militaire : sa métallurgie est au service de l'artillerie. C'est un marché agricole autant qu'un centre industriel.

On en peut dire autant des autres capitales de cette région, de *Châteauroux,* préfecture, sur l'Indre, de *Moulins,* sur l'Allier, capitale du Bourbonnais : mais ces villes ont seulement chacune 23.000 habitants ; elles ne croissent guère parce que leurs fabriques sont en dehors des grands courants industriels.

RÉSUMÉ. — I. Le Bourbonnais produit du blé, le Berry élève des moutons, le Charolais et le Nivernais des bœufs. Ces pays ne sont pas des plus riches, mais l'industrie y a fait naître de grandes villes.

II. La région industrielle du Centre dispose des canaux du Centre, de la Loire, du Cher et du Berry. Elle est riche en houille et en fer.

III. Le principal groupe des villes industrielles du Centre est celui de Saône-et-Loire. *Le Creusot* (30.000 hab.), fait des canons, des locomotives : son usine est une des premières du monde.

IV. Montluçon dans le Bourbonnais, Bourges et Vierzon dans le Berry, Nevers dans le Nivernais ont des usines métallurgiques importantes.

Exercice. — Croquis : indiquer les groupes industriels et les canaux qui les relient.

LEÇON XXIV

ORLÉANAIS — TOURAINE — LE JARDIN DE LA FRANCE

ENTRETIEN

La Loire, dans la partie moyenne de son cours, arrose des plaines qui sont réputées les plus riantes de la France *(fig. 75).* C'est, dans l'Orléanais, le **Val de Loire** : puis c'est la **Touraine,** enfin le **Val d'Anjou.** Ce pays n'est pas plat et monotone, mais légèrement ondulé de coteaux que décorent les vertes silhouettes des arbres ; à leur pied coulent paresseusement des rivières qui demeurent longtemps parallèles au fleuve comme si elles hésitaient à lui porter leurs eaux. Climat doux, vergers, arbres fruitiers, pépinières, vignobles : c'est le **Jardin de la France.** Il invite à se laisser vivre. De tout temps il a attiré les princes et les gens riches ; tous ont aimé à y bâtir. Les hautes églises, les abbayes monumentales, les maisons de plaisance et les châteaux abondent dans l'Orléanais et dans ce « paradis délicieux de la Touraine ». Il suffit de citer les châteaux de Chambord, de Blois, de Chenonceaux, entre beaucoup d'autres que la Renaissance française a ciselés à plaisir.

Les villes du Val de Loire sont aujourd'hui à peu près stationnaires. Comme elles sont surtout des marchés agricoles, comme leurs environs n'alimentent chez elles que des industries agricoles, elles se laissent distancer rapidement par leurs concurrentes des régions exclusivement industrielles.

Après *Briare* et Gien que font vivre leurs usines de céramique et de faïence, la Loire traverse *Orléans.* Cette ville a aujourd'hui 67.000 habitants ; c'est plus assurément qu'il y a deux siècles : mais, il y a deux cents ans, Orléans était un très grand centre, comparé aux autres villes de France ; il est aujourd'hui bien loin des premiers rangs. C'est un marché de produits agricoles et horticoles (blé, laine de moutons solognots, pépinières d'Olivet, etc.) et il a quelques industries importantes (vinaigre fameux, minoteries, couvertures, etc.). Il dispose de plusieurs voies ferrées qui facilitent son commerce.

Après *Beaugency* dont le vin est estimé, *Blois* (23.000 hab.) est surtout connu par son château *(fig. 76)* et les souvenirs qu'il rappelle [1].

Tours (64.000 hab.), au centre d'un pays de vignobles et de fruits, fait un commerce actif de vins, de pruneaux et de blé.. Son industrie (soieries, draps et de grandes imprimeries) est fort importante : mais il a bien décrû depuis le xviie siècle où la soierie occupait à elle seule, dit-on, 60.000 ouvriers [2].

1. États de Blois ; assassinat du duc de Guise (1588).
2. Louis XI qui aimait la Touraine (il habitait souvent au Plessis-lès-Tours), y avait fait planter des mûriers et avait encouragé les industries de la soie. De là une prospérité à laquelle la révocation de l'Edit de Nantes a été fatale. L'église Saint-Martin de Tours a été très célèbre au moyen âge.

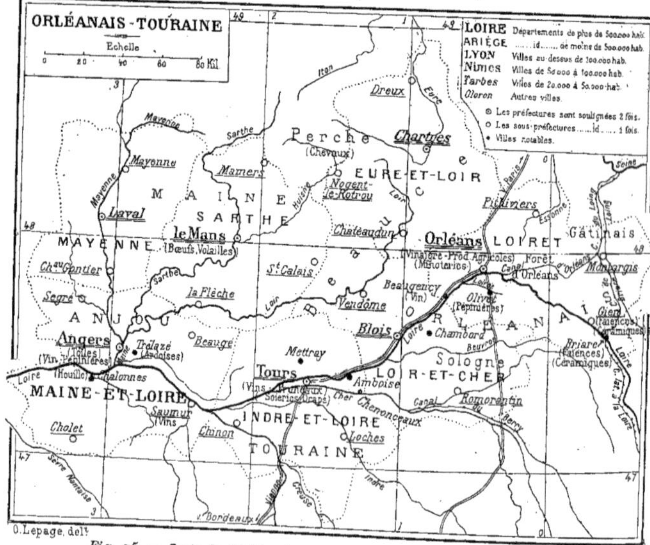

Fig. 75. — Carte de l'Orléanais, de la Touraine, de l'Anjou et du Maine

Saumur (16.000 hab.), connu pour son école de cavalerie, est important aussi par ses vins blancs.

Angers n'est pas sur la Loire, mais sur la Maine un peu avant son confluent. C'est la grande ville de cette région (83.000 hab.) et celle qui grandit le plus vite. Elle doit son trafic aux pépinières, aux vins, aux fruits du Val d'Anjou, au chanvre et au lin de l'Anjou et du Maine, et encore aux ardoisières voisines (de Trélazé) (*fig. 77*) dont l'ardoise couvre toutes les maisons de l'ouest. Surtout elle grandit par l'industrie, et elle étend chaque jour dans la campagne les usines et les maisons de ses faubourgs (toiles et cordonnerie).

Dès qu'on s'écarte du Val, le pays dément sa réputation. Le sud de l'Orléanais, c'est la Sologne marécageuse, qui achève de se convertir en forêt. Au nord, c'est la forêt d'Orléans, qui sépare du Val les plaines du Gâtinais et de la Beauce ; le Gâtinais, pays de bétail, de pommiers, de cultures variées (vers *Montargis* et Nemours) ; la Beauce, pays monotone et sec, mais bien doué par la nature pour la

Fig. 76. — Château de Blois

production du blé. La Beauce se consacre tout entière à la culture du froment ; elle élève aussi des volailles. Ses deux marchés sont *Étampes* et *Chartres* (22.000 hab.).

Le *Maine*, qu'arrosent la Mayenne et la Sarthe, est plus humide que la Beauce et moins riche que le val de Loire. Il élève des chevaux (du Perche), des bœufs, de la volaille (du Mans). Il cultive le froment et un peu de vigne. Il produit quantité de chanvre et de lin, et par suite il entre-

Fig. 77. — Les ardoisières de Trélazé (près d'Angers)

tient beaucoup de fabriques de toile et de coutil. Parmi les villes qui vivent de cette industrie, en même temps que du commerce des produits agricoles, *Laval* atteint presque 30.000 habitants, et *Le Mans* est devenu, grâce à ses nombreuses voies ferrées, un grand centre (63.000 hab.) destiné à grandir encore.

RÉSUMÉ. — I. Le Val de Loire, dans l'Orléanais, la Touraine et l'Anjou, est le jardin de la France. Il produit des fruits, du blé, du vin. C'est le pays des beaux châteaux. Ses principales villes sont Orléans, Blois, Tours, sur la Loire, et Angers (83.000 hab.) sur la Maine.

II. La Beauce est le pays du blé, Chartres en est le marché.

III. Le Maine et l'Anjou ont un beau bétail, des volailles et du blé. Le chanvre et le lin y sont cultivés. On y tisse la toile et le coutil. Laval et Le Mans sont les grandes villes du Maine.

Exercice. — Croquis : indiquer les villes et les produits.

TABLEAU A CONSULTER

PROVINCES	DÉPARTEMENTS	CHEFS-LIEUX	SOUS-PRÉFECTURES	VILLES NOTABLES
ORLÉANAIS. — Possédé par le premier Capétien : apanage réuni par Louis XII	Loiret. Eure-et-Loir Loir-et-Cher	ORLÉANS Chartres Blois	Montargis, Gien, Pithiviers Châteaudun, Nogent-le-Rotrou, Dreux. Romorantin, Vendôme.	Briare (usine et canal). Chambord (château).
TOURAINE. — Enlevée aux Anglais par Philippe-Auguste : apanage de divers princes jusqu'en 1584.	Indre-et-Loire	TOURS	Loches, Chinon.	Amboise (château) ; Mettray (colonie de jeunes détenus).
ANJOU. — Conquis par Philippe-Auguste, puis donné en apanage, fut réuni par Louis XI	Maine-et-Loire.	ANGERS	Segré, Beaugé, Saumur, Cholet.	Trélazé (ardoise), Chalonnes (houille).
MAINE. — Même histoire	Sarthe Mayenne	LE MANS Laval	Mamers, Saint-Calais, La Flèche. Mayenne, Château-Gontier.	

LEÇON XXV

DE LA LOIRE A LA GIRONDE — VENDÉE ET POITOU

RÉVISION. — *La Côte, la Charente*

ENTRETIEN

Entre la Loire et la Gironde *(fig. 78)* s'étend un pays de plaine ou qui, du moins, paraît fort uni sur la carte. Elle n'indique là, en effet, d'autre relief que le **Plateau de Gâtine**, faibles hauteurs du Poitou qui n'atteignent pas 3oo mètres.

Entre ce « plateau » et le Massif Central passent les routes qui unissent la Loire et la Garonne. La principale, qui est le chemin de fer reliant Paris à Bordeaux, remonte la Vienne par Châtellerault, puis le Clain, passe de Poitiers à la Charente, puis à la Dordogne, non sans rencontrer sur son passage des collines qui tantôt la dominent, tantôt lui font obstacle, et qu'il a fallu percer de tunnels. C'est le long de cette route que se sont rencontrés de tout temps les gens du Nord et ceux du Midi, pour le commerce ou pour la guerre. Clovis, Charles Martel, Jean le Bon ont livré bataille à Poitiers; saint Louis, à Taillebourg, sur la Charente; Henri IV, à Coutras, etc... De là l'importance du Haut Poitou et de l'Angoumois, de *Poitiers* (39.000 hab.) et d'*Angoulême* (37.000 hab.) : ce sont les clefs de ce passage. De ces deux villes partent encore aujourd'hui des voies ferrées vers le Massif Central et vers la mer. *Angoulême* joint à son trafic de blé et de vin ses grandes papeteries qu'alimentent les eaux de la Charente, et ses usines métallurgiques. Tout près de là, à Ruelle, est une fonderie de canons. Quant à *Poitiers*, c'est surtout un marché agricole; mais son université et ses établissements militaires ajoutent à son importance. Sur la Vienne, *Châtellerault* (22.000 hab.) fabrique des armes et des couteaux.

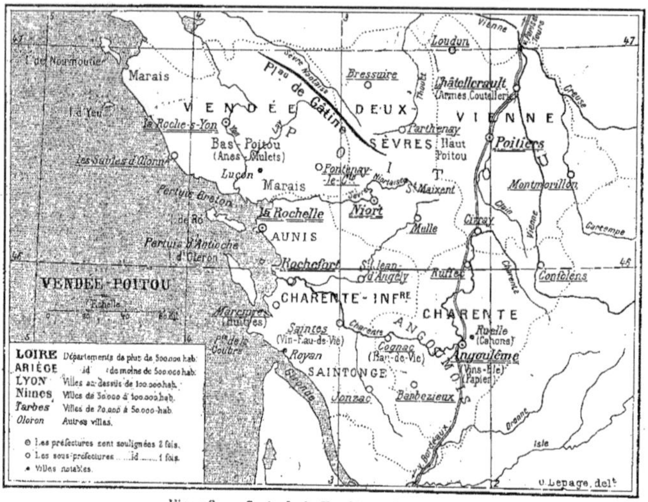

Le *Bas Poitou*, l'*Aunis* et la *Saintonge* sont à l'ouest de cette grande route. Le Bas Poitou est connu pour ses mulets et ses ânes; *Niort* (23.000 hab.) en est le marché principal. La Saintonge et une partie de l'Angoumois sont un pays de vignobles d'où l'on tire des eaux-de-vie. *Cognac* (20.000 hab.), qui n'est qu'une petite ville, a donné son nom à une eau-de-vie fort estimée[1]. *Saintes* (18.000 hab.) est un marché de vins et d'eaux-de-vie.

Ces pays vont se terminer dans l'Océan par des plaines marécageuses en partie conquises sur la mer. Le petit fleuve de Niort, qu'on appelle Sèvre Niortaise, a comblé de ses alluvions tout un grand golfe. La Charente, la Loire, la Garonne ne travaillent pas moins à accroître notre rivage; leurs dépôts s'accumulent, surtout derrière les îles de Noirmoutier, de Ré et d'Oléron, dans ces détroits où la profondeur commence à manquer déjà, et qui finiront par être des isthmes. Ces pays bas, qui ressemblent aux Pays-Bas hollandais, sont coupés de fossés où se réunissent les eaux de pluie. Ils restent humides quand même, et ils ont valu à tout le littoral poitevin le nom significatif de **Marais**. Le paysan manie tantôt la rame, tantôt la bêche. Il fait plus facilement de son champ une prairie qu'un labour, et il s'adonne surtout à l'élevage du bétail.

Cette côte marécageuse est commode pour l'établissement des marais salants *(fig. 79)* où on laisse s'évaporer l'eau de mer et se déposer le sel marin. Elle est commode aussi pour l'installation des parcs aux huîtres. C'est au sud de Rochefort que se fait l'élevage des huîtres de *Marennes*.

Enfin, la pêche et le commerce maritime font vivre quelques ports. Les plus importants sont, derrière l'île de Ré, *La Rochelle* (31.000 hab.), qui fut autrefois la grande place forte des protestants et qui lutta contre Richelieu, et, derrière l'île d'Oléron, *Rochefort* (36.000 hab.), port militaire. Celui-ci a installé ses beaux arsenaux dans l'embouchure de la Charente, et il s'est mis, à grands frais, en mesure d'approvisionner nos escadres. Mais son fleuve n'est pas assez creux, même à marée

Fig. 78. — Carte de la Vendée et du Poitou

---

1. On appelle encore cette eau-de-vie fine champagne, parce qu'il y a une Champagne (ou campagne) charentaise, qu'il ne faut pas confondre avec le pays du vin de Champagne.

haute, pour les dimensions des navires modernes, et Rochefort est pour notre flotte plutôt un magasin qu'un véritable port

Fig. 79. — Paludiers (ouvriers des marais salants)

RÉSUMÉ. — I. De la Loire à la Gironde, la grande route du Nord au Midi passe par Poitiers, marché agricole, et Angoulême, important par ses papeteries.

II. Le Poitou est un pays d'élevage qui produit surtout des ânes et des mulets. La Saintonge est un pays de vignobles et produit l'eau-de-vie des Charentes (cognac).

III. La côte est marécageuse, coupée de canaux, bordée de prairies ou de marais salants. La Rochelle, port de commerce et de pêche, et Rochefort, port militaire, en sont les villes importantes.

Exercice. — Croquis : indiquer les villes et les produits.

LECTURE

POITOU ET VENDÉE

Le Poitou est si bien placé entre la France du Nord et celle du Midi, qu'il aurait dû être intimement uni à l'une ou à l'autre. C'est ainsi que la région de la Charente s'est trouvée tout naturellement liée dans l'histoire à la Guyenne : les vignerons de Saintonge à ceux du Bordelais, les marins de l'Aunis à ceux de la Gironde.

Mais le Poitou a vécu à l'écart, un peu comme la Bretagne. Il a voulu rester lui-même, et comme opposé aux pays qui l'entourent. Au XVIᵉ siècle, il défendait la cause protestante, et, jusqu'au temps de Richelieu, La Rochelle tenait en échec l'autorité royale. Or, moins de deux siècles plus tard, sous la Révolution, c'est pour ses prêtres catholiques et pour le roi que le Poitevin prenait les armes : quel changement ! En réalité, dans ces deux guerres civiles, le Poitou veut rester à part, rebelle à l'unité nationale.

En 1793, ce n'est pas tout le Poitou qui se soulève contre la République. Les royalistes insurgés n'occupent guère que l'ouest de la province, le Bocage et le Marais, qui forment le département de la *Vendée*. De là le nom de Vendéens qu'ils portent dans l'histoire. Dans ces contrées coupées de fossés, de haies, de chemins creux, de petits bois, les troupes vendéennes cachaient aisément leur marche aux armées républicaines. Elles faisaient une guerre de surprise et d'embuscades. Arrivait-on à les vaincre, les rebelles se dispersaient aussitôt, ils « s'égaillaient »; ils cachaient leurs armes et redevenaient laboureurs. Ainsi la lutte était interminable. De part et d'autre on gaspillait un sang précieux, un courage héroïque. Cependant l'étranger envahissait notre territoire, et le Vendéen s'en applaudissait.

LEÇON XXVI

LA BRETAGNE

RÉVISION. — *La côte, le relief et les fleuves*

ENTRETIEN

La partie centrale de la **Bretagne** (*fig. 80*) est une sorte de plateau humide, au sol ingrat, où alternent avec les prairies, les landes de bruyères et de genêts et les forêts. Le bétail, le sarrasin, la pomme de terre y nourrissent les habitants.

La vallée de la Vilaine est plus riche. C'est là qu'a grandi *Rennes* (74.000 hab.), qu'un canal unit au golfe de Saint-Malo. Rennes est la capitale, l'université et le marché des Bretons (blé, beurre, volailles, fabriques de toile).

Mais c'est le littoral qui est la partie riche et peuplée de la Bretagne, surtout le littoral du Nord, la **Ceinture dorée**. Le climat y est doux et humide. On y élève de beau bétail ; on cultive le pommier, les légumes. On expédie jusqu'à Paris, mais surtout en Angleterre, du beurre, des œufs, du cidre, des volailles, des légumes, des primeurs, « pour des centaines de millions ». Le pays de *Dol* (*fig. 81*),

TABLEAU A CONSULTER

PROVINCES	DÉPARTEMENTS	CHEFS-LIEUX	SOUS-PRÉFECTURES	VILLES NOTABLES
POITOU. — Annexé par Philippe-Auguste, perdu par Jean le Bon, repris par Charles V (1373) . . .	Vienne	*Poitiers.*	Civray, Châtellerault, Loudun, Montmorillon.	Saint-Maixent (école militaire).
	Deux-Sèvres 1 . .	*Niort*	Melle, Bressuire, Parthenay . . .	
	Vendée	La Roche-sur-Yon	Fontenay-le-Comte, Les Sables-d'Olonne	Luçon (dont Richelieu fut évêque)
ANGOUMOIS. — Réuni par François Iᵉʳ, duc d'Angoulême (1515).	Charente	*Angoulême* . . .	Cognac, Barbezieux, Ruffec, Confolens.	
AUNIS et SAINTONGE. — Enlevés à l'Angleterre par Charles V (1373)	Charente-Inférieure	*La Rochelle.* . . .	*Rochefort,* Marennes, Saint-Jean-d'Angély, Saintes, Jonzac . . .	Royan (plage de bains).

1. Les Deux-Sèvres qui donnent leur nom à ce département sont la Sèvre Nantaise, rivière qui se jette à Nantes, et le petit fleuve qui passe à Niort. La Vendée est une rivière affluente de la Sèvre Niortaise.

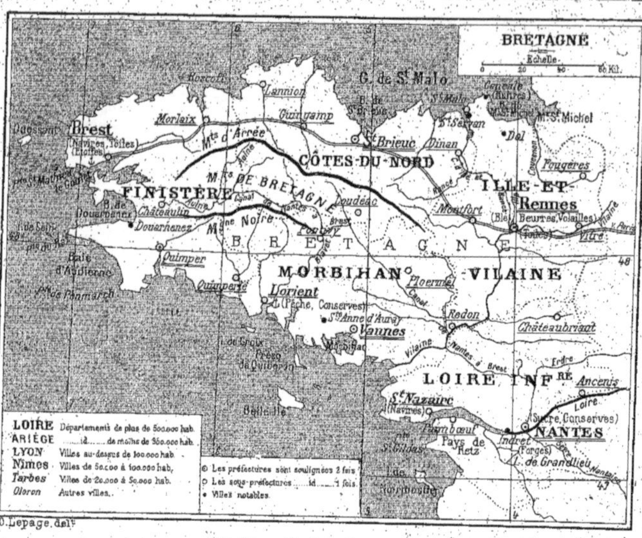

Fig. 80. — Carte de Bretagne

en partie conquis sur la mer, à l'aide de digues, est admirablement cultivé et fertilisé avec l'engrais que donnent les plantes marines. A côté est *Cancale*, dont les huîtres sont renommées. Plus à l'ouest, *Roscoff*, en basse Bretagne, est au centre de la ceinture dorée : c'est un marché agricole important qui dispose de toute une flottille pour l'exportation de ses produits.

C'est surtout la mer qui enrichit les Bretons. Très nombreux sont les petits ports de pêche. La sardine est péchée sur la côte de l'ouest (*Douarnenez* et *Lorient*).

Les Bretons font d'ailleurs au loin la grande pêche, celle de la morue. Depuis des siècles, les Malouins (de Saint-Malo) arment, chaque année, leurs navires pour Terre-Neuve. *Saint-Malo* a 12.000 habitants et *Saint-Servan*, ville jumelle, en possède autant. *Saint-Brieuc* en a 20.000 : c'est une ville de pêcheurs ; *Morlaix* aussi (16.000 hab.).

La plus grande ville de la côte est *Brest* (84.000 hab.), abritée dans une rade où l'on n'accède que par un goulet bordé de canons. C'est un magnifique port de guerre et une ville industrielle importante, qui construit des navires, fabrique des cordages, des toiles à voile, des étoffes, du cuir, etc. Brest éclipse singulièrement *Quimper*, sa préfecture, qui n'est qu'un petit port. Un canal, qui fait peu de trafic, l'unit à Nantes.

Lorient (44.000 hab.), port de guerre, est important par ses chantiers, sa pêche et ses conserves.

Vannes, au fond du Morbihan, est surtout connu par les curieux monuments druidiques de ses environs (alignements de Carnac (*fig. 82*), cromlechs, ménhirs, etc.).

Fig. 81. — Vieilles maisons à Dol

Fig. 82. — Alignements de Carnac (Morbihan)

Sur la basse Loire, Nantes et Saint-Nazaire sont les deux ports du grand fleuve. *Saint-Nazaire* va grandissant (34.000 hab.). C'est une annexe nécessaire de Nantes, les grands navires ne pouvant remonter la Loire, malgré les travaux qu'on a faits pour créer une « Loire maritime ». C'est de là que partent les paquebots transatlantiques pour l'Amérique centrale. Là sont aussi des chantiers de constructions maritimes importants.

Nantes n'en est pas moins une de nos plus grandes villes (133.000 habitants). C'est le débouché du commerce de la Loire. Elle importe des denrées coloniales, raffine le sucre, fabrique des conserves et approvisionne les marins de tout ce qui leur est nécessaire.

La Bretagne est un pays très peuplé, surtout sur la côte. Elle nourrit plus de trois millions de Bretons (*fig. 83 et 84*), dont un bon tiers, au nord-ouest, dans la Basse Bretagne, a con-

Fig. 83. — Paysan breton

servé les mœurs, la coutume, la langue même des anciens Celtes. Ils sont attachés à leurs vieilles coutumes religieuses, leurs pèlerinages ou pardons, qui sont aussi des foires et des fêtes tout aussi fréquentées qu'au moyen âge. Hommes courageux et opiniâtres, ils ont donné à la France des marins héroïques comme Duguay-Trouin, des capitaines persévérants comme Du Guesclin.

Ils ont bien aussi leurs défauts : on dit « têtu comme un Breton ». Surtout ils se laissent décimer par l'alcoolisme qui

Fig. 84. — Paysanne bretonne

va de pair, en certaines régions, avec l'ignorance et la misère.

RÉSUMÉ. — I. L'intérieur de la Bretagne est pauvre : il produit du bétail et cultive du sarrasin. Seule la vallée de la Vilaine a une grande ville, Rennes (74.000 hab.).

II. C'est la mer qui enrichit la Bretagne. Elle adoucit le climat du littoral où abondent les cultures maraîchères. Elle fournit l'engrais au paysan, le poisson au pêcheur, et elle taille pour le marin d'innombrables ports dans la côte. Grâce à elle, le pays est très peuplé.

III. Les grandes villes du littoral breton sont Brest (84.000 hab.) et Lorient, ports de guerre et villes industrielles; Saint-Nazaire, port du commerce de Nantes, en relations avec l'Amérique centrale, et Nantes, sur la Loire, qui a 133.000 habitants.

Exercice. — Croquis de la Bretagne, indiquer les villes.

LEÇON XXVII
LA NORMANDIE ET LES NORMANDS

Révision. — Côte, relief et fleuves

ENTRETIEN

La **Normandie** (*fig. 85*), c'est la province que les envahisseurs normands ont occupée au moyen âge. Beaucoup de petits fleuves, où remontaient leurs barques, les attiraient jusque dans l'intérieur; ils s'y fixèrent et s'y mêlèrent rapidement aux Gaulois. Ainsi s'est formée une population de gens avisés, qui aiment à gagner de l'argent, et qui sont habiles en affaires. Ils ont donné à la France des navigateurs hardis, les Dieppois par exemple (comme Duquesne), des guerriers entreprenants (comme Guillaume le Conquérant) et notre grand poète Corneille.

Comme la Bretagne, ce pays doit beaucoup à la mer. Quantité de petits ports y vivent, les uns du transport des produits des fermes normandes, les autres du passage des baigneurs parisiens qu'attirent les plages de la Manche; tous, plus ou moins, de la pêche, pêche sur la côte (*fig. 86*) ou pêche lointaine. Ainsi Dieppe, Granville, dans le Cotentin, *Fécamp*, dans la Seine-Inférieure, arment pour la pêche de la morue en Islande ou à Terre-Neuve.

Presque aussi arrosée que la Bretagne, la Normandie est riche surtout en herbages, et les agriculteurs se consacrent de préférence à l'élevage : elle est bien douée aussi pour la culture, sauf celle de la vigne. Le pommier (*fig. 87*) remplace la vigne et le cidre est la boisson ordinaire des Normands.

Au nord de la Seine, le pays de **Caux** est un plateau crayeux où la pluie s'infiltre vite et où l'on manque souvent d'eau, bien qu'il pleuve beaucoup. On y élève des moutons, les moutons de pré-salé. Dans les vallons où jaillissent les sources, se blottissent des villages qui fabriquent la toile et des lainages. C'est la partie maigre de la Normandie. Point de grande ville : *Dieppe* atteint pourtant 23.000 habitants, grâce au trafic que lui procure Paris [1].

Au sud de la Seine, le *Perche* (le pays des chevaux percherons à la grosse croupe) et les hauteurs du **Bocage** normand ont des forêts et des herbages. La plaine, bien soignée, est toute en labour ou en prairie, celle de Caen

1. Service régulier de Paris à Londres par Dieppe et Newhaven.

TABLEAU A CONSULTER

PROVINCE	DÉPARTEMENTS	CHEFS-LIEUX	SOUS-PRÉFECTURES	VILLES NOTABLES
BRETAGNE. — Réunie sous François Ier, héritier de sa belle-mère Anne de Bretagne	Ille-et-Vilaine. Loire-Inférieure { Morbihan Côtes-du-Nord Finistère (fin de la terre)	Rennes. NANTES Vannes Saint-Brieuc Quimper	St-Malo, Vitré, Fougères, Redon, Montfort. *Saint-Nazaire*, Paimbœuf, Châteaubriant, Ancenis. *Lorient*, Pontivy, Ploermel. Dinan, Loudéac, Lannion, Guingamp. Morlaix, BREST, Châteaulin, Quimperlé.	Saint-Servan. Indret (forges pour la marine)

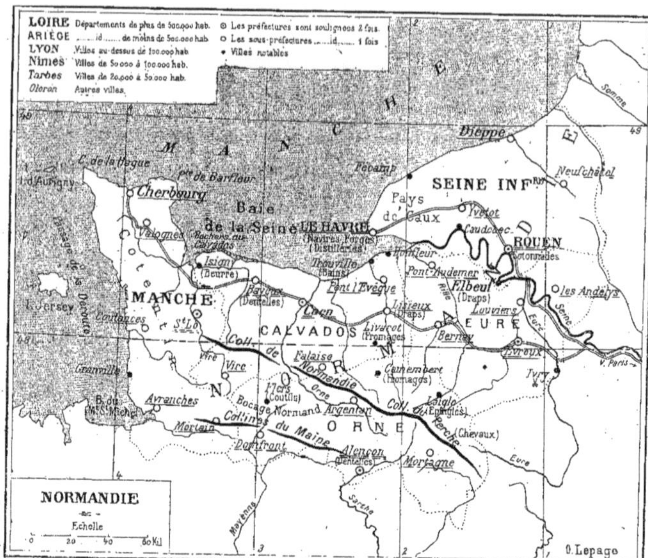

Fig. 85. — Carte de la Normandie

aussi une ville d'industrie (construction de navires, forges, distilleries, etc.). La population atteint 130.000 habitants, huit fois celle d'il y a cent ans.

Toute la basse Seine est comme une rue bordée de villes industrielles. *Rouen* en est la plus importante, avec 116.000 habitants : mais c'est 200.000 qu'il faudrait dire si l'on comptait tous ses faubourgs. Les cotonnades (ou rouenneries) font sa richesse : richesse payée cher, car la population ouvrière est malheureuse et décimée par l'alcool.

Le port de Rouen est bien outillé et assez animé, encore que la basse Seine n'accueille pas les grands navires. Vieille capitale de province, Rouen s'est donné, à travers les siècles, de beaux monuments d'une architecture merveilleuse (église Saint-Ouen, cathédrale, Palais de Justice, etc.).

comme celle du Cotentin. Partout on ne voit que vaches et bœufs. Les fromages de Camembert et de Livarot, le beurre d'*Isigny* ne sont pas moins réputés que la belle viande qui approvisionne Paris.

Tout autour de Rouen fument d'innombrables usines. De Caudebec à Elbeuf l'alignement des cheminées n'est pour ainsi dire pas interrompu. Elbeuf, la ville des draps, n'a que 20.000 habitants.

Dans la Basse Normandie, *Caen* (44.000 hab.) doit à l'Orne canalisée d'être un port ; c'est la ville universitaire et le marché du pays. Dans le Cotentin, *Cherbourg* doit toute son importance à son port de guerre (43.000 hab.).

Nombre de petites villes industrielles sont éparses dans la Normandie : *Flers* (coutils), Lisieux (draps), Laigle

Fig. 86. — Pêche sur la côte

Mais il faut bien d'autres provisions que celles du pays à l'appétit des usines. De là l'importance du *Havre*, qui ne se contente pas d'exporter les produits de la vallée de la Seine, mais qui importe bien davantage. Huit ou dix jours de navigation lui apportent des États-Unis le coton, la laine, le grain, les peaux. D'Angleterre lui vient le charbon, de Norvège le bois, de l'Amérique du Sud le café, le cacao, etc. C'est notre deuxième port. Bien entendu, c'est

Fig. 87. — Gaulage des pommes en Normandie

(épingles), *Alençon* et Bayeux (dentelles). *Évreux* (18.000 hab.) est plutôt un marché agricole.

Les villes de la Normandie sont très peuplées, mais la campagne va se dépeuplant, et l'alcoolisme y est pour quelque chose.

RÉSUMÉ. — I. La Normandie est le pays des herbages, du beau bétail, du beurre, du fromage, et des produits de basse-cour. Elle est aussi pays de filatures, de draps, de coutils et de cotonnades.

II. Les principaux ports sont Le Havre, notre deuxième port, en relations avec l'Amérique et l'Angleterre (130.000 hab.), et, bien loin après lui, Dieppe. Cherbourg est un port de guerre.

III. Rouen et sa banlieue doivent à leurs usines de réunir plus de 200.000 habitants. Caen et Elbeuf sont encore des villes importantes.

Exercice. — Croquis de la Normandie.

LEÇON XXVIII

LA PLAINE DU NORD — ARTOIS ET PICARDIE

RÉVISION. — *Côte et cours d'eau de la région du Nord*

ENTRETIEN

La **plaine du Nord** (*fig. 88*) s'étend jusqu'à la Belgique et se continue d'ailleurs au delà de la frontière. La nature n'y a tracé aucune limite, ni entre nos provinces, ni entre nous et les Belges. Prenons aujourd'hui la région qui va de la Normandie et de l'Oise jusqu'à la mer : ce sont les pays de Picardie, d'Artois et de Flandre.

Cette plaine est à peine relevée, dans l'**Artois**, de quelques collines qui se dressent en falaise sur le détroit du Pas-de-Calais. En Flandre, aux approches de la mer du Nord, le sol est si bas que la marée l'envahirait quand elle remonte dans les fleuves, sans les digues qui le protègent. Par endroits, les habitants doivent assécher leurs champs à l'aide de fossés ; ils en épuisent l'eau par des pompes que font mouvoir des moulins à vent ou des machines.

Dans cette plaine, il n'y a aucun moyen naturel de défense. Même les rivières, sauf la Somme, sont des voies de pénétration vers l'intérieur.

Aussi avait-on jadis échelonné sur l'Escaut, la Sambre et la Somme, des places fortes qui furent souvent assiégées[1].

Cette contrée, si souvent désolée par la guerre, est devenue, grâce à la paix, la plus populeuse de la France (Paris excepté). Près de 3 millions et demi d'habitants s'y pressent, pour trois départements seulement.

La terre est fertile et admirablement cultivée. Le transport des engrais et des produits agricoles est facilité par l'existence de cours d'eau bien navigables et de nombreux canaux. Les consommateurs étant nombreux et le terrain cher, chacun fait rendre à son champ le plus qu'il peut. Les riches cultivateurs font la culture intensive sur de vastes espaces, à grand renfort de machines et d'engrais coûteux ; les petits propriétaires font la culture maraîchère sur de petits espaces dont ils tirent des récoltes merveilleuses[2].

1. Nul pays n'a été plus disputé. Bouvines est près de Lille. Sur l'Escaut est Denain où Villars sauva la France. Plus à l'est est Malplaquet (Villars) ; sur la Sambre, près de Maubeuge, Wattignies (Jourdan). Lens est près de Béthune. Crécy est vers la Somme, ainsi que Péronne, et Saint-Quentin où l'amiral Coligny arrêta les Espagnols, etc. Faidherbe en 1870 arrêta sur la Somme les Prussiens qui venaient par le sud. Louis XI a passé la meilleure partie de son règne à arracher les villes de la Somme au duc de Bourgogne. Louis XIV acquit l'Artois et la Flandre, qu'il fortifia pour mettre Paris à l'abri d'une invasion.

2. En France un hectare de blé ne donne en moyenne que 16 hectolitres de grain. Nos Flamands lui font rendre bien davantage ; parfois ils vont au double.

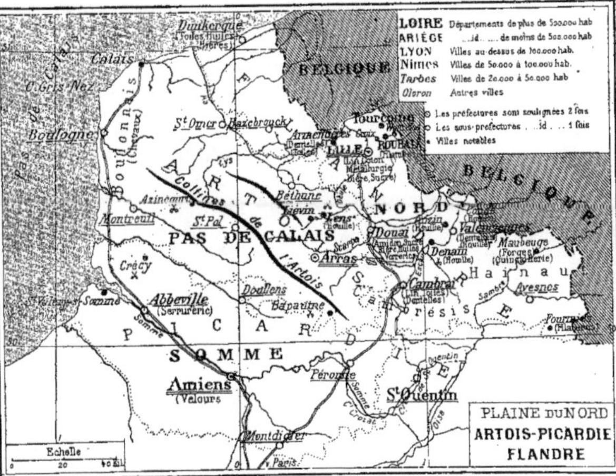

Fig. 88. — Carte de l'Artois, de la Picardie et de la Flandre

TABLEAU A CONSULTER

PROVINCES	DÉPARTEMENTS	CHEFS-LIEUX	SOUS-PRÉFECTURES	VILLES NOTABLES
NORMANDIE. — Rollon s'y établit en 912. Guillaume le Conquérant, duc de Normandie, conquiert l'Angleterre en 1066. Philippe Auguste confisque la Normandie en 1203. Elle est perdue et reprise au cours de la guerre de Cent Ans.	Seine-Inférieure	ROUEN	LE HAVRE, *Dieppe*, Yvetot, Neufchâtel	*Elbeuf* (draps). Fécamp (port de pêche).
	Eure	Évreux	Pont-Audemer, Bernay, Louviers, les Andelys	Ivry (bataille).
	Calvados	*Caen*	Bayeux, Pont-l'Évêque, Lisieux, Falaise, Vire	Honfleur (port), Trouville (plage), Isigny (beurre).
	Manche	Saint-Lô	*Cherbourg*, Valognes, Coutances, Avranches, Mortain	Granville (port).
	Orne	Alençon	Argentan, Domfront, Mortagne	Laigle (épingles), Flers (coutil), Camembert (fromages).

Le sous-sol ajoute ses richesses à celles du sol. Il offre aux usines la houille, qui est le pain de l'industrie; et c'est ainsi que sont nées filatures, manufactures de tissus divers, forges, verreries, raffineries, brasseries, huileries, et toutes les industries qui ont besoin du charbon. Elles ont, à leur tour, contribué au développement de la culture, en réclamant des cultivateurs la betterave, le lin, le chanvre, le houblon, l'orge, dont elles ont besoin, et la laine pour leurs draps, et les peaux pour leurs tanneries, etc... Comme le pays n'y suffirait pas, elles ont demandé aux ports les produits de l'étranger, et l'on a, pour les satisfaire, multiplié les chemins de fer et les canaux en tout sens. C'est ainsi que les hommes se prêtent un mutuel secours, et que le travail des uns est utile à tous les autres.

La **Picardie** est la moins riche des trois provinces du Nord. La vallée de la Somme a des espaces incultes où s'étalent des **tourbières**, et c'est une médiocre richesse que ce combustible fumeux qu'on nomme **tourbe**. Mais aux abords des grandes villes, d'Amiens surtout, cette même vallée est très bien cultivée par les jardiniers et les maraîchers. Par chance, des mines de phosphate sont voisines.

La culture maraîchère est encore fort importante dans le département de l'Aisne, qui est en grande partie formé de la Picardie. La betterave (*fig. 89*) et le lin y occupent aussi de grands espaces.

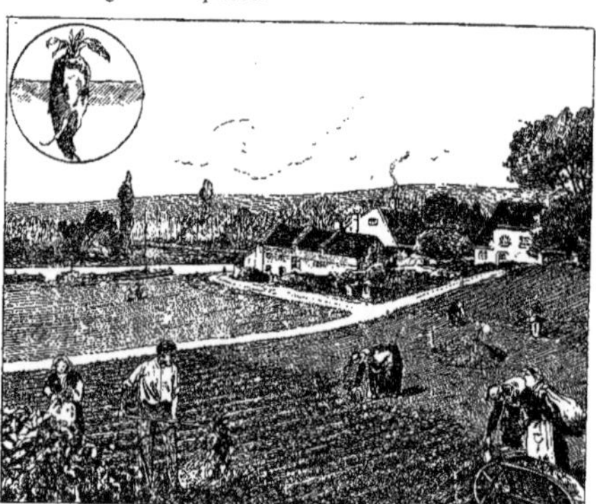

Fig. 89. — Culture de la betterave

Au reste, c'est surtout l'industrie qui a fait grandir les villes. Ce sont les filatures de coton et de laine, les fabriques de tulle, de bonneterie, de dentelles, et mille usines de toute sorte qui ont donné 5o.ooo habitants à *Saint-Quentin* (sur la Somme, mais dans le département de l'Aisne); qui ont porté à 9o.ooo le chiffre d'habitants d'*Amiens*, le pays du velours, à 2o.ooo, celui d'*Abbeville* (serrurerie), etc...

Fig. 9o. — Un puits de mine à Lens

Un bon port manque à cette vallée. L'embouchure de la Somme est peu accessible et n'a que de petits ports.

Le Pas-de-Calais, département un peu plus grand que l'ancien *Artois*, est bien plus peuplé que la Somme (955.ooo hab.). Outre ses cultures, son beau bétail « boulonnais » (chevaux), il a un bassin houiller très important, *Lens*, (*fig. 9o*), le premier de France, qui lui livre à bon marché le combustible[1]. Peu de grandes villes cependant: *Arras*, vieille capitale, n'a que 25.ooo habitants; les deux ports de *Boulogne* (5o.ooo hab.) et de *Calais* (6o.ooo hab.) ont grandi bien davantage, tous deux par le trafic de Paris avec l'Angleterre[2], tous deux par la pêche, et Calais, en outre, par ses filatures et ses dentelles.

RÉSUMÉ. — 1. La plaine de Picardie, d'Artois et de Flandre est la région la plus peuplée de France, grâce à de riches cultures alimentaires et industrielles, à des mines de houille, à de nombreuses industries, et à la facilité des transports.

II. La Picardie a pour grandes villes Saint-Quentin et Amiens (90.000 hab.) sa capitale; toutes deux sont importantes par leurs tissus.

III. Le Pas-de-Calais, dont Arras est la capitale, possède notre premier bassin houiller: Lens. Ses deux grands ports sont Boulogne et Calais.

Exercice. — Croquis de la région du Nord. Placer les villes citées dans la leçon.

1. Lens (24.000 hab.), Liévin (17.000) et les communes environnantes sont peuplés de mineurs. Le bassin houiller du Pas-de-Calais occupe plus de 50.000 ouvriers et fournit les deux cinquièmes de notre production totale de houille (valeur 126 millions.)

2. Les services réguliers de paquebot se font de Calais à Douvres, et de Boulogne à Folkestone.

TABLEAU A CONSULTER

PROVINCES	DÉPARTEMENTS	CHEFS-LIEUX	SOUS-PRÉFECTURES	AUTRES VILLES
PICARDIE. — Acquise par Louis XI.	**Somme**	Amiens	Doullens, Péronne, Montdidier, Abbeville.	Saint-Valéry-sur-Somme (port).
ARTOIS. — Conquis par Richelieu, acquis au traité des Pyrénées (1659)	**Pas-de-Calais.** . .	*Arras.*	Boulogne, Saint-Omer, Saint-Pol, Montreuil, Béthune.	Calais (port), Azincourt, *Lens*, Bapaume (batailles).

LEÇON XXIX

LA PLAINE DU NORD — FLANDRE

Le département du **Nord** doit à son prodigieux essor industriel d'avoir doublé, en cent ans, sa population. Il a 1.877.000 habitants, 330 par cent hectares : or la France ne nourrit, en moyenne, que 73 habitants par cent hectares.

Encore, cette longue bande de terre qui forme le département du Nord est-elle fort inégalement peuplée. Au sud-est, le pays est plutôt pauvre, en partie boisé : les grandes villes n'y abondent pas [1]. Au nord-ouest, la Flandre maritime, boueuse et fertile, au climat doux et humide, est toute coupée de fossés pleins d'eau : c'est un pays de culture intensive, où l'on obtient de la terre, à l'aide d'engrais et de machines, de gros rendements de blé, de betterave, d'orge, etc. C'est au centre qu'est la région plus spécialement industrielle. Là sont les grandes villes, serrées les unes contre les autres. On n'aperçoit au loin que de hautes cheminées qui dominent un fouillis de maisons. L'air souvent brumeux est obscurci par la fumée ; les maisons en sont noircies ; les ruisseaux, les plus grands cours d'eau sont salis par l'égout des usines ; le pays paraît sombre et triste. Mais la population est très dense.

Lille n'a que 210.000 habitants, mais sa banlieue est si peuplée que son arrondissement compte 900.000 âmes. La grande ville ouvrière est remplie d'usines. La filature et le tissage du lin *(fig. 91)*, du coton et de la laine y font vivre 30.000 ouvriers et leurs familles. La métallurgie est importante aussi, notamment la fabrication des locomotives. Puis viennent des brasseries, des raffineries, etc. Grande place

Fig. 91. — Intérieur d'un atelier de tissage

forte (encore aujourd'hui), Lille a été souvent assiégée, bombardée, brûlée. Sous la Révolution elle a bien « mé-

---

1. C'est le Hainaut français ; la Belgique a aussi sa part du Hainaut et sa part de la Flandre.

rité de la patrie » ; c'est une de nos villes décorées. Elle a quelques beaux monuments, comme le palais de la Bourse. Elle a une université très active, toujours en pro-

Fig. 92. — Dunkerque. Quai et bassin à flot

grès, et dont les savants s'intéressent aux besoins de l'industrie. Elle a des écoles de toutes sortes. Peu de villes de France font autant qu'elle pour faciliter les hautes études : c'est vraiment une capitale.

Deux lieues plus loin, *Roubaix* dresse ses hautes cheminées. Il n'est pas même sous-préfecture : mais il a 125.000 habitants. *Tourcoing*, tout à côté, en a 79.000, et d'autres villes qui sont comme les faubourgs de ces deux-là *(Croix*, 16.000 hab., *Wattrelos*, 25.000, etc.), portent à près de 250.000 âmes la population de ce coin de France. Tout ce monde vit principalement de la filature et du tissage de la laine que fournissent l'Australie, le Cap et l'Amérique [1]. — Un peu à l'ouest, *Armentières* (20.000 hab.) (toiles et dentelles), est connue par son école nationale professionnelle.

Sortons de l'arrondissement de Lille. *Douai*, sur la Scarpe, a 34.000 âmes : ses industries sont variées (forges, amidon, sucre, bière, verre, huile, etc.).

Sur l'Escaut, *Cambrai*, la ville où Fénelon fut archevêque, a 26.000 habitants. Ses fabriques travaillent le lin, font des toiles fines, de la batiste, des dentelles. *Valenciennes* (31.000 hab.) est connue pour ses dentelles qui pourtant ne comptent plus guère aujourd'hui dans sa richesse : c'est surtout un grand marché de houille. Son bassin houiller [2] s'étend tout le long de l'Escaut, sur 28 kilomètres de longueur, à Denain (23.000 hab.), à Anzin (13.000 hab.), à Condé, etc.

Dans la vallée de la Sambre, deux villes sont importantes : *Maubeuge*, ville forte que font vivre ses forges et ses quincailleries (20.000 hab.) et *Fourmies* (14.000 hab.) qui grandit rapidement depuis un quart de siècle, et dont les filatures approvisionnent de fils les drapiers de Roubaix.

---

1. Et aussi d'autres industries moins importantes, huileries, savonneries, etc...

2. Les sept compagnies qui se partagent le bassin de Valenciennes mettent en vente, chaque année, le huitième de la houille que produit la France. Tout auprès sont les mines de Lens ; pourtant les charbons belges et anglais viennent faire concurrence aux nôtres jusque dans le Nord, tant sont pressants les besoins de nos usines.

Dans le nord du département, point de ville notable, excepté *Dunkerque* (40.000 hab.) *(fig. 92)*.

L'importance et le progrès de cette ville s'expliquent aisément. De tout temps son port a été recherché, au sortir des mauvais passages du Pas-de-Calais : ses pêcheurs et ses marins sont célèbres pour leur hardiesse (Jean-Bart). Elle s'est donné aussi des industries (toiles, huiles, bières, etc.). Surtout c'est le quai où les usines du Nord s'approvisionnent de laine, de coton, de charbon, de minerai de fer, de bois, etc., où les cultivateurs du Nord font venir le guano, le grain dont ils ont besoin. Des canaux et des chemins de fer transportent ces marchandises, et tout ce trafic donne à Dunkerque le troisième rang parmi les ports de France.

Fig. 93. — Cités ouvrières de mineurs

RÉSUMÉ. — Le département du Nord est, après la Seine, le plus peuplé de France (1.900.000 hab.). Il égale bien en importance quatre ou cinq des autres départements.

II. L'agriculture du Nord est très productive. L'industrie est très variée et très puissante ; elle travaille la laine, le coton, le lin, le chanvre, fabrique le fer, le sucre, le verre, la bière, etc.

III. Les grandes villes du Nord sont Lille (210.000 hab.) (textiles et métallurgie), tout auprès Roubaix avec Tourcoing (lainages) ; puis Douai, Valenciennes, pays du charbon, Cambrai, Dunkerque, troisième port de France.

Exercice. — Croquis du département du Nord.

LECTURE

LA POPULATION OUVRIÈRE DU NORD

La population du Nord a bien des ressemblances avec ses voisines de Belgique et de Hollande. Au reste, une partie de notre Flandre maritime parle encore le flamand, patois d'origine germanique que la Belgique flamande conserve précieusement.

Nos Flamands sont laborieux, calmes et flegmatiques à l'ordinaire : mais s'ils sortent de leur naturel, ils s'emportent jusqu'à la violence. Leur histoire est fertile en révolutions et en grèves.

Il faut savoir, pour achever de les connaître, qu'ils sont grands buveurs de bière, mais aussi, hélas ! buveurs d'alcool : et cela ne va pas sans quelque misère.

D'ailleurs, dans un pays où la vie est chère, la population ouvrière vit à grand'peine de son salaire *(fig. 93)*. Près de deux cent mille Belges, en grand nombre célibataires, viennent lui disputer l'ouvrage dans nos usines. On peut baisser le prix de la journée, les ouvriers ne manquent pas.

L'existence en devient plus difficile, surtout pour les familles nombreuses. Chacun doit donc gagner son pain comme il peut. Tout jeunes, les enfants vont à la filature. La mère y va comme le père et les enfants. Aussi la mère n'étant guère à la maison peut soigner difficilement son ménage. Tout cela fait une vie bien triste à ces pauvres gens dont le travail crée des ressources à bon marché pour les autres.

LEÇON XXX

LORRAINE ET ALSACE

RÉVISION.— *Relief: les Vosges et le Plateau Lorrain, l'Ardenne. Cours d'eau. Meuse, Rhin, Moselle et Meurthe*

ENTRETIEN

L'**Alsace** *(fig. 94)* c'est la grande plaine entre les Vosges et le Rhin jusqu'à Wissembourg et la rivière Lauter ; la **Lorraine**, c'est le plateau qui s'étend des Vosges et des monts Faucilles jusqu'à la forêt d'Argonne (rive gauche de la Meuse) et au plateau d'Ardenne.

Ces deux pays ont été longtemps disputés entre la France et l'Allemagne. Conquis les premiers, sous Louis XIV, les Alsaciens *(fig. 95)*, travailleurs pacifiques, devinrent vite Français ; mais beaucoup gardèrent l'usage de la langue allemande : ce fut un des prétextes dont se servit l'Allemagne pour revendiquer leur pays. — La Lorraine, le pays de Jeanne d'Arc et du maréchal Ney, a toujours été française de cœur et de langue, même quand ses princes étaient allemands : elle ne fut pourtant réunie que sous Louis XV. Les Lorrains sont gens réservés, prudents et travailleurs.

Nul Français n'ignore que la Lorraine et l'Alsace ont été démembrées en 1871. Le territoire de *Belfort*, avec sa solide forteresse, est tout ce qui nous reste du département du Haut-Rhin et de toute l'Alsace. Notre département actuel de *Meurthe-et-Moselle* réunit les débris des départements anciens de la Meurthe et de la Moselle.

TABLEAU A CONSULTER

PROVINCE	DÉPARTEMENT	CHEF-LIEU	SOUS-PRÉFECTURES	VILLES NOTABLES
ANCIEN GOUVERNEMENT DE FLANDRE. — Pays longtemps disputé aux comtes de Flandre, puis aux ducs de Bourgogne et à la maison d'Autriche. Louis XIV l'acquit par morceaux en 1659, 1668 (Lille), (1678).	Nord	LILLE	*Dunkerque*, Hazebrouck, *Douai, Cambrai, Valenciennes*, Avesnes.	ROUBAIX, TOURCOING, Anzin (houille), Denain (houille, bataille).

Le plateau de *Lorraine* descend doucement au nord-ouest des Vosges et des Faucilles vers l'Ardenne. Ce n'est pas une plaine unie : de longues côtes boisées longent la Moselle et la Meuse, hérissées de canons français ou allemands.

Au nord, l'Ardenne, plateau plus élevé que la Lorraine, est un pays froid et pauvre : le bois, les carrières d'ardoise, le fer (quincaillerie) donnent pourtant quelque travail aux habitants.

La Lorraine est surtout riche en bois dans les Vosges, en seigle, en blé, en avoine, en pommes de terre dans la plaine. Les côtes de la Moselle sont plantées de vigne. Le sol fournit encore le minerai de fer, le sel gemme (Meurthe-et-Moselle et Lorraine allemande) et le charbon (Lorraine allemande). Il y a, dans les Faucilles, des sources thermales très fréquentées, comme Plombières. Mais de grandes étendues de pays sont pauvres, étant humides et froides.

L'industrie (textile et métallurgique) et les besoins de la défense nationale ont fait croître beaucoup de villes, et la population est très dense le long de la Moselle et de la Meurthe.

Sur la Meuse, Commercy, *Verdun* (21.000 hab.), etc., sont garnis de soldats. *Sedan* (20.000 hab.) est important en outre par ses lainages [1]. Charleville et Mézières, villes jumelles, ont ensemble 26.000 habitants et travaillent le fer [2].

Sur la Moselle, *Épinal* (28.000 hab.), ville forte, vit de ses imageries et de ses tissus de coton. Toul est une forteresse, comme Verdun et Metz.

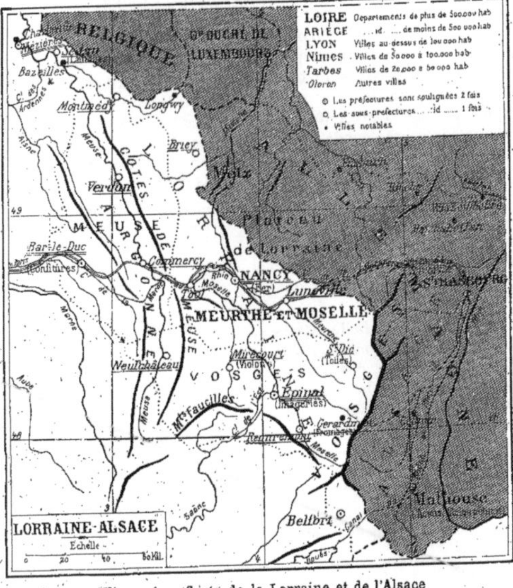

Fig. 94. — Carte de la Lorraine et de l'Alsace

Ces trois villes s'appelaient autrefois les Trois-Évêchés [3]. — Sur la Meurthe, *Nancy* dépasse 100.000 habitants. Sa population a doublé, depuis la guerre, par l'immigration de nombreux Alsaciens qui veulent rester Français. Dans cette ville et aux environs, le travail du fer a pris une grande importance. On y fait aussi des tissus et de la bière. — Nancy possède une Université active, une importante École forestière et une École de chimie.

En passant la frontière, la Moselle arrive à *Metz*, forteresse autour de laquelle tant de sang français a été répandu (58.000 hab.).

Au delà des Vosges, la *plaine alsacienne*, fertile, très peuplée, admirablement cultivée, produit le blé, le tabac, le colza, le houblon, le chanvre, la vigne. Les vallées des Vosges ont de superbes forêts et beaucoup d'usines. La

Fig. 95. — Types d'Alsaciens

Fig. 96. — Citadelle de Belfort

---

1. Tristes souvenirs de 1870. A côté, est le village de Bazeilles où les Français ont résisté héroïquement le 1er septembre 1870, et qui fut détruit par les Allemands après la bataille.
2. Ces deux villes étaient déjà en Champagne.
3. Elles avaient été enlevées à l'Allemagne sous Henri II.

navigation est active sur le Rhin, sur l'Ill, son affluent, et sur les canaux qui les rejoignent.

La capitale, *Strasbourg* (150.000 hab.), heureusement placée sur l'Ill, au point de rencontre de plusieurs canaux, est une très belle ville, fière de sa cathédrale dont la flèche a cent quarante-deux mètres de haut, fière de son Université, mais aujourd'hui encombrée de soldats allemands. — Strasbourg nous a donné Kléber.

Mulhouse (70.000 hab.) est la ville des tissus de coton et des toiles peintes. Colmar (37.000 hab.), ancienne préfecture française du Haut-Rhin, est aussi une ville d'industrie.

De toute cette belle Alsace il nous reste *Belfort* (fig. 96), forteresse au sud des Vosges, célèbre par son héroïque défense de 1871. Belfort a plus de 30.000 habitants et doit surtout son importance à son rôle militaire.

RÉSUMÉ. — 1. L'Alsace et la Lorraine, longtemps disputées entre la France et l'Allemagne, mais bien françaises l'une et l'autre, ont été démembrées en 1871. L'Alsace-Lorraine allemande a pour villes importantes Strasbourg (150.000 hab.), Mulhouse et Metz.

II. La France n'a conservé de l'Alsace que la forteresse de Belfort.

III. La Lorraine française est un plateau assez pauvre, mais enrichi par l'industrie (métallurgie et tissus). Nancy (102.000 hab.), Épinal, Sedan, Charleville sont les principales villes industrielles. Toul et Verdun sont importants pour la défense.

Exercice. — Inscrire les noms des villes et l'indication des industries principales, sur le croquis de la région.

LEÇON XXXI

RÉGION PARISIENNE — LA CHAMPAGNE ET L'ILE-DE-FRANCE

ENTRETIEN

La grande plaine qu'arrosent la **Seine** et ses affluents n'est point uniforme. Elle comprend des pays variés : les

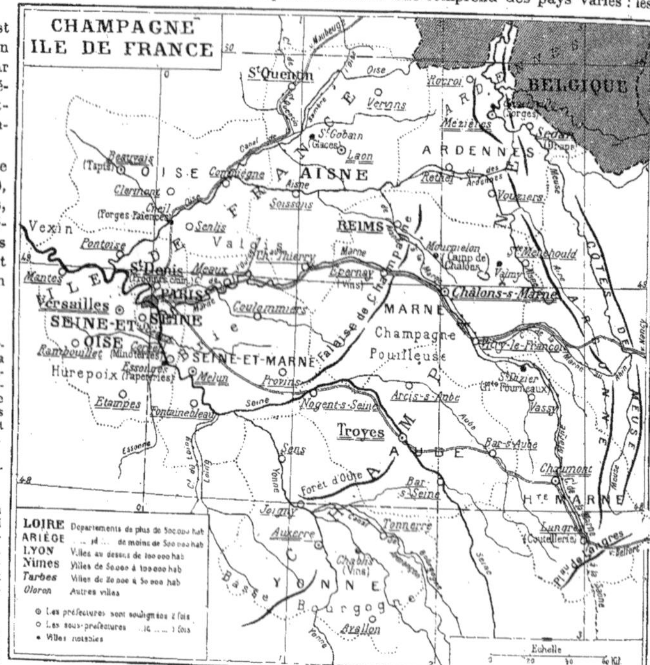

Fig. 97. — Carte de la Champagne et de l'Ile-de-France

TABLEAU A CONSULTER

PROVINCES	DÉPARTEMENTS	CHEFS-LIEUX	SOUS-PRÉFECTURES	AUTRES VILLES
LORRAINE. — Réunie en 1766, par Louis XV. Mais déjà les Trois-Evêchés nous appartenaient depuis Henri II. L'ancien département de la Meurthe avait pour chef-lieu Nancy ; celui de la Moselle, Metz.	**Meuse**	Bar-le-Duc (confitures)	Commercy, Verdun (ville forte), Montmédy (ville forte).	
	Vosges	Épinal	*Saint-Dié* (toiles), Remiremont, Mirecourt, Neufchâteau	Gérardmer (lac célèbre, fromages).
ALSACE. — Réunie en 1648, sauf Strasbourg, réuni en 1685. — Elle avait formé les départements du Haut-Rhin, chef-lieu Colmar, du Bas-Rhin, chef-lieu Strasbourg.	Meurthe-et-Moselle	NANCY	*Lunéville*, Toul (ville forte), Briey	Longwy (ville forte).
	Territoire de Belfort (ancien département du Haut-Rhin)	»	Belfort (ville forte).	

uns sont distribués entre des provinces que nous connaissons déjà, Orléanais, Bourgogne, Picardie, Normandie; les autres forment la **Champagne** et l'**Ile-de-France** (fig. 97).

Dans l'ensemble, cette région a la forme d'une «cuvette» dont les cours d'eau descendent des bords vers le centre[1]; avec eux descendent les routes principales que jalonnent des villes nombreuses. Au centre est Paris.

Fig. 98. — Les bords de la Meuse

La Basse Bourgogne, qui s'étend au pied du Morvan, est un pays de collines et de coteaux tout chargés de vignobles, entre lesquels coulent l'Yonne et son affluent l'Armançon. Cette contrée est connue surtout pour son vin (Chablis, etc.). *Auxerre*, ville principale, n'a pas 20.000 habitants.

La Champagne est une terre pauvre.

Les parties les mieux arrosées sont des forêts, celles des Ardennes *(fig. 98)*, de l'Argonne, de la Haute-Marne. Le reste du pays champenois est tout plat et sec. C'est la Cham-

Fig. 99. — Portail de la cathédrale de Reims

pagne Pouilleuse; elle s'étend jusqu'à ces collines blanches qui servent de rebord à l'Ile-de-France et qu'on appelle la falaise de Champagne. Le sol est crayeux; la pluie s'y infiltre rapidement et jaillit dans les vallées en sources

troubles, en cours d'eau laiteux. Les villages ne peuvent vivre qu'au bord des rivières; ils se succèdent en longues files au fond des vallées, tandis que les plaines intermédiaires sont presque désertes et ne peuvent servir qu'à l'élevage du mouton. Au reste, les habitants de ce pays déshérité amendent peu à peu leur sol; ils y plantent des bois. Sur la Falaise de Champagne ils cultivent des vignes et, à force de soins et de patience, ils en tirent ce fameux vin de Champagne qui leur rapporte des millions[1].

Quelques villes sont importantes, grâce à leurs ressources industrielles. — Les mines de fer de l'Ardenne alimentent les forges de *Mézières-Charleville* (25.000 hab.). Dans la Haute-Marne, *Saint-Dizier* (14.000 hab.) a ses hauts fourneaux et *Langres* sa coutellerie. — La région qui va de Reims à Sedan est un pays de lainages. *Sedan* fait du drap depuis des siècles; il reste petite ville, faute de débouchés. *Reims*[2] *(fig. 99)* va grandissant et dépasse 108.000 habitants; c'est la première ville de la Champagne, le grand marché de ses vins, une de nos villes industrielles les plus actives. Reims éclipse sa préfecture, *Châlons-sur-Marne* (26.000 hab.). Celle-ci n'est importante que par ses

Fig. 100. — Les moulins de Corbeil

établissements militaires. Non loin d'elle est le camp de Mourmelon, ou de Châlons, où se fait l'instruction d'une partie de l'armée. — Enfin *Troyes*, l'ancienne capitale champenoise, est sur la Seine. Bien que sa population croisse (53.000 hab.), elle a perdu l'importance qu'elle avait au moyen âge, quand ses grandes foires attiraient des marchands de toute la France et même de l'étranger. Ses bonneteries occupent encore beaucoup d'ouvriers.

L'**Ile-de-France**[3], à l'ouest de la Champagne, va de l'Orléanais à la Picardie. Elle comprend des pays

---

1. On voit sur la carte que la cuvette s'ébrèche vers l'ouest et laisse la Seine s'écouler dans la mer.

1. Autour de Reims, d'Epernay (18.000 hab.), d'Ay, etc.

2. Reims sur la Vesle, affluent de l'Aisne, et sur un canal. — Sa cathédrale est l'une des plus belles de la France. On y sacrait les rois : Jeanne d'Arc y fit sacrer Charles VII. — Rappelons que Colbert était fils d'un drapier de Reims, « à l'enseigne du Long-Vêtu ».

3. Elle doit son nom, dit-on, aux cours d'eau qui entourent — non pas comme une île, mais comme une presqu'île, — le territoire compris entre l'Aisne, l'Oise et la Marne; mais elle est bien plus étendue que cette langue de terre.

divers : le Valois aux belles forêts (Compiègne); la Brie, connue pour son bétail et ses fromages; le Hurepoix, pays de la volaille (vers Corbeil); le Vexin (vers Mantes), etc. Les cultures sont très variées; celle des céréales domine; mais les maraîchers et les horticulteurs sont innombrables aux environs de Paris; ils approvisionnent la capitale de légumes, de fruits frais et de fleurs. Les cultures industrielles sont aussi très répandues, par exemple, celle de la betterave. — Quant aux industries, elles sont très diverses, car elles dépendent souvent de l'industrie parisienne, qui a mille besoins et mille ressources. — Les villes sont nombreuses, mais le voisinage de Paris n'en a laissé grandir aucune, si ce n'est ses faubourgs mêmes, dont la vie est intimement liée à celle de la grande ville. Retenons : dans l'Oise, *Beauvais*, la ville des tapis (18.000 hab.); *Creil* (forges, verreries et faïences). — Dans l'Aisne, Saint-Gobain, connu pour ses belles glaces; *Laon*, ville militaire (14.000 hab.). — Dans Seine-et-Marne, *Melun* (12.000 hab.) et Meaux, marchés agricoles. — Dans Seine-et-Oise, *Corbeil*, (minoteries très importantes) *(fig. 100)*; Essonnes (papeterie); *Versailles* enfin. Cette ville doit son importance au long séjour qu'y ont fait les rois et au château magnifique dont ils l'ont embellie (54.000 hab.).

RÉSUMÉ. — I. La Basse Bourgogne, autour d'Auxerre, est un pays de beaux vignobles.

II. La Champagne tantôt boisée, tantôt sèche et nue, est naturellement pauvre. Son vin mousseux l'enrichit plus que ses moutons. Ses villes principales sont Reims (108.000 hab.); marché de vin et ville de fabriques, et Troyes, ancienne capitale. La métallurgie est importante dans la Haute-Marne et les Ardennes.

III. L'Ile-de-France est un pays aux productions variées qui s'occupe surtout d'alimenter Paris. Versailles est sa seule grande ville, en dehors de Paris et de ses faubourgs.

Exercice. — Croquis : indiquer les régions et les villes.

LECTURE

LE VIN DE CHAMPAGNE

Ce vin ne s'obtient pas sans beaucoup de soins et de dépenses.

Le vignoble est tout d'abord attentivement nettoyé, surveillé et défendu contre ses ennemis naturels : on n'y épargne point les façons et les sulfatages. Quand vient l'heure de la vendange qui doit se faire vite, on voit accourir de tous côtés les vendangeurs : il en vient jusque du fond de la Lorraine. Ils s'empilent dans des charrettes et se transportent jusqu'aux vignobles, pour gagner quelques bonnes journées. La récolte se fait avec un soin minutieux. On doit trier sévèrement les grappes, rejeter les grains gâtés, ne retenir qu'un raisin de choix. Ce raisin, on le porte sous le pressoir qui en exprime le jus avec la plus grande propreté. On soutire au plus vite, pour que le vin ne prenne point de couleur, puis on met en fûts. Quand la fermentation est terminée, on n'a encore que du vin ordinaire : il s'agit de le travailler pour le rendre mousseux. On le met donc en bouteilles en l'additionnant d'un peu de sucre de canne. La fermentation de ce sucre, dans des bouteilles bouchées, produira peu à peu l'acide carbonique nécessaire et rendra la liqueur pétillante.

On aligne pendant des mois et des mois les bouteilles dans ces immenses caves de Champagne *(fig. 101)* qui sont de véritables

Fig. 101. — Une cave de Champagne

souterrains de plusieurs kilomètres de long : mais on ne les y laisse pas tranquilles. On va les y retourner de temps en temps puis on les met *sur pointe* pour faire glisser vers le goulot, sans troubler le liquide, le dépôt du vin qui « se dépouille ». Une fois cette opération faite, on dégorge la bouteille en coupant le muselet qui retient le bouchon. Celui-ci s'échappe et, avec lui, une petite quantité de liquide qui entraîne les impuretés, la bouteille passe alors aux mains d'un autre ouvrier qui l'emplit avec un mélange sucré de *liqueur* (sucre candi dissous dans du champagne) et la rebouche immédiatement. Après quoi le vin va vieillir dans la cave jusqu'au moment où on le vendra. Un bon vin de Champagne n'a pas moins de quatre à cinq ans lorsqu'on le met en vente, et il a dû passer par les mains de quarante-cinq ouvriers différents.

La récolte annuelle atteint 500.000 hectolitres. La vente dépasse 25 millions de francs, dont l'étranger paie bien les quatre cinquièmes : chaque année, d'ailleurs, toute la récolte n'est pas vendue, et les provisions s'augmentent dans les caves.

TABLEAU A CONSULTER

PROVINCES	DÉPARTEMENTS	CHEFS-LIEUX	SOUS-PRÉFECTURES	AUTRES VILLES
BOURGOGNE	Yonne	Auxerre	Joigny, Sens, Tonnerre, Avallon.	Chablis (vin).
CHAMPAGNE. — Réunie en 1314, par suite du mariage de Philippe le Bel avec l'héritière de Champagne. — La principauté de Sedan fut jointe à la Champagne sous Louis XIII	Aube	TROYES	Bar-sur-Seine, Bar-sur-Aube, Arcis-sur-Aube.	
	Marne	Châlons-s.-Marne.	Vitry-le-François, Épernay, Sainte-Menehould.	
	Haute-Marne	Chaumont	Langres, Vassy.	Valmy (bataille).
	Ardennes	Mézières	*Sedan*, Rocroi, Vouziers, Rethel.	Saint-Dizier (fer). Charleville (fer, ville jumelle de Mézières).

LEÇON XXXII

PARIS ET LE DÉPARTEMENT DE LA SEINE

ENTRETIEN

1. Paris (*fig. 102*) a 2.700.000 habitants, sur une surface de 78 kilomètres carrés. Les trois cinquièmes de ces habitants viennent de la province, et 200.000 sont étrangers (Belges et Allemands surtout).

Une si grande ville est comme un petit État [1]. Sa police est presque une armée, son budget dépasse celui du royaume de Belgique. Aussi n'est-elle pas administrée comme les autres communes de France. Elle n'a pas de maire, mais seulement un président du Conseil municipal. Les attributions qu'aurait un maire de Paris sont partagées entre le préfet de la Seine et le préfet de police [2].

Pour son commerce, Paris dispose de nombreux moyens de transport. Six grandes compagnies de chemins de fer y ont une ou plusieurs gares de départ. Le chemin de fer de ceinture, le Métropolitain, les tramways, les omnibus sont utilisés par des centaines de millions de voyageurs. La Seine et les canaux de l'Ourcq, Saint-Denis, Saint-Martin y amènent de nombreuses marchandises, plus que n'en reçoit Marseille, notre plus grand port.

Aussi l'approvisionnement de Paris est-il aisé [3]. Les maisons de commerce [4] et les banques y sont très nombreuses et le mouvement des affaires incessant.

Paris a toutes les industries. Il prime dans toutes celles où il faut du goût, où l'ouvrier doit être un artiste : vêtements, modes, meubles, bijoux, bibelots, articles de Paris. La librairie, les journaux y occupent beaucoup de personnes.

Dans l'industrie parisienne, l'esprit d'initiative étant fort développé, il y a quantité de petits patrons et relativement peu de grosses usines.

Paris est peut-être la première ville d'études du monde entier. Il possède nos principaux corps savants [5], nos plus grandes écoles, nos premiers établissements médicaux, nos plus beaux musées [6] et notre Bibliothèque Nationale.

Paris est la capitale de la France : c'est la résidence du chef de l'État [7], des ministres, le siège du Parlement, le centre des grands services publics. Enfin, à beaucoup d'égards, c'est la plus belle ville du monde : bien bâtie, percée de belles rues, ornée de monuments magnifiques [8]. On y vient de bien loin et de tous les pays, soit pour affaires, soit pour s'instruire, ou simplement pour s'amuser [9].

Paris a vu naître beaucoup de grands hommes. Les plus parisiens d'entre eux sont peut-être Molière et Voltaire : ils ont bien l'esprit parisien, ironique, plaisant mais généreux.

2. Le département de la Seine, le plus petit de France, devrait s'appeler département de Paris, car il continue la ville hors de l'enceinte. C'est par centaines de mille qu'il faut compter les personnes qui travaillent à Paris tout en habitant la banlieue. Les communes suburbaines grandissent donc grâce aux immigrants qu'attire la capitale. C'est d'ailleurs en vue d'alimenter Paris qu'elles cultivent leurs champs et qu'elles en tirent des produits maraîchers; c'est pour bâtir Paris qu'elles exploitent leurs carrières. Souvent enfin leurs usines ne sont que des succursales de maisons parisiennes.

Fig. 102. — La Seine à Paris

Le département de la Seine compte, hors Paris, 900.000 habitants, avec Paris 3.600.000, sur une surface de 478 kilomètres carrés qui n'est pas la dixième partie d'un département moyen.

Certaines communes suburbaines feraient ailleurs figure de grandes villes. Tel est Saint-Denis, connu pour son église où l'on enterrait les rois ; ses industries (forges, produits chimiques) le font grandir sans cesse (60.000 hab.). Tels sont Levallois-Perret (58.000) qui fabrique des parfums et des couleurs, Boulogne-sur-Seine (44.000), Clichy (39.000) et plusieurs autres villes de 20 à 30.000 habitants.

RÉSUMÉ. — I. Paris, capitale de la France, a 2.700.000 habitants. Son administration est confiée au Préfet de la Seine et au Préfet de Police.

II. Paris a des voies de communication nombreuses, et commerce avec le monde entier. Ses industries sont variées. Pour le vêtement, les objets d'art et de luxe, Paris est sans rival. C'est aussi une ville savante.

III. Le département de la Seine entoure Paris. Les communes suburbaines sont très peuplées.

Exercice. — Comment Paris est devenu grande ville.

LECTURE

PARIS A TRAVERS LES SIÈCLES

L'heureuse situation de Paris, au point de rencontre des voies navigables que recueille la Seine, a fait de cette ville tout d'abord le centre de l'Ile-de-France, puis la résidence des rois Capétiens, et enfin la capitale de la France.

Au temps des empereurs romains, ce n'est qu'une bourgade,

---

1. Comparez avec la Grèce (2.400.000 hab.), le Danemark, 2.500.000, la Suisse, 3.300.000.

2. Sous l'Ancien Régime, Paris était administré par le Prévôt des marchands, chef du syndicat des marchands parisiens. Sous la Révolution, il y eut un maire. Bonaparte supprima cette fonction.

3. Les Halles sont le grand marché. A la Villette sont les abattoirs. Des rivières (la Vanne, la Dhuis, l'Avre), ont été captées pour donner à boire aux Parisiens.

4. Tel grand magasin fait 150 à 160 millions d'affaires par an.

5. L'Institut, par exemple.

6. Le Louvre surtout.

7. Au palais de l'Élysée. — Le Sénateurs siègent au Luxembourg, les Députés au Palais-Bourbon.

8. Notre-Dame et beaucoup d'églises : Panthéon, tombeau des grands hommes; Invalides, Opéra, Louvre, Sorbonne, Arc de Triomphe, Colonne Vendôme, place de la Concorde, etc.

9. Les théâtres de Paris sont fort goûtés non seulement des Français mais des étrangers.

Lutèce, bâtie par les « Parisii » dans l'île de la Cité : des ponts l'unissent aux deux rives du fleuve. Au temps des invasions normandes, il y a déjà de petits faubourgs au bout des ponts : ils grandissent plus tard, et Philippe-Auguste les environne d'une enceinte qui enferme 120.000 habitants. Charles V agrandit et fortifie cette enceinte. Louis XIII et Louis XVI l'élargissent encore. La ville compte 500.000 âmes, en 1789, sur une surface égale à la moitié de celle d'aujourd'hui.

En 1840, Louis-Philippe construit les fortifications qui forment une circonférence de 33 kilomètres, et comprennent avec Paris une douzaine de communes suburbaines. Ces communes sont réunies à la ville en 1860 : la population atteint alors 1.700.000 habitants. On ajoute à l'enceinte toute une ceinture de forts, et Paris devient imprenable. En 1870, c'est la famine seule qui vient à bout de sa résistance.

Aujourd'hui on a complété la ceinture des forts par de nouvelles défenses plus éloignées.

TABLEAU A CONSULTER

PROVINCE	DÉPARTEMENTS	CHEFS-LIEUX	SOUS-PRÉFECTURES	AUTRES VILLES
ILE-DE-FRANCE. — Première possession de la monarchie.	**SEINE.**	**PARIS**	Sceaux, SAINT-DENIS.	*Vincennes* (château). *Saint-Ouen, Neuilly, Asnières, Montreuil, Aubervilliers, Pantin,* etc.
	Seine-et-Oise. . .	*Versailles*	Pontoise, Mantes, Rambouillet, Etampes, Corbeil	Saint-Germain (château célèbre, musée), Sèvres 1 (manufacture de porcelaine), Saint-Cloud.
	Seine-et-Marne . .	Melun.	Meaux, Coulommiers, Provius, Fontainebleau (château).	
	Oise.	Beauvais	Clermont, Senlis, Compiègne (château)	
	Aisne	Laon	SAINT-QUENTIN, Soissons, Vervins, Château-Thierry	*Saint-Gobain* (glaces).

1. Sèvres a l'École normale supérieure de jeunes filles, Saint-Cloud l'École normale supérieure primaire de garçons, Fontenay-aux-Roses (Seine), l'École normale supérieure primaire de jeunes filles.

CHAPITRE IV

LA POPULATION, LA RICHESSE ET LE TRAVAIL

LEÇON XXXIII

POPULATION DE LA FRANCE — LA RACE ET LA LANGUE

ENTRETIEN

La population de la France atteint **38.900.000 habitants** : en un siècle elle a augmenté de 11 millions, dans les limites de son territoire actuel.

C'est un progrès bien lent et qui va d'ailleurs se ralentissant : depuis dix ans nous n'avons guère gagné que 500.000 âmes, 50.000 par an [1].

Cependant, d'autres nations croissent avec une grande rapidité. Les États-Unis gagnent 1.500.000 habitants chaque année, la Russie 1.300.000. L'Allemagne a aujourd'hui 57 millions d'habitants, 15 ou 16 millions de plus qu'en 1871 : elle s'accroît de près de 800.000 citoyens chaque année.

Nos 39 millions d'habitants répartis également sur toute la France ne feraient que 73 habitants par kilomètre carré (100 hectares). Faible densité si nous la comparons à celle des Belges (231), des Hollandais (157), des Anglais (132), des Italiens (113), des Allemands (105).

On constate depuis longtemps que les Français désertent peu à peu les campagnes et vont grossir les villes : c'est qu'ils espèrent y trouver du travail et de meilleurs salaires qu'aux champs. 40 p. 100 des habitants résident à la ville.

La population est clairsemée dans les pays de montagnes et dans certaines plaines peu fertiles comme les Landes, la Sologne, la Champagne Pouilleuse ; elle l'est moins sur les bords des rivières et de la mer. Elle s'entasse surtout dans les régions suivantes : 1° Paris et ses environs ; 2° Lille et sa banlieue ; 3° le Lyonnais (Lyon et Saint-Étienne) ; 4° Marseille ; 5° les villes de la Basse Seine ; 6° Nancy et ses environs.

C'est l'industrie qui a peuplé ces régions. C'est l'agriculture qui peuple les bords de la Garonne et ceux de la Loire. La pêche et le commerce sur mer se joignent à l'agriculture pour peupler le littoral (Bretagne surtout). C'est son doux climat qui attire les habitants sur la Côte d'Azur.

L'émigration n'enlève à la France que peu de citoyens. Nous n'aimons pas aller à l'étranger, et surtout nous y fixer. On évalue cependant à 300.000 ou 400.000 le nombre des Français qui résident hors de France, sans parler de ceux qui sont aux colonies et qui sont deux fois plus nombreux.

Chaque année une vingtaine de milliers de nos compatriotes quittent le sol natal. Les Basques vont de préférence s'établir dans l'Amérique du Sud, les gens du nord ou de l'ouest vont plutôt aux États-Unis, ceux de la Provence et du Languedoc vont surtout en Algérie. Un peu de partout on va en Tunisie et au Tonkin.

Tout ce mouvement d'émigration est loin d'être comparable à celui qui emporte au loin, chaque année, des centaines de milliers d'Allemands, d'Anglais et d'Italiens. C'est que, chez nous, on trouve relativement peu de familles nombreuses et peu de misère.

L'immigration des étrangers en France fait plus que compenser notre émigration. Ils sont 1.100.000 établis en France à demeure, principalement des Belges, des Italiens,

---

1. La mortalité est pourtant moindre en France que dans les autres pays, sauf l'Angleterre. Mais la natalité est faible.

des Allemands, puis des Espagnols, des Suisses, etc. On les trouve surtout dans les départements voisins de leurs pays, et dans celui de la Seine, où Paris attire tout le monde.

Peu à peu ces étrangers se font naturaliser Français.

On pourrait craindre que ces fils adoptifs de notre nation n'altèrent les qualités de notre race. Mais depuis deux mille ans la vieille Gaule n'est-elle pas accoutumée à absorber et à s'assimiler des étrangers ?

RÉSUMÉ. — I. La France compte 39 millions d'habitants, et parmi eux 1.100.000 étrangers. Cette population s'accroît lentement. Sa densité est de 73 habitants par 100 hectares.

II. Les pays les plus peuplés de France sont surtout la région parisienne, celle du Nord, la région lyonnaise, et celle de la Basse Seine.

III. La langue française est aujourd'hui parlée dans toute la France : mais on parle encore, en quelques pays, le breton, le flamand et le basque.

Exercice. — Ombrer, sur la carte de France, les régions les plus peuplées.

TABLEAUX A CONSULTER

DÉPARTEMENTS LES PLUS PEUPLÉS (en milliers d'habitants)

1. Seine	3.670	9. Seine-et-Oise	700
2. Nord	1.867	10. Loire-Inférieure	664
3. Pas-de-Calais	955	11. Loire	644
4. Seine-Inférieure	853	12. Saône-et-Loire	620
5. Rhône	843	13. Ille-et-Vilaine	611
6. Gironde	821	14. Côtes-du-Nord	609
7. Finistère	773	15. Somme	534
8. Bouches-du-Rhône	737		

DÉPARTEMENTS LES MOINS PEUPLÉS (en milliers d'habitants)

1. Hautes-Alpes	109	4. Tarn-et-Garonne	194
2. Basses-Alpes	115	5. Pyrénées-Orientales	212
3. Lozère	128	6. Hautes-Pyrénées	215

LES PLUS GRANDES VILLES DE FRANCE (en milliers d'habitants)

1. Paris	2.714	9. Nantes	133
2. Marseille	491	10. Roubaix	124
3. Lyon	459	11. Rouen	116
4. Bordeaux	257	12. Reims	108
5. Lille	210	13. Nice	105
6. Toulouse	150	14. Nancy	102
7. Saint-Étienne	146	15. Toulon	101
8. Le Havre	130		

LECTURE

NOTRE RACE ET NOTRE LANGUE

Nous descendons des Celtes ou *Gaulois*, et d'autres peuples encore qui les avaient précédés dans la Gaule : tels les Ligures qui habitaient les Alpes méridionales, ou les ancêtres des Basques qui peuplaient tout le sud-ouest.

Nous descendons aussi des Romains qui ont conquis et civilisé les Gaulois et qui leur ont donné la langue *latine*, mère de la langue française.

Ce sont nos ancêtres encore que les Germains de Clovis et ceux de Charles Martel, ces envahisseurs *Francs* de qui nous tenons notre nom de Français.

Tous ces peuples se sont greffés les uns sur les autres et ils ont fait notre race. Nos qualités et nos défauts, nous les avons hérités d'eux.

La meilleure part de notre héritage, c'est peut-être notre langue, l'une des plus belles et la plus claire du monde. Elle nous vient du latin que nos pères ont peu à peu modifié, assoupli, éclairci surtout, car nous avons toujours eu besoin de clarté et de précision.

Pendant des siècles, Français du Nord et Français du Midi ont défiguré le latin à leur guise et selon leurs besoins. Ceux-ci en faisaient la langue d'oc, ceux-là en faisaient la langue d'oïl. Aujourd'hui la langue du Nord est devenue la langue de tous, la langue française.

Pourtant un certain nombre de nos compatriotes ont encore conservé l'usage d'une langue différente. Sans parler des patois qui sont des formes locales du français, on parle en France de véritables langues non françaises. En Basse-Bretagne, la langue des vieux Celtes a survécu : un million de paysans la parlent couramment. De même nos Basques n'ont pas désappris le basque : 120.000 parlent encore cette vieille langue. Enfin on parle le flamand dans une partie du département du Nord (arrondissements de Dunkerque et d'Hazebrouck.)

Avant peu l'école primaire obligatoire aura appris le français à tous les citoyens.

LEÇON XXXIV

L'AGRICULTURE — LES CÉRÉALES

PLAN

1. L'agriculture est la grande ressource de la France. Elle occupe 47 p. 100 des habitants (Angleterre 10 p. 100; Allemagne 42 p. 100; Russie 90 p. 100.). Le nombre des agriculteurs décroît.

Fig. 103. — La Récolte dans une grande exploitation

Sur 53 millions d'hectares, 32 ou 33 millions sont cultivés. Maisons, routes, étangs, cours d'eau, landes et forêts occupent le reste. Les forêts étant nécessaires, on ne peut accroître la surface cultivable qu'aux dépens des landes et des étangs.

2. La France est un pays tempéré : cependant on y distingue des climats différents, c'est-à-dire des régions dans chacune desquelles les conditions de la vie sont à peu près les mêmes (chaleur, humidité, nature du sol, etc.). Climat breton très égal, à cause du voisinage de la mer, doux et humide — climat parisien moins égal, un peu plus froid, assez sec; — **vosgien** très inégal, à cause de l'éloignement de la mer, chaud l'été, très froid l'hiver; — climat auvergnat, froid et pluvieux, à cause des montagnes; — **girondin**, tiède et pluvieux; — **rhodanien** (ou climat de la vallée du Rhône, l'ancien fleuve *Rhodanus*), froid et pluvieux l'hiver, mais dont l'été est beau et sec; climat **méditerranéen** : hiver d'une grande douceur, été très sec, pluies courtes et fortes.

La vigne, le maïs, le mûrier, l'olivier ne prospèrent qu'au sud des limites marquées sur la carte. *(Voir carte en couleur de l'agriculture.)* Ces plantes ne poussent d'ailleurs pas sur les montagnes. La vigne se cultive d'autant plus loin vers le nord qu'on s'éloigne de la mer.

3. Les **céréales** sont notre principale richesse. (29 p. 100 de la surface de la France, presque la moitié du sol cultivé, soit 15 millions d'hectares.)

7 millions d'hectares sont en froment *(fig. 103)* et donnent de 100 à 120 millions d'hectolitres, soit 16 à 17 hectolitres à l'hectare. Le prix moyen étant de plus de 15 francs l'hectolitre, la récolte vaut de 1.500 à 1.900 millions.

Mais si, dans le nord, on obtient 28 ou 29 hectolitres à l'hectare et 20 dans la Beauce, certains départements donnent moitié moins, et même dans la vallée du Rhône et la Corse, où les bons terrains sont pris par la vigne, le rendement n'est que de 6 et 7 hectolitres de froment.

Les départements gros producteurs de blé sont surtout : Pas-de-Calais, Nord, Aisne, Eure-et-Loir, Dordogne, Allier, Seine-et-Marne, Maine-et-Loire, Haute-Garonne.

La Russie produit 140 millions d'hectolitres, les États-Unis 200 millions : ces pays, bien plus peuplés que la France, sont beaucoup moins mangeurs de pain; ils nous vendent du blé.

4. Après le **blé** viennent : 1° l'avoine (95 millions d'hectolitres valant 800 millions), cultivée surtout dans le nord et près de Paris; 2° le seigle (23 millions 1/2 d'hectolitres), cultivé en Bretagne et dans le Massif Central; 3° l'orge dans le nord-est; 4° le maïs dans le sud-ouest; 5° le sarrasin dans la Normandie et la Bretagne. Au total, nos céréales valent annuellement 3 milliards.

RÉSUMÉ. — I. L'agriculture fait vivre 47 p. 100 des Français. Pâturage et labourage sont, encore aujourd'hui, les mamelles de la France.

II. Notre pays est surtout un pays de céréales. Près d'un tiers de notre territoire ne produit que des céréales. La récolte totale vaut trois milliards.

III. Le froment à lui seul donne de 100 à 125 millions d'hectolitres; puis viennent l'avoine, le seigle, l'orge et le maïs.

Exercice. — Indiquer sur la carte muette les principales régions cultivées en céréales.

LECTURE

LE CULTIVATEUR DOIT S'INSTRUIRE

La vie devient chaque jour plus difficile pour le cultivateur. D'une part, la main-d'œuvre qu'il emploie renchérit, parce que les campagnards émigrent vers les villes; d'autre part, les produits agricoles se vendent moins cher, parce que tous les pays de France et même du monde se font concurrence sur nos marchés, grâce à la facilité des transports.

Puis d'innombrables fléaux s'abattent tour à tour sur les exploitations rurales. Tantôt les céréales, tantôt la vigne, tantôt les cultures industrielles sont atteintes. Ou bien c'est le bétail que décime une épidémie. — Le seul phylloxéra a détruit, en un quart de siècle, tout le vignoble de la France : il a fallu le reconstituer à grands frais.

Enfin, les progrès mêmes de la science et les révolutions périodiques de l'industrie modifient sans cesse l'utilité des cultures. Il a suffi, par exemple, qu'on sache tirer les couleurs artificielles du goudron de houille pour que la culture de certaines matières colorantes cesse d'être rémunératrice et soit abandonnée. Ainsi le safran disparaîtra bientôt du Gâtinais, et déjà le département de Vaucluse ne cultive plus la garance qui l'enrichissait autrefois.

Il faut donc que le cultivateur, tout comme l'industriel, soit au courant du prix des choses, des besoins du marché, des progrès de la science. Il faut qu'il améliore sans cesse son outillage, qu'il amende sa terre, qu'il choisisse ses semences, qu'il sélectionne son bétail. Il faut qu'*il soit instruit* et qu'il s'instruise toujours.

LEÇON XXXV

LA VIGNE — LES CULTURES INDUSTRIELLES — LES FORÊTS

PLAN

1. La **vigne** est, après les céréales, notre grande richesse. Elle n'occupe que 1.630.000 hectares, mais la récolte vaut 1 milliard et jusqu'à 1 milliard et demi [1].

De 83 millions d'hectolitres en 1875 elle était tombée à 25 après les ravages du phylloxéra. Elle a doublé depuis quelques années et elle a même dépassé 65 millions d'hectolitres en 1900.

Les principales régions viticoles sont : 1° *Bas Languedoc* (la moitié de la récolte, valant de 17 à 20 fr. l'hectolitre); 2° *Bordelais* et Charentes (vin de 27 à 39 fr.); 3° *Bourgogne* (vin de 35 à 49 fr.); 4° vignoble de la Loire (vin plus ordinaire); 5° Champagne (peu de vin, mais de 50 à 150 fr. l'hectolitre) [2].

La France est, pour le vin, le premier pays du monde. Après elle viennent l'Italie, l'Espagne, la Hongrie.

2. La **pomme de terre**, cultivée partout (surtout en Bretagne, en Lorraine, dans les pays pauvres), donne une récolte de 600 millions.

Les cultures maraîchères avoisinent Paris et toutes les grandes villes; elles enrichissent la *Ceinture dorée* de Bretagne, l'Anjou, le Roussillon, etc.

Les fruits se récoltent presque partout : les **pommes à cidre** surtout dans l'ouest [3], la châtaigne dans le Lyonnais, les olives en Provence, les prunes à Agen, etc.

3. La plus riche *culture industrielle* est celle de la **betterave à sucre** (72 millions de quintaux, 185 millions de francs : les cinq départements du nord en produisent les deux tiers). — Le houblon se trouve surtout dans le Nord et en Lorraine [4].

---

1. Un hectare de blé rapporte en moyenne 300 francs, un hectare de vigne trois fois plus... quand l'année est bonne et qu'on vend son vin.

2. Ces prix sont des prix moyens. Certains crus renommés sont bien plus chers.

3. On fait en moyenne 15 millions d'hectolitres de cidre par an.

4. La production de la bière atteint 9 millions d'hectolitres dont 3 millions 1/2 pour le seul département du Nord.

Le **tabac** n'est pas cultivé librement : l'État seul l'achète et le vend (vallée de la Garonne, Nord et Pas-de-Calais).

Les plantes textiles sont de moins en moins cultivées.

Le *chanvre* et le *lin* ont encore de l'importance dans l'Ouest. — Le mûrier et l'élevage du ver à soie sont particuliers à la région du Rhône et de la Méditerranée (10 millions de francs de feuilles, 3o millions de francs de cocons).

4. Les forêts (*fig. 104*) occupent 9 millions d'hectares, un sixième du territoire. L'administration forestière (mi-

Fig. 104. — La forêt

nistère de l'agriculture) les surveille. Elle s'occupe de reboiser certaines montagnes, même en y contraignant les propriétaires du sol.

Les pays les plus boisés sont les Vosges, les Ardennes, la Haute-Marne, le Morvan, l'Orléanais, les plaines de l'Ile-de-France, de la Sologne, des Landes, les montagnes du Centre et une partie des Alpes. Il y a peu de bois en Normandie, en Champagne, dans le Nord.

Quelques forêts sont immenses. Celle d'Orléans a 35.000 hectares, celles de Fontainebleau (17.000), de Compiègne, de Rambouillet, de Chaux (dans le Jura) sont encore très grandes.

Mais notre domaine forestier n'est pas comparable à celui de la Russie (4o p. 100 du territoire), de la Norvège ou même de l'Allemagne (24 p. 100). Nous achetons à l'étranger du bois de construction (pour 15o millions).

RÉSUMÉ. — I. Après le blé, la vigne est notre grande richesse. Elle nous donne de 40 à 60 millions d'hectolitres de vin qui valent plus d'un milliard.

II. La pomme de terre, cultivée partout, donne une récolte de 600 millions. La betterave à sucre est surtout cultivée dans les départements du nord, le tabac dans le sud-ouest, l'olivier et le mûrier dans le sud-est.

III. Nos plus belles forêts sont dans le nord-est et les plaines du centre.

Exercice. — Compléter la carte de la France agricole d'après les indications de la leçon (vignobles, forêts, sucre, tabac).

L'ENSEIGNEMENT AGRICOLE

Il ne suffit plus aujourd'hui de cultiver « à la façon de nos pères ». Le même champ qui nourrissait son homme il y a cinquante ans, ne le nourrit plus, au vingtième siècle, que si l'on sait obtenir de lui une récolte double. Le cultivateur ne vivra pas s'il reste ignorant.

Aussi la République fait-elle de grands sacrifices pour répandre l'enseignement agricole [1].

Dans toutes les écoles primaires, les instituteurs donnent aux écoliers des notions élémentaires d'agriculture. Dans les cours d'adultes on traite, au gré des jeunes gens, des questions d'économie rurale. Dans tous les départements il y a un ou plusieurs professeurs spéciaux d'agriculture : ils font gratuitement des cours et des conférences que les cultivateurs devraient suivre avec assiduité. Dans un grand nombre de villes sont des laboratoires agricoles (*fig. 105*) dont les chimistes sont compétents pour renseigner ceux qui les consultent sur la qualité de leurs terres, de leurs engrais, de leurs semences. Enfin, il existe un grand nombre d'écoles spéciales d'agriculture : écoles pratiques, fermes-écoles, écoles de laiterie, de bergerie, etc. Les trois Écoles nationales de Grignon, Grand-Jouan, Montpellier forment des chefs de culture, et l'Institut national agronomique instruit des professeurs. Les Écoles vétérinaires d'Alfort, de Lyon, de Toulouse forment des vétérinaires.

Fig. 105. — Un laboratoire agricole

LEÇON XXXVI

ANIMAUX DE FERME — LA PÊCHE

ENTRETIEN

1. L'élevage est en progrès chez nous depuis un siècle. Tout d'abord, l'aisance générale a augmenté la consommation de la viande. D'autre part, on sait aujourd'hui tirer parti des terres qu'on abandonnait autrefois en jachères ; on y fait alterner le blé avec les plantes fourragères. Le même sol sert à deux fins. Ainsi l'élevage peut s'étendre sans rien distraire des terres de labour.

1. A côté de l'enseignement proprement dit, le cultivateur trouvera encore des occasions de s'instruire dans les Sociétés et les syndicats agricoles qui sont nombreux dans toute la France.

La consommation de la viande augmentant, peut-être aura-t-on intérêt dans l'avenir à abandonner la culture du blé dans certaines terres de faible rendement. Pourvu qu'elles soient humides, elles se couvriront d'herbages et donneront, au lieu de farine, du bétail, de la viande et du lait.

Actuellement on évalue à près de deux milliards la valeur annuelle des *fourrages*, tant l'herbe et le foin que la betterave fourragère, le trèfle, la luzerne et le sainfoin.

Le bétail de *race bovine* compte, en France, 13 millions de têtes. Il abonde dans la Normandie, la Bretagne, le Poitou, puis dans le Bourbonnais, le Morvan, les Vosges, le Jura, la Savoie, l'Auvergne, les Pyrénées. On estime les bœufs flamands et normands de forte taille et de bonne chair, les petites vaches bretonnes si bonnes laitières, les bœufs charolais propres à l'engraissement, ceux de Vendée, de Béarn, d'Auvergne, du Nivernais, utilisés comme bêtes de trait.

Fig. 106. — Marché de chevaux à Chartres

Nous possédons 3 millions de *chevaux*. Les races les plus connues sont : pour le trait, le cheval **boulonnais**, haut et puissant ; le percheron (*fig. 106*), agile et fort ; le petit bidet de Bretagne et celui des Ardennes, si sobres et si endurants ; pour la selle, les anglo-normands, les petits chevaux de Tarbes et des Landes, ceux de Corse, etc.

Les mulets et les ânes, dont les meilleures races sont en Poitou et en Gascogne, sont au nombre d'un demi-million.

Nous possédons 21 millions de *moutons* et de brebis qui nous donnent laine, lait et viande. Ils sont surtout nombreux dans les terres sèches des Causses, de la Crau, de la Champagne, du Berry et du Jura. On estime le mouton berrichon pour sa viande, et le mérinos pour sa laine. De plus en plus d'ailleurs, les moutons sont élevés pour la boucherie. Nous achetons, en Australie ou en Amérique, huit ou neuf fois plus de laine que nos troupeaux n'en produisent.

L'espèce *porcine* comprend 6 millions de têtes, l'espèce caprine, 1 million et demi.

Quoique bien pourvue de bétail, la France l'est beau-coup moins que certaines puissances comme l'Angleterre, l'Allemagne, et surtout la Russie (qui a cinq fois plus de chevaux, deux fois plus de bœufs et de moutons). Aussi importons-nous du bétail d'Italie, de Suisse et d'Allemagne et quantité de moutons d'Algérie.

Le bétail rapporte à nos agriculteurs plus que le blé ou que la vigne. On évalue à 2 milliards la viande de boucherie et à 1.200 millions le lait consommés en France. En y joignant le prix des peaux et de la laine, et en tenant compte du travail des animaux de ferme, on peut se faire une idée de la richesse que représente le bétail.

Il y faut ajouter les animaux de basse-cour, si l'on veut faire un tableau complet des ressources de nos cultivateurs. Les lapins et surtout la *volaille* donnent un revenu considérable. Les fermiers en élèvent partout, mais certains pays ont des espèces renommées. Le Hurepoix (au sud de l'Ile-de-France), la Bresse, le Maine, la Normandie et la Bretagne ont des poulets fameux ; la Sologne exporte ses dindes jusqu'en Angleterre. Il arrive à Paris pour 50 millions de francs d'œufs de Normandie, de Picardie, de Bourgogne, de Touraine, etc., et l'Angleterre en achète pour 20 millions à nos fermiers bretons et normands.

Enfin le miel et la cire des abeilles sont d'un assez beau rapport en Bretagne, dans le Gâtinais et en Provence.

2. La chasse et la pêche fluviale ne produisent pas de gros revenus : le gibier et le poisson se font rares.

Mais la pêche maritime fait vivre bien des gens. Elle occupe 150.000 personnes et rapporte plus de 100 millions. Saint-Malo, Granville, Fécamp, Dunkerque arment pour la pêche de la morue qui se fait à Terre-Neuve et en Islande. Le hareng et le maquereau se trouvent dans la Manche et la sardine sur les côtes de Bretagne. La pêche des coquillages occupe beaucoup de gens, des femmes surtout. Enfin les huîtres qu'on élève à Arcachon, à Marennes, à Cancale, rapportent de 12 à 15 millions par an.

RÉSUMÉ. — I. L'élevage du bétail est pour la France une grande ressource. La seule production du lait vaut 1.200 millions, celle de la viande 2 milliards par an.

II. Nous possédons 13 millions d'animaux de l'espèce bovine, 21 de l'espèce ovine et 3 millions de chevaux.

III. La pêche maritime fait vivre 150.000 personnes qui nous approvisionnent de morue, de hareng, de maquereau, de sardine.

Exercice. — Indiquer sur la carte agricole les pays d'élevage et quelques races de gros bétail.

LEÇON XXXVII

L'INDUSTRIE — LES FORCES MOTRICES — LA HOUILLE

ENTRETIEN

L'**industrie** fabrique les objets dont nous nous servons. Elle extrait aussi du sol les matières premières qu'elle transforme. Ainsi les manufacturiers, les usiniers, les travailleurs des mines sont des industriels.

L'industrie occupe en France 35 p. 100 des travailleurs. Dans les régions du nord, du nord-est, de Paris, de Lyon, de Saint-Étienne, de Marseille, la population industrielle dépasse 40 p. 100 de la population totale.

Au travail des hommes il faut joindre celui des machines qui est bien plus considérable. La force motrice qui les fait mouvoir est, tantôt la vapeur, tantôt une chute d'eau ou le cours d'un fleuve. *Machines à vapeur et machines hydrauliques* travaillent pour nous avec une force prodigieuse.

Fig. 107. — Une usine dans le Nord

Nous possédons un outillage de plus de 1.400.000 chevaux-vapeur[1], dont le travail équivaut à celui de 4.200.000 chevaux vivants ou encore à celui de 28 millions d'ouvriers. Les industries textiles emploient le cinquième de cette force, la métallurgie un peu moins. Quant à l'agriculture elle n'en emploie pas la dixième partie.

Les départements qui utilisent le plus la vapeur sont naturellement les plus industriels, le Nord (*fig. 107*) (186.000 chevaux-vapeur), la Seine, le Pas-de-Calais, la Meurthe-et-Moselle, etc...

Si l'on joint aux machines industrielles celles des chemins de fer et des paquebots, on atteint l'énorme puissance de 6.800.000 chevaux-vapeur, quelque chose comme la force de travail de 140 millions d'ouvriers.

Les machines *hydrauliques* que nous possédons fournissent un travail équivalent à celui d'un demi-million de

Fig. 108. — Une chute d'eau (houille blanche)

chevaux-vapeur. C'est par milliers qu'on trouve dans l'Isère, la Savoie, les Pyrénées, le Lyonnais, les Vosges, les scieries, les moulins que fait tourner la chute des torrents.

Quelques établissements importants sont installés plus bas, sur les cours d'eau navigables, mais, en somme, ils sont peu nombreux. Pourtant nos montagnes, les Alpes surtout, ont des réserves puissantes de cette neige et de ces glaciers qu'on a appelés la *houille blanche (fig. 108)*, parce qu'ils alimentent les chutes d'eau que l'industrie utilise au lieu de vapeur et de houille noire. Les Alpes à elles seules pourraient fournir une force de plusieurs millions de chevaux, et la France entière peut-être sept millions. Le malheur est qu'une force de ce genre n'a pu être jusqu'ici utilisée que sur place : mais qui sait ? Un jour viendra peut-être où, grâce à l'électricité qui transporte aisément la puissance motrice, des villes

Fig. 109. — Dans la mine : le travail au pic

s'élèveront dans des contrées aujourd'hui pauvres et déshéritées.

Avec tout ce bel outillage, l'industrie de la France est loin d'être sans rivale : elle est très inférieure à celle des Anglais, et elle dispute péniblement le second rang aux États-Unis et à l'Allemagne. Au total, avec ses 15 milliards de produits, notre industrie n'est guère qu'au quatrième rang dans le monde. — C'est surtout par le savoir et le goût, par la qualité de leur travail que nos industriels sont appréciés.

La houille. — Notre infériorité provient surtout de ce que le charbon, « pain de l'industrie », coûte chez nous fort cher. Une tonne de charbon, dans une mine d'Amérique, ne coûte pas 6 francs ; dans une mine d'Angleterre, elle coûte 9 fr. 45[1] ; en Allemagne, 8 fr. 68 ; en Belgique, 12 fr. 37. Dans une mine de France elle coûte 12 fr. 42[2]. C'est que nos mines sont exploitées depuis longtemps, peu abondantes et très profondes, ce qui renchérit la production.

Cependant nous parvenons à extraire 32 à 33 millions de tonnes de houille par an, plus que la Belgique, mais trois

---

1. On appelle machine d'une force d'un cheval-vapeur une machine capable de soulever à un mètre de terre, en une seconde, un poids de 75 kilogr. Et comme une telle machine peut travailler sans arrêt et sans fatigue, on calcule que la force appelée *cheval-vapeur* équivaut à celle de trois chevaux ou de vingt ouvriers.

1. Prix moyen : le prix le plus bas dépasse à peine 6 francs à Cardiff. Ces chiffres sont ceux de 1899 : les années 1900 et 1901 ont vu croître le prix du charbon : mais on ne peut les considérer comme normales.

2. Le prix est plus élevé, par exemple, à Saint-Étienne (15 francs).

fois moins que l'Allemagne, sept fois moins que l'Angleterre, huit fois moins que les États-Unis.

Nos mines de houille (*fig. 109*) et d'anthracite occupent 160.000 mineurs, dont 58.000 dans le seul Pas-de-Calais, et 25.000 dans le Nord. Ces deux départements donnent 57 p. 100 de notre production. Puis viennent le bassin houiller de Saint-Étienne, celui du Gard (la Grand'Combe, Alais, Bessèges), celui du Creusot, ceux de Carmaux, Aubin, Commentry, Brassac, etc., dans le Massif Central.

On devine qu'il nous faut importer beaucoup de houille pour les besoins de notre industrie (16 millions de tonnes)[1].

RÉSUMÉ. — I. L'industrie occupe en France 35 p. 100 des travailleurs, surtout dans le nord, le nord-est, la région parisienne et le Lyonnais. Elle dispose de puissantes machines hydrauliques et à vapeur.

II. Nous tirons de la terre 32 millions de tonnes de houille qui ne suffisent pas à nos besoins. Nos principaux bassins houillers sont ceux : 1° du Pas-de-Calais et du Nord, 2° de la Loire, 3° du Gard, 4° du Creusot.

Exercice. — Préparer la carte de la France industrielle. Y indiquer les bassins houillers.

LEÇON XXXVIII

LE FER — LES PIÉRRES — LE BOIS

PLAN

1. Métallurgie. — La France ne possède pour ainsi dire pas de métaux précieux. Parmi les métaux usuels, elle ne possède en abondance que le *fer*.

8.000 ouvriers retirent du sol 5 millions de tonnes de minerai de fer par an (Lorraine, Haute-Marne, Morvan, Franche-Comté, Berry, Dordogne, Ariège). Notre métallurgie emploie aussi du fer d'Espagne, d'Angleterre, d'Algérie.

La production annuelle de la *fonte* (2 millions et demi de tonnes) et de *l'acier* (1 million et demi) vaut un demi-milliard. Elle occupe 60.000 personnes.

C'est la matière première que traitent ensuite d'innombrables usines. Le matériel des chemins de fer se fait à Fives-Lille, au Creusot, à Belfort, à Givors (Rhône), à Paris ; — les machines agricoles à Lille, Amiens, Saint-Quentin, Nancy, Paris, Orléans, Bourges ; — les navires de guerre dans les ports militaires, et, pour certaines pièces, à Guérigny (Nièvre), Indret (Loire-Inférieure) ; les navires de commerce dans les ports, ou à la Seyne (Var), à la Ciotat (Bouches-du-Rhône) ; — l'artillerie à Bourges, au Creusot, à Saint-Chamond, etc. ; les fusils à Saint-Étienne, Tulle et Châtellerault ; — la coutellerie à Langres, Thiers, Châtellerault ; — la quincaillerie à Charleville, Guise (Aisne), Maubeuge ; — la chaudronnerie dans la Haute-Loire et la Manche. Les épingles et les aiguilles se font surtout à Laigle (Orne) et Rugles (Eure), l'horlogerie à Besançon et Paris, et dans les montagnes du Jura et de la Savoie ; la bijouterie et la joaillerie à Paris.

2. Le sel. — Il y a des mines de sel gemme dans la Meurthe-et-Moselle (Varangéville), et en Franche-Comté (Salins, Lons-le-Saunier) ; des marais salants dans la Charente-Inférieure, la Loire-Inférieure, le Bas Languedoc.

3. Eaux minérales et thermales. — Plusieurs centaines de sources jaillissent dans les Pyrénées, les Alpes, le Massif Central, les Vosges et les Faucilles, etc...

4. Carrières. — Plâtre, chaux, pierre à bâtir abondent en beaucoup de pays, surtout dans la région de Paris ; *l'ardoise* dans l'Anjou (Trélazé, 3.600 ouvriers), les Ardennes (Fumay), etc. ; le *marbre* dans les Pyrénées (Saint-Béat, Campan), les Alpes, les Vosges, la Corse, le Pas-de-Calais.

Il y a des gisements de phosphate de chaux dans la Somme, le Pas-de-Calais, la Haute-Saône.

5. Le **kaolin** se trouve surtout dans la Haute-Vienne ; là se fait la porcelaine (Limoges, Saint-Léonard). Il y a à Sèvres, près de Paris, une manufacture nationale de porcelaine artistement décorée.

La **faïence** se fait à Lunéville, à Creil (Oise), à Montereau, Gien, Vierzon, Nevers. Briare fait des bijoux de faïence.

Fig. 110. — Travail du verre à vitres

Le **verre** (*fig. 110*) se fabrique surtout près des bassins houillers : il n'y faut que du sable et du feu. Près des neuf dixièmes de nos verres à vitres se font dans le nord.

Les belles glaces se font à Cirey (Meurthe-et-Moselle), à Saint-Gobain (Aisne), Montluçon, etc. ; la cristallerie à Baccarat (2.500 ouvriers), et Nancy (Meurthe-et-Moselle), à Clichy et Pantin (Seine), etc.

6. Environ 600.000 personnes travaillent le bois jusque dans les moindres villages. A Paris se fait la carrosserie et l'**ébénisterie** de luxe, à Beauvais la tabletterie, etc.

7. Industries du livre. — La fabrication du **papier** occupe 30.000 personnes (Angoulême, Annonay dans l'Ardèche, Vizille en Dauphiné, Essonnes dans Seine-et-Oise). On fait surtout les livres à Paris, à Tours ; les images à Épinal, Pont-à-Mousson, etc...

8. Paris surtout fabrique les **instruments de mu-**

---

[1]. La production des combustibles inférieurs, comme la tourbe, est 60 fois moins importante. La tourbe se trouve surtout dans la Somme.

sique. La petite ville de Mirecourt (Vosges) s'est spécialisée dans la fabrication des violons à bon marché.

LEÇON XXXIX

INDUSTRIES ALIMENTAIRES ET TEXTILES

PLAN

1. Les industries alimentaires occupent 450.000 personnes. Celles du blé sont les principales.

Elles sont répandues partout. Les plus grosses meuneries sont à Lille, Arras, Meaux, Corbeil, Toulouse et dans les grands ports. Les pâtes alimentaires se font dans ces ports aussi et à Lyon, Clermont-Ferrand, Paris ; les biscuits à Nantes, le pain d'épice à Dijon et Reims, etc.

Paris, Nantes, Bordeaux, Marseille et beaucoup de grandes villes font des *conserves* alimentaires.

15.000 personnes fabriquent des eaux-de-vie et des liqueurs (eau-de-vie de Cognac, d'Armagnac, etc.). L'*alcool* pur fabriqué en France approche de 2 millions d'hectolitres.

Orléans est connu pour son vinaigre.

Les *brasseries* les plus considérables sont dans le Nord (Lille, Dunkerque, Armentières), dans l'Est (près de Nancy) et dans quelques grandes villes.

Le *cidre* se fait en Normandie et en Bretagne.

Le *sucre (fig. 111)* occupe plus de 20.000 ouvriers, dans l'Aisne surtout et les départements voisins (sucre de betterave), et dans les grands ports (sucre colonial).

Les autres industries agricoles sont beaucoup plus disséminées.

2. Les industries textiles occupent 900.000 personnes (laine 200, coton 150, soie 136, lin 100). Ces industries sont surtout vivaces dans le Nord, les Vosges, la Seine-Inférieure.

L'industrie *lainière* est la première (Roubaix, draps ; Tourcoing, tissus d'ameublements ; Fourmies, filatures ; Saint-Quentin, châles ; Amiens, velours de laine ; Sedan, draps ; Reims, flanelle et mérinos ; Elbeuf, Louviers, Lisieux, draps fins ; Orléans, couvertures ; Castres et Carcassonne, draps ; Châteauroux, Limoges, etc.). Les tapis de Beauvais et d'Aubusson et ceux de la manufacture nationale des Gobelins (Paris) sont les plus connus.

L'industrie *cotonnière* prospère surtout dans les Vosges, le Nord et la Seine-Inférieure : calicots de Belfort, Épinal, Saint-Dié, Nancy, percales et indiennes à Rouen, articles de Roubaix, tulle de Calais, etc.

La *soie* enrichit la région lyonnaise ; les **canuts** (ouvriers) de Lyon font les soieries et le velours. Saint-Étienne fait les rubans. L'Isère, l'Ardèche, le Gard peignent et filent la soie.

La France est la première des nations pour la soierie (600 millions) ; elle égale presque l'Angleterre pour les lainages (1.300 millions), mais elle n'a qu'un rang médiocre pour l'industrie du coton (600 millions).

Le *lin* est surtout travaillé dans le Nord, le chanvre dans l'Ouest, le jute (textile qui vient de l'Inde) dans le Nord et le Pas-de-Calais : toile, mouchoirs, linge de table, etc., à Lille, Armentières, Valenciennes, Dunkerque, Abbeville, Amiens, Saint-Quentin, etc. Grosse toile du Maine-et-Loire et de Bretagne.

Fig. 111. — Intérieur d'une raffinerie de sucre

La *dentelle* à la main occupe 20.000 personnes dans la Haute-Loire et les Vosges surtout. Mais on fait beaucoup plus de dentelle à la machine (Picardie et Lorraine).

La production totale de nos industries textiles vaut 3 milliards.

3. La confection des vêtements est surtout importante à Paris. Pour les vêtements, les modes, les parures de luxe, Paris s'est fait une clientèle dans le monde entier.

4. Cuirs et peaux. — Le cuir est travaillé partout. Les cuirs de luxe se font à Paris, les gants à Grenoble, à Chaumont et dans l'Aveyron.

N.-B. — Il y a beaucoup d'autres industries de toutes sortes, particulièrement dans les grandes villes.

LEÇON XL

VOIES DE COMMUNICATION — ROUTES ET CANAUX

ENTRETIEN

Des **voies de communication** commodes et nombreuses sont nécessaires au développement de la richesse d'une nation[1]. A quoi bon multiplier les produits de ses champs si l'on ne sait comment les emporter pour les vendre? Et comment faire vivre des usines si l'on ne peut les approvisionner à bon marché?

Heureusement la France est pourvue, et depuis des siècles, de routes si bonnes qu'elles faisaient autrefois l'admiration des étrangers. Elle a su accroître les voies navigables dont la nature l'avait dotée : elle a créé un réseau de chemins de fer qui est actuellement le second de l'Europe et le troisième du monde.

Nos routes sont de plusieurs sortes : 1° Les *routes nationales (fig. 112)* (226 routes, 38.000 kilom.) que les ingénieurs de l'État entretiennent à grands frais : elles unissent Paris à toutes nos frontières et elles relient entre elles toutes les grandes villes ; aucune nation n'en a de plus belles ; 2° les *routes départementales* (35.000 kilom.), entretenues aux frais des départements ; — 3° les *chemins vicinaux*, de grande ou de petite communication, entretenus par les communes : leur longueur approche de 600.000 kilomètres. Il existe aussi des chemins ruraux, innombrables.

Les rivières et les fleuves sont des chemins naturels, les

Fig. 112. — Une route nationale

plus économiques de tous[2]. Près de 9.000 kilomètres de nos cours d'eau sont considérés comme **navigables**[3] : nous en utilisons les trois quarts. Encore le mouvement de la

batellerie n'est-il important que sur la Seine *(fig. 113)* et ses affluents, la plupart canalisés, sur la Saône et le Rhône, sur la basse Garonne et sur la basse Loire.

Le réseau des canaux, s'il est moins long, fait un bien autre trafic. Il dépasse 5.000 kilomètres, si l'on y comprend

Fig. 113. — Écluse sur la Seine

un certain nombre de rivières canalisées. Les canaux proprement dits sont de deux sortes : 1° les *canaux de jonction* qui unissent deux rivières ou deux fleuves, en surmontant à l'aide d'*écluses (fig. 113)* les plis de terrain qui séparent ces rivières ou ces fleuves ; 2° les *canaux latéraux* qui suivent les cours d'eau peu navigables et les doublent, pour ainsi dire.

Au total, 12.000 kilomètres de navigation intérieure, où s'emploient 40.000 personnes et 16.000 bateaux : mais tout cela est bien inégalement réparti.

Le groupe le plus important de nos voies navigables est celui dont la Seine est comme le trait d'union.

Ce fleuve est, en effet, relié à tous ses voisins par des canaux. Dans ce réseau, la circulation est très active ; les grandes villes et les usines de la région réclament sans cesse de la houille et des matériaux de construction, et c'est par eau surtout qu'on les leur apporte. Chaque voie d'ailleurs a son trafic propre. De Dunkerque à l'Escaut, les canaux du nord joignent au transport du charbon celui des engrais et des blés. L'Escaut, le canal de Saint-Quentin, celui de la Sambre, portent plutôt du charbon. L'Oise recueille ainsi des milliers de bateaux charbonniers qu'elle envoie par l'Aisne à Nancy, ou par la Seine à Paris.

Paris réunit au trafic de l'Oise celui de la Marne et celui de l'Yonne ; il reçoit du Gâtinais, de la Champagne et de la Brie la pierre, de la Lorraine et du Morvan le bois, de la Bourgogne le vin. Il voit passer sur ses quais plus de marchandises que Marseille : c'est un port fluvial de premier ordre.

Après le groupe des canaux qui aboutissent à la Seine viennent, en deuxième ligne, le groupe des voies navigables de l'est, et, en troisième ligne, celui des canaux du centre. C'est encore la houille, et avec elle le minerai

---

1. Rappelons qu'un cheval porte en moyenne 100 kilogrammes, qu'il en traîne 1.000 sur une bonne route, 10.000 sur rails, 40.000 sur un canal sans courant.

2. Le transport, à un kilomètre, d'une tonne de marchandise, coûte un centime par bateau et trois ou quatre par chemin de fer.

3. Les cours d'eau voisins des forêts sont encore utilisés pour le flottage des bois (4.500 kilom. en France).

de fer, puis le bois et les pierres qui alimentent leur trafic.

Les voies navigables du sud, celles de l'ouest, celles de Bretagne, comptent à peine, tant leur trafic est réduit. Ainsi le canal du Midi transporte soixante fois moins de marchandises que l'Oise. Le blé et le vin, richesses du midi, prennent plus souvent le chemin de fer que le bateau: le transport coûte plus cher, mais il est beaucoup moins long.

En résumé, notre réseau navigable est encore insuffisant, surtout dans l'ouest [1], le centre et le midi. Son trafic égale celui de tous nos ports de mer réunis : mais il atteint à peine au tiers du trafic des marchandises par les voies ferrées. D'autres nations sont bien mieux pourvues que nous de voies navigables ; l'Allemagne et la Russie en ont deux et trois fois plus [2].

RÉSUMÉ. — I. Nous possédons un réseau d'excellentes routes nationales, départementales et vicinales, qui atteint 700,000 kilomètres.

II. La navigation intérieure s'étend sur 12.000 kilomètres de voies navigables, fleuves, rivières, canaux.

III. Les voies navigables de la région du nord sont les plus utiles, et, parmi elles, la ligne de navigation de l'Oise à l'Escaut; puis viennent celles de l'est et du centre. Dans le midi et l'ouest, les voies navigables font peu de trafic, sauf la Garonne et la Loire à leur embouchure.

Exercice. — Tracer les canaux qui aboutissent à la Seine; 2° ceux qui aboutissent à la Saône; 3° ceux du midi.

TABLEAU A CONSULTER

PRINCIPALES VOIES NAVIGABLES

CANAUX DU NORD, qui relient la mer à l'Escaut.	Canal du Nivernais, de l'Yonne à la Loire (presque sans trafic).
ESCAUT CANALISÉ.	CANAL DU LOING, qui bifurque et envoie jusqu'à la Loire, les canaux de BRIARE et D'ORLÉANS.
CANAL DE SAINT-QUENTIN, de la Somme à l'Escaut.	*Canal de l'Est*, qui va de la Saône canalisée, à la MOSELLE et à la MEUSE.
Somme et canal de la Somme.	Canal du Rhône au Rhin, de la Saône à l'Ill (peu de trafic).
CANAL CROZAT, de la Somme à l'Oise.	*Saône et Rhône.*
OISE CANALISÉE.	CANAL DU CENTRE, de la Saône à la Loire.
CANAL DE LA SAMBRE A L'OISE.	CANAL LATÉRAL à la Loire.
Aisne et canal latéral d l'Aisne.	CANAL DU BERRY et Cher canalisé.
CANAL DE L'OISE A L'AISNE, qui abrège le coude du confluent de l'Aisne.	*Basse Loire.*
CANAL DE L'AISNE A LA MARNE, par Reims.	Canal de Nantes à Brest.
Canal des Ardennes, de l'Aisne à Mézières.	Canal d'Ille-et-Rance.
SEINE (éclusée sur la basse Seine, suivie plus-haut du canal de la Haute-Seine).	Basse Charente.
CANAL DE LA MARNE AU RHIN, qui rejoint la Meuse par un tunnel, puis la Moselle et le Rhin.	*Basse Garonne* et *GIRONDE.*
Canal de la Haute-Marne, qui sera prolongé jusqu'à la Saône.	*Basse Dordogne.*
Yonne et *canal de Bourgogne*, de l'Yonne à la Saône.	Canal latéral à la Garonne.
	Canal du Midi qui le continue.
	Canal des étangs de Cette au Rhône.
	Bas Adour.

---

1. On peut observer que les régions voisines de la côte suppléent à l'absence de voies navigables par le *cabotage*, c'est-à-dire le transport de marchandises par bateau de port à port.

2. Et pourtant ce n'est pas d'hier que nous nous occupons de la navigation intérieure. Le canal de Briare a été commencé sous Henri IV. Mais justement plusieurs de nos canaux anciens ne répondent plus aux besoins de la batellerie moderne.

3. Les caractères employés varient selon l'importance des trafics, c'est-à-dire selon le poids ou tonnage des marchandises transportées.

LEÇON XLI

CHEMINS DE FER — POSTES ET TÉLÉGRAPHES

ENTRETIEN

Les chemins de fer *(fig. 114)* ont pris, depuis un demi-siècle, une importance considérable dans la vie des nations. Ils ont abrégé les distances, décuplé les échanges et profondément modifié les relations des hommes [1].

Au temps de Sully, les diligences ne faisaient pas, arrêts compris, 3 kilomètres à l'heure. Elles en faisaient 3 1/2 sous Louis XVI, un peu plus de 4 sous Napoléon Ier, 6 1/2 sous Louis-Philippe et près de 10 vers 1850, quand la concurrence des chemins de fer menaçait leur existence.

La vitesse des trains de voyageurs qui fut d'abord médiocre (20 ou 25 kilomètres), atteint aujourd'hui pour les express (arrêts compris), plus de 60 kilomètres, et sur les grandes lignes internationales elle dépasse 70. La plus grande vitesse que l'on obtienne en Europe est celle des trains de Paris à Cologne : 84 kilomètres à l'heure, arrêts compris (93 sans les arrêts).

Notre première voie ferrée date de 1828 [2]. Nous n'avions encore que 600 kilomètres de chemins de fer lorsque fut

Fig. 114. — Un train de marchandises; un train de voyageurs

votée la loi de 1842 qui facilitait l'expropriation des terrains nécessaires à l'établissement des voies.

Dès lors, la construction de nos réseaux se fit très rapidement. Les premières lignes suivaient la direction des routes nationales, reliant Paris et les grandes villes ; elles évitaient les pays de montagne. Puis, l'habileté des ingénieurs ne recula plus devant les longs tunnels et les viaducs gigantesques, et les montagnes furent franchies [3]. Il fallut cinq ans (1866-1871) pour percer sous le mont Fréjus un tunnel de 12 kilomètres. Depuis ce temps, nos chemins de fer ne connurent plus d'obstacles.

---

1. C'est au point que l'organisation administrative de la France, calculée, il y a cent ans, d'après les distances qui séparaient les villes ne répond plus aux besoins présents.

2. Première voie ferrée ouverte aux voyageurs, de Saint-Étienne à Andrézieux. Peu après fut construite celle de Saint-Étienne à Lyon.

3. Tels le viaduc de Morlaix, en Bretagne, déjà ancien (haut de 58 mètres) et celui de Garabit (dans le Cantal) qui franchit la Truyère et dont l'arche du milieu a 15 mètres de portée et 122 mètres de hauteur. (Construit en 1885.)

Aujourd'hui 43.000 kilomètres sont en exploitation. Il n'y a dans le monde que les États-Unis et l'Allemagne qui aient plus de voies ferrées.

Six grandes Compagnies possèdent la plus grande partie de nos chemins de fer : celles du Nord, de l'Est, de Paris à Lyon et à la Méditerranée (ou de P.-L.-M.), d'Orléans et de l'Ouest, dont les réseaux partent de Paris, et celle du Midi, dont la tête de ligne est à Bordeaux. L'*État* possède un *septième réseau* enchevêtré dans les autres et composé de lignes qu'il a rachetées aux compagnies.

Il existe aussi plusieurs petites lignes d'intérêt local.

Paris est le point de départ de six grands réseaux. De là les lignes rayonnent vers les frontières, reliées entre elles par des lignes transversales [1]. Le tout ressemble à une gigantesque toile d'araignée.

Fig. 115. — Le tri des lettres à l'hôtel des Postes

Le total annuel des recettes de nos voies ferrées atteint un milliard et demi. On peut noter que le transport des marchandises est plus rémunérateur que celui des voyageurs.

La Compagnie qui fait le plus de trafic est celle de P.-L.-M., puis viennent le Nord et Orléans, puis l'Ouest et l'Est ; leurs réseaux sont d'ailleurs fort inégaux [2].

Quel puissant outillage et que d'employés il faut pour entretenir une circulation régulière de trains dans tout cet organisme ! [3]

On étudiera sur la carte en couleur les principales de nos voies ferrées.

Le réseau du Nord en possède quatre : Paris-Lille, Paris-Calais, Paris-Boulogne, Paris-Hirson. Les plus productives sont celles de Lille et de Maubeuge. Cette dernière se continue soit sur Bruxelles, soit sur Cologne, Berlin et Saint-Pétersbourg.

Le réseau de l'Est en possède trois : Paris à Longuyon ; Paris à Avricourt (et de là à Strasbourg, Munich, Vienne et Constantinople) ; Paris à Belfort ; la plus riche est celle d'Avricourt.

Le réseau de l'Ouest possède quatre grandes lignes : celle de Paris au Havre, de beaucoup la plus productive, puis Paris-Cherbourg, Paris-Granville et Paris-Brest.

P.-L.-M. a la plus productive de toutes nos lignes, celle de Bourgogne, active surtout entre Lyon et Marseille : sur elle s'embranchent, à Dijon, la ligne de Suisse ; à Mâcon, la ligne du Cenis et de Turin (en Italie) ; à Marseille, la ligne de la Méditerranée (Nice et l'Italie). L'autre grande ligne du P.-L.-M. est celle du Bourbonnais (Paris-Nevers-Cette).

Le réseau d'Orléans a deux grandes lignes : Paris-Bordeaux (la plus productive), avec embranchement sur Saint-Nazaire ; Paris-Toulouse, par Limoges, avec embranchement sur Agen.

Les deux principales lignes de l'État vont de Paris par Chartres à Bordeaux, et de Nantes à Bordeaux.

La Compagnie du Midi a deux grandes lignes : Bordeaux à Cette, avec embranchement sur Perpignan et l'Espagne ; Bordeaux à Bayonne et Madrid. Une troisième ligne qui n'a beaucoup de trafic qu'en été, longe les Pyrénées (Bayonne-Toulouse.)

Postes et Télégraphes *(fig. 115)*. — Soixante-dix mille employés sont occupés par l'administration des Postes et Télégraphes : ils procurent à l'État une recette de 240 millions. Et pourtant nos échanges postaux sont bien moins actifs que ceux de nos concurrents anglais, américains ou allemands [1].

RÉSUMÉ. — I. Nous possédons 43.000 kilomètres de voies ferrées, dont les principales forment autour de Paris comme une toile d'araignée.

II. — Les principales lignes sont : Compagnie du Nord, de Paris à Calais, et de Paris à Maubeuge ; Compagnie de l'Est, de Paris à Avricourt, de Paris à Belfort ; Compagnie de P.-L.-M., de Paris à Marseille, de Paris à Cette ; Compagnie d'Orléans, de Paris à Bordeaux, de Paris à Toulouse ; Compagnie du Midi, de Bordeaux à Cette, de Bordeaux à Bayonne ; chemin de fer de l'État, de Paris à Bordeaux, par Chartres.

Exercice. — Tracer séparément les différentes voies ferrées, en indiquant seulement deux ou trois grandes villes sur le parcours.

LEÇON XLII

LE COMMERCE — BANQUES
MARINE MARCHANDE ET PORTS DE MER

ENTRETIEN

Le commerce n'occupe que 5 p. 100 des personnes qui travaillent en France : cependant il a une grande importance.

Notre **commerce intérieur** est très actif, grâce aux moyens de transport et aux banques.

Nous avons vu que les premiers sont devenus commodes et rapides. Quant aux banques, elles mettent à la disposition des commerçants des capitaux, et elles leur permettent de faire beaucoup d'échanges avec peu d'argent. De toutes nos banques, qui sont très nombreuses, il faut au moins connaître la principale, la *Banque de France*.

Cette puissante institution a déjà un siècle d'existence. Elle offre aux commerçants toute garantie. Elle est surveillée par l'État ; elle a dans ses caisses plus de 3 milliards en or et en argent. Elle prête et elle escompte des sommes énormes chaque année, non seulement à Paris, mais dans toutes les villes importantes.

Notre **commerce extérieur** bénéficie, comme le commerce intérieur, du progrès des banques et des chemins de fer. Mais comme il se fait surtout par mer, son développe-

---

1. Parmi les lignes qui relient les grandes voies, il faut remarquer : 1° la Ceinture de Paris dont le service est particulier à la capitale ; 2° la Grande-Ceinture qui décrit une circonférence (irrégulière) à 15 ou 20 kilomètres de Paris ; 3° une sorte de très grande ceinture qui joint Orléans, Troyes, Châlons, Reims, Laon, Amiens, Rouen, Chartres.

2. P.-L.-M. 9.000 kilomètres ; Orléans, 5.800 ; Ouest 5.600, etc.

3. Le personnel dépasse 570.000 personnes. — Les locomotives sont au nombre de plus de 10.000, et les wagons de plus de 350.000.

1. Un Français reçoit en moyenne 19 lettres par an, un Autrichien, 24 ; un Danois, 28 ; un Allemand, 31 ; un Suisse, 39 ; un citoyen des Etats-Unis, 51 ; un Anglais, 56.

ment n'est possible que si l'outillage de nos ports s'améliore : et malheureusement cette amélioration est très lente.

Nos **ports** sont aujourd'hui trop étroits, et quelques-uns sont trop peu profonds pour les dimensions des navires modernes : leur prospérité se ralentit [1].

Le plus actif de tous est celui de *Marseille*. Il est à vingt-cinq heures d'Alger, à six jours de l'isthme de Suez, un mois de Saïgon, six semaines du Japon. Il fait plus du quart de notre commerce de mer. Cependant il ne s'est pas développé autant que les grands ports étrangers. En 1832 il était le troisième port du monde : en 1902 il n'est plus que le dixième, pour le tonnage des navires qu'il reçoit. Londres voit trois fois et Liverpool deux fois plus de navires. Il est battu par d'autres ports anglais, puis par New-York, par le port allemand de Hambourg, par Anvers en Belgique. Il est vrai que, à considérer non plus le mouvement du port mais la valeur des marchandises, Marseille regagnerait quelques rangs : néanmoins ses progrès sont insuffisants.

Il faut en dire autant et plus encore du *Havre*, dont le trafic a décru depuis quelques années. On travaille activement à creuser ce port, qui commerce beaucoup avec l'Angleterre et avec New-York [six ou sept jours de traversée *(fig. 117)*], et il n'est pas douteux qu'il puisse un jour retrouver son ancienne prospérité. Le tonnage des navires qui y pénètrent dépasse à peine la moitié du tonnage de Marseille ; il est double de celui de Bordeaux ou de Dunkerque.

Bordeaux, par sa situation sur la Garonne, est entravé dans son progrès. Des services réguliers de navigation l'unissent aujourd'hui au Sénégal (huit jours), à la Plata (vingt jours) et aux Antilles (douze jours.)

Dunkerque se défend contre la concurrence d'Anvers par de grands travaux. Ses relations sont fréquentes avec l'Angleterre et les côtes de la mer Baltique.

Rouen, Boulogne, qui trafiquent avec l'Angleterre, *Cette,* qui est en relations avec l'Algérie, viennent ensuite ; puis, *Saint-Nazaire* qui, faute d'une Loire navigable, n'a que peu de mouvement : pourtant son importance est grande, à cause des services réguliers qui, de là, gagnent les Antilles (douze jours) et l'isthme de Panama (dix-huit jours).

Calais, La Rochelle, Nantes, Dieppe, Bayonne sont les derniers ports qu'il faille retenir. Calais et Dieppe grandissent grâce aux voyageurs d'Angleterre. L'ensablement de la Loire nuit au commerce de Nantes.

On remarquera que nos grands ports militaires ne figurent pas parmi les principaux ports commerçants : c'est que les règlements militaires nuisent aux progrès du commerce.

Si nos ports sont insuffisants, notre **marine marchande** l'est encore bien davantage.

Nous possédons près de seize mille navires : mais les neuf dixièmes sont des voiliers, petites et grandes barques de pêche et bâtiments de cabotage. Nous n'avons que douze cent neuf navires à vapeur : mais leur capacité est supérieure à celle de tous les voiliers, et d'ailleurs un vapeur fait cinq ou six voyages pendant qu'un voilier en

fait un. Notre flotte à vapeur est donc bien plus importante que notre flotte à voile.

Mais l'Angleterre a sept fois autant de navires à vapeur, et leur tonnage est treize fois plus fort que celui de nos paquebots ! Les États-Unis et l'Allemagne sont également mieux pourvus que nous. Et ainsi il arrive que le commerce de nos ports est fait, pour deux tiers, par des navires étrangers (anglais surtout).

RÉSUMÉ. — I. Le commerce fait vivre 5 p. 100 des Français. Il est prospère grâce aux banques et à la facilité des transports.

II. Nos ports sont malheureusement insuffisants pour les besoins de notre commerce extérieur. Les principaux sont : Marseille, Le Havre, Bordeaux et Dunkerque.

III. Notre marine marchande est inférieure à celles de l'Angleterre, des États-Unis et de l'Allemagne. Les navires étrangers font plus de commerce que nous dans nos ports.

Exercice. — Voyage par eau : 1° de Dunkerque à Nancy ; 2° de Bordeaux à Lyon ; 3° de Bourges à Strasbourg ; 4° de Mézières à Orléans.

LECTURE

UTILITÉ DES BANQUES

Le banquier rend aux commerçants le service de leur avancer de l'argent en échange de promesses de paiement qu'ils ont reçues ou qu'ils font eux-mêmes *(fig. 116)*. Ces promesses de paiement s'appellent des *effets de commerce.*

Fig. 116. — Intérieur d'une banque

Supposons un commerçant qui ne possède que 1.000 francs de marchandises : il les vend et on ne le paiera que dans trois mois. Il n'a plus la marchandise, et il n'a pas encore les 1.000 francs, mais il possède un effet de commerce sur lequel l'acheteur a écrit : « Je paierai 1.000 francs à telle date ». — Notre commerçant va trouver le banquier, qui lui achète cet effet de commerce moyennant un petit escompte. Il en retire, par exemple, 985 francs, avec lesquels il peut acheter de nouvelles marchandises et faire de nouveaux échanges. Sur ces échanges il fera des bénéfices qui compenseront largement l'escompte abandonné au banquier.

Mais ces effets de commerce qu'on porte aux banques ne pourraient-ils circuler entre particuliers comme des pièces d'or ? Ils le peuvent, assurément : mais qui les touchera ? entre quelles mains seront-ils le jour de l'échéance ? C'est l'office propre du banquier que de négocier et de toucher les effets de commerce.

Le banquier peut ne pas payer en argent mais en billets de banque. Tel qui n'accepterait pas une promesse de paiement faite par un inconnu, accepte sans hésiter une promesse de paiement faite par la banque : or, un billet de banque n'est qu'une promesse que fait la banque de payer ce billet, à n'importe quelle date, quand on le présentera. Aussi tout le monde considère-t-il les billets de banque comme une vraie monnaie. Chez nous, la Banque de France a seule le droit d'émettre du papier-monnaie.

L'escompte est donc le premier office des banques : ce n'est pas le seul. Elles prêtent encore de l'argent, et elles empruntent pour pouvoir prêter. Grâce à elles, l'argent ne sommeille plus comme autrefois dans les «bas de laine»; il alimente le commerce et tout autant l'industrie et l'agriculture.

LEÇON XLIII

LE COMMERCE EXTÉRIEUR

ENTRETIEN

Pendant longtemps notre commerce extérieur nous a assuré le premier rang, puis, depuis deux siècles, le second rang parmi les nations commerçantes.

En 1891, l'Angleterre seule nous dépassait pour le total de ses échanges avec l'étranger. Aujourd'hui nous sommes dépassés aussi par les États-Unis et l'Allemagne[1]. L'immense Russie, l'Autriche-Hongrie, la petite Belgique viennent après nous.

Nos **exportations** (c'est-à-dire ce que nous vendons à l'étranger) atteignent 4 milliards 150 millions. Nos

Fig. 117. — Un transatlantique

importations dépassent 4 milliards 500 millions. Nos échanges atteignent donc un peu plus de *8 milliards et demi :* ce n'est pas la moitié du trafic extérieur de l'Angleterre.

En outre, quantité de marchandises traversent la France sans y être vendues. Ce *transit* enrichit nos compagnies de transport.

La nation avec laquelle nous faisons le plus de commerce est l'Angleterre. Elle entre pour près d'un quart dans nos échanges : surtout elle nous *achète* beaucoup (1.240 millions).

La Belgique vient ensuite. C'est une petite nation, mais de grande industrie. D'ailleurs, elle nous transmet des marchandises qui n'ont fait que traverser son territoire, et qui viennent de Hollande, d'Allemagne ou d'Angleterre.

L'Allemagne fait avec nous presque autant d'échanges que la Belgique. Ces deux nations réunies ne valent pas notre clientèle anglaise.

Les **États-Unis** et notre colonie d'Algérie viennent ensuite; puis l'Espagne, l'Italie, la Suisse, nos voisines, la Turquie et enfin la Russie. Notre grande alliée nous vend peu de chose et ne nous achète presque rien.

Hors d'Europe, nous achetons bien des marchandises dans l'Amérique du sud et du centre, en Asie, en Océanie : de la laine dans la République Argentine et en Australie, de la soie en Chine, etc...; mais ces pays sont pour nous de médiocres acheteurs.

Quels sont les objets de nos échanges?

Nous vendons surtout des objets fabriqués, et nous importons surtout des matières nécessaires à leur fabrication. En seconde ligne, tant à l'entrée qu'à la sortie, viennent les denrées alimentaires.

Voici, par ordre d'importance, les principaux articles d'*importation*. D'abord les matières premières :

1° La laine (République Argentine, Australie);

2° La soie (Chine surtout, Japon, Italie, Turquie);

3° La houille (Angleterre, Belgique, Allemagne) : marchandise lourde, la houille compte pour un tiers du poids de nos importations;

4° Le coton (États-Unis, Égypte) et d'autres textiles (lin de Russie, jute de l'Inde);

5° Les métaux (cuivre du Chili et des États-Unis, fers d'Allemagne, d'Angleterre et d'Espagne, zinc de Belgique);

6° Les graines oléagineuses et le caoutchouc (d'Afrique et d'Amérique), le pétrole (États-Unis, Russie), etc...

Parmi les objets d'alimentation, le blé vient en première ligne, bien que nous en produisions beaucoup. Selon que l'année est bonne ou mauvaise, nous achetons de 100 à 600 millions de blé ou de farine (États-Unis, Russie, Inde).

De même, il nous faut du vin (d'Espagne surtout). Puis viennent les denrées que notre sol ne produit pas, café (du Brésil), cacao, sucre de canne, etc.

Nous *exportons* surtout des tissus de soie, de laine et enfin de coton; puis des peaux et des ouvrages de cuir, des vêtements, des modes, des articles de luxe, des machines, des meubles, et parmi les objets d'alimentation, des vins et des liqueurs. L'Angleterre nous achète beaucoup de sucre, de beurre et de boissons.

RÉSUMÉ. – I. Notre commerce extérieur atteint 8 milliards et demi : mais nous n'avons que le quatrième rang parmi les peuples commerçants.

II. C'est surtout avec l'Angleterre que nous faisons des échanges; puis avec la Belgique, l'Allemagne, les États-Unis et l'Algérie.

III. Nous importons surtout des matières premières nécessaires à l'industrie, laine, soie, houille, coton, et des objets d'alimentation. Nous exportons plutôt des produits manufacturés.

Exercice. — Voyage par chemin de fer, 1° de Dunkerque à Bordeaux; 2° de Nancy à Marseille; 3° de Bordeaux à Lyon.

---

[1]. Cela tient à beaucoup de causes, mais pour bonne part à notre système de douanes. Pour *protéger* nos industries nous taxons les marchandises étrangères. L'étranger qui nous vend moins nous achète moins.

LEÇON XLIV

VILLES D'ÉTUDES

ENTRETIEN

La France a d'autres richesses que celles dont nous avons parlé jusqu'ici. Ses savants, ses ingénieurs, ses architectes, ses professeurs, les gens instruits de toute sorte contribuent pour beaucoup à ses progrès et au rang élevé qu'elle occupe parmi les nations civilisées. Il est donc

Fig. 118. — La Sorbonne

utile de connaître les villes de France où l'on s'instruit, où l'on trouve des professeurs, des bibliothèques, des musées, des laboratoires.

Les principales de ces villes sont celles qui possèdent une **Université**.

Une Université, c'est la réunion des différents groupes de professeurs qui donnent l'enseignement supérieur dans un ressort académique [1]. — Chacun de ces groupes s'appelle une *Faculté*. Par exemple, la Faculté de droit comprend plusieurs professeurs qui forment les avocats, les magistrats futurs ; la Faculté de médecine prépare des médecins, etc., etc. [2] — C'est dans les Facultés que les jeunes étudiants, au sortir du Lycée, vont compléter leurs études et prendre leurs grades universitaires ; c'est là qu'ils deviennent bacheliers, licenciés, docteurs.

Quelques-unes de nos Universités sont très prospères. Elles multiplient les laboratoires, achètent des instruments de travail, enrichissent leurs bibliothèques. Comme au moyen âge, elles voient accourir les étudiants non seulement de France, mais de l'étranger [3]. Le nombre des étudiants dépasse 28.000. Plus de 12.000 se préparent à la médecine ou à la pharmacie, 9.000 font du droit, etc.

Si l'on joignait à ces étudiants les élèves des grandes écoles, on atteindrait un total de plus de 30.000 jeunes gens qui seront l'élite de la nation.

Quinze de nos ressorts académiques possèdent une *Université*. La plus importante est celle de Paris qui attire 12.000 étudiants, dont 1.000 étrangers. Bien loin après elle viennent celles de Lyon (2.400 étudiants), de Bordeaux, de Toulouse, de Montpellier, de Rennes, de Nancy, d'Aix-et-Marseille, de Poitiers, de Dijon, etc....

Certaines grandes villes, sans avoir d'Université, ont des écoles de médecine et de pharmacie, et des cours de toute sorte, comme Nantes, Limoges, Angers, Rouen, etc. Le Havre a son École de commerce.

Toutes ces villes sont donc des centres d'études élevées spécialement outillés pour les recherches des savants et les travaux des écrivains. Ce n'est pas là une richesse négligeable : tout progrès de l'humanité doit être préparé et mérité par un progrès des études.

Paris est, de beaucoup, notre première ville d'études, et l'une des premières du monde. On l'appelle à bon droit la Ville-lumière. Son Université est la plus complète et la mieux pourvue de professeurs, de préparateurs, de laboratoires et de bibliothèques. Elle est installée à la Sorbonne (*fig. 118*).

Paris possède, en outre, de nombreuses écoles d'enseignement supérieur [1], et diverses écoles professionnelles qui forment des chimistes, des dessinateurs, des ouvriers d'art. Ses musées, ses archives, ses bibliothèques (*fig. 119*) sont de précieux instruments de travail.

Lyon possède, outre son Université, une École de Santé militaire, une École centrale industrielle, des Écoles de chimie, de commerce, de tissage, un laboratoire d'études

Fig. 119. — Salle de lecture de la Bibliothèque Nationale

de la soie, de riches musées, etc. C'est notre deuxième capitale intellectuelle.

Bordeaux et *Nancy* ont de grandes Écoles de chimie ; *Lille*, un Institut industriel. *Marseille* a pris pour elle une

---

1. On a dû apprendre, dans le cours d'instruction civique, qu'un ressort académique est une division de la France universitaire à la tête de laquelle est un Recteur.

2. Il y a encore des Facultés de lettres, de sciences, de théologie.

3. Il y a vingt-cinq ans, les étudiants étrangers étaient 5 ou 600. Ils dépassent aujourd'hui 1.800.

1. Collège de France, sorte d'université dont les cours sont publics. Muséum, École normale supérieure qui forme les professeurs des Lycées, Éc. des Chartes, Éc. Polytechnique, Éc. Militaire, Éc. des Mines, Éc. des Ponts et Chaussées, Éc. Centrale (d'ingénieurs civils), Éc. des langues orientales, Éc. des Beaux-Arts, Conservatoire de musique, Conserv. des Arts-et-Métiers, École de Commerce, Institut agronomique, etc.

partie de l'Université d'Aix ; elle a, en outre, des établissements spéciaux d'enseignement, en particulier une école d'ingénieurs.

RÉSUMÉ. — I. Il y a en France quinze Universités et un certain nombre de hautes écoles qui donnent l'enseignement supérieur.

II. 30.000 étudiants suivent les cours des Universités ou des grandes écoles.

III. Les principales villes d'études sont Paris, Lyon, Lille, Nancy, Marseille, Bordeaux, Toulouse et Montpellier.

Exercice. — Voyage par chemin de fer : 1e de Brest à Lyon ; 2e de Nice à Perpignan ; 3e de Cette à Nantes.

CHAPITRE V

L'ADMINISTRATION ET LA DÉFENSE

LEÇON XLV

GÉOGRAPHIE ADMINISTRATIVE

PLAN

Les différentes administrations publiques ont partagé la France en un certain nombre de circonscriptions dont chacune dépend d'un haut fonctionnaire. Ces circonscriptions coïncident le plus souvent, mais non toujours, avec les départements.

Les élèves ont étudié, dans le cours d'instruction civique, les principaux services publics. Il leur suffira d'examiner les cartes ci-jointes pour connaître de la géographie administrative tout ce qu'il est utile d'en connaître [1].

Ils pourront, à cette occasion, reviser leur cours d'instruction civique selon les indications qui suivent :

1. Gouvernement républicain de la France. —

Fig. 120. — La Chambre des Députés

Président de la République, Sénat, Chambre des députés (*fig. 120*); les onze ministères. — Des onze ministres, deux ont toute leur action au dehors (Affaires Étrangères, Colonies).

2. Divisions fondamentales de la France. — 36.192 communes, 2.908 cantons, 362 arrondissements, 86 départements et une partie d'un quatre-vingt-septième (Belfort, reste du département du Haut-Rhin). Au lieu d'un préfet, il y a un administrateur dans le territoire de Belfort.

Les préfets et les sous-préfets relèvent du *Ministère de l'Intérieur*. — Les maires relèvent des préfets. — Il n'y a pas de maire à Paris. — De l'Intérieur dépendent aussi l'Assistance publique, la Sûreté générale, les prisons.

I. Ce qui importe, c'est que chaque Français connaisse les services administratifs du département qu'il habite, puis la circonscription militaire, judiciaire et universitaire plus étendue où ce département est compris.

3. La direction des **cultes** est rattachée à l'Intérieur : elle est parfois rattachée à un autre ministère.

D'elle dépendent les ministres des cultes reconnus (catholique, protestant, israélite, en France, et musulman,

Fig. 121. — Carte de la France judiciaire

en Algérie). Il y a 70.000 israélites et 700.000 protestants en France.

Les prêtres catholiques sont répartis par diocèses : chaque diocèse dépend d'un évêque ou d'un archevêque.

Il y a dix-sept archevêques et soixante-sept évêques : tous sont nommés par le président de la République qui s'entend pour cela avec le pape. Un diocèse s'étend d'ordinaire à tout un département : mais il y a des exceptions (un archevêque et un évêque dans les Bouches-du-Rhône et dans la Marne; un archevêque et deux évêques en Savoie; point d'évêque dans cinq départements).

Les paroisses protestantes (calvinistes ou luthériennes), sont groupées sous l'autorité de consistoires qu'elles élisent.

Les rabbins des synagogues israélites sont surveillés par des consistoires élus, puis par un consistoire central et par le grand rabbin.

Les ministres du culte musulman, en Algérie, s'appellent imans.

4. Justice (*fig. 121*). — Juge de paix au canton, tribunal civil au chef-lieu d'arrondissement, *vingt-six cours d'appel* en France, une vingt-septième en Algérie. — Dans chaque département, la Cour d'assises, tribunal temporaire. — Tribunaux de commerce, prud'hommes, conseils de guerre, conseils de préfecture, conseil d'État. — Cour de cassation.

5. Agriculture. — Écoles d'agriculture et professeurs spéciaux d'agriculture.

Administration forestière.

6. Ministère du Commerce. — École centrale, École de commerce. — Les Chambres de commerce, élues par les commerçants, renseignent le ministre. — Les Postes et Télégraphes sont aujourd'hui rattachés au Commerce.

7. Travaux publics. — Ponts et chaussées : un ingénieur en chef et plusieurs ingénieurs ordinaires dans chaque département.

Il y a aussi des ingénieurs spéciaux pour les voies navigables, des ingénieurs pour les mines et les établissements industriels.

RÉSUMÉ. — I. La France compte environ 36.000 communes ; il y a 362 arrondissements, 86 départements et le territoire de Belfort.

II. Il y a 26 cours d'appel : à chaque cour ressortissent plusieurs tribunaux d'arrondissement ou de première instance. Dans chaque canton il y a un juge de paix.

III. Le diocèse de l'évêque ou de l'archevêque s'étend d'ordinaire à tout un département.

Exercice. — Souligner sur une carte de France les cours d'appel et les archevêchés. — Placer de mémoire quelques départements.

LEÇON XLVI
GÉOGRAPHIE ADMINISTRATIVE *(suite)*

PLAN

1. Finances. — Contributions directes : elles sont réparties par les Conseils généraux, les conseils d'arrondissement, les répartiteurs. Un directeur par département, assisté d'inspecteurs et de contrôleurs, établit la quote-part de chaque contribuable.

Le percepteur au canton, le receveur au chef-lieu d'arrondissement, le trésorier-payeur général au chef-lieu du département, reçoivent l'argent des contribuables et paient les dettes de l'État et du département.

Contributions indirectes : un directeur par département assisté d'inspecteurs et de contrôleurs.

Enregistrement : même organisation.

Douanes : organisées militairement à la frontière.

D'autres services dépendent des finances : tabacs, etc.

Toute la comptabilité publique est surveillée par la *Cour des comptes*.

Le budget monte à 3 milliards et demi. La dette coûte, chaque année, 1.200 millions ; la guerre 620, la marine 300, l'instruction publique 222.

Les boissons rapportent 600 millions, le tabac 400.

2. Instruction publique et Beaux-Arts. — Les trois ordres d'enseignement. — Le personnel enseignant est réparti en *16* régions qu'on appelle *Académies*. Un recteur dirige l'Académie, un inspecteur d'Académie dirige l'enseignement de chaque département [1]. Il y a un inspecteur primaire (au moins) par arrondissement. Dans chaque département, des écoles normales primaires préparent les instituteurs à leurs fonctions.

3. Ministère de la guerre. — L'armée de terre et l'armée coloniale relèvent de lui. — Au total 560.000 hommes, y compris les troupes d'Algérie, les régiments français de l'armée coloniale et la gendarmerie. — Sur le pied de guerre on pourrait appeler 3.800.000 hommes, sinon à la fois, au moins à tour de rôle.

Armée active et ses différentes armes. — Armée territoriale. — Armée coloniale, régiments de France qui fournissent les cadres, et soldats indigènes de toutes races. — Les écoles militaires : Polytechnique, Saint-Cyr, Fontainebleau, Saumur, Saint-Maixent, etc. École supérieure de guerre à Paris pour l'état-major.

Pour le recrutement et le commandement, il a fallu distribuer tous les départements de France et toutes les troupes qui y séjournent entre *19 corps d'armée*. Les 18 premiers corps sont numérotés selon la place qu'ils occupent. Le 19e corps est en Algérie. Le 20e, créé récemment, a pour quartier général Nancy.

Paris et Lyon ne sont pas chefs-lieux de corps d'armée. *Paris* a un gouverneur militaire qui commande à des troupes empruntées aux corps d'armée voisins. *Lyon* a aussi un gouverneur militaire, chef de la défense des Alpes. Les conscrits de Paris sont versés dans quatre corps, et ceux de Lyon dans trois.

Fig. 122. — Un cuirassé, le « Bouvet »

4. Marine. — Notre flotte compte 24 cuirassés *(fig. 122)*, 18 croiseurs cuirassés et plus de 50 autres grands bâtiments ; en outre, 300 torpilleurs et 15 sous-marins : force respectable, mais très inférieure à celle des Anglais.

Ces bâtiments forment deux groupes principaux, l'escadre de la Méditerranée (Toulon), et celle du Nord (Brest et Cherbourg). En outre nous avons des divisions navales dans des mers lointaines et aux colonies.

50.000 hommes d'équipage. Les officiers sont formés dans des écoles spéciales dont la principale est à Brest (École navale). — En temps de guerre, *l'inscription maritime* [1] triplerait le nombre de nos marins.

Nos *cinq ports* militaires sont les centres de cinq *arrondissements maritimes* dont chacun est commandé par un préfet maritime (vice-amiral), chargé de l'inscription, du recrutement, de la défense des côtes, etc.

RÉSUMÉ. — I. Dans notre budget de 3 milliards 1/2, la dette publique, la guerre et la marine prennent la plus grosse part.

II. La France compte 16 Académies. Chacune est dirigée par un recteur.

III. L'armée compte 560.000 hommes en temps de paix, 3 millions 1/2 sur le pied de guerre. Il y a dix-neuf corps d'armée en France, un en Algérie. Nos cinq ports militaires sont les chefs-lieux des cinq arrondissements maritimes.

Exercice. — Indiquer sur une carte les quartiers généraux des corps d'armée (G.), les cinq ports militaires (P. M.), les chefs-lieux d'Académie (U).

---

1. Il y a plusieurs inspecteurs d'Académie dans certains départements importants. — L'Algérie forme une 17e académie.

1. Sont *inscrits*, et susceptibles d'être requis pour la marine de guerre, les hommes qui naviguent sur mer pour la pêche ou le commerce.

LEÇON XLVII

LA DÉFENSE DE LA FRANCE

ENTRETIEN

Nos armées de terre et de mer s'appuieraient, en temps de guerre, sur toute une barrière de forteresses *(fig. 123)*.

Les côtes. — Tout d'abord, nos *cinq ports* militaires, Toulon, Rochefort, Lorient, Brest et Cherbourg *(fig. 124)*, sont environnés d'ouvrages défensifs à l'abri desquels nos flottes pourraient se réfugier.

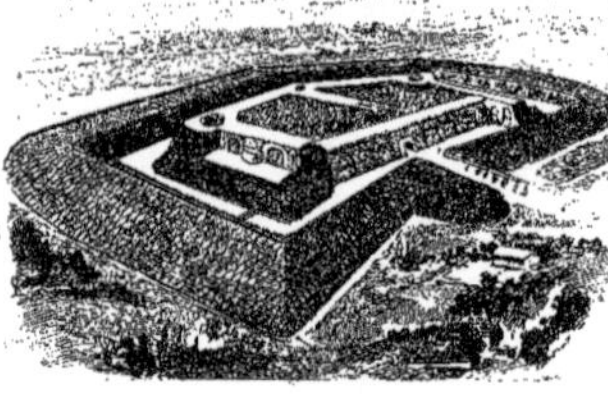

Fig. 123. — Un fort moderne

D'autre part, on a élevé des batteries sur les côtes les plus exposées aux attaques de l'ennemi, et surtout près des ports de commerce importants.

Nos frontières de terre sont bien plus difficiles à défendre que nos côtes. Parmi elles, la frontière du nord et celle du nord-est, où ni grand fleuve ni montagne n'arrêterait l'ennemi, sont de beaucoup les plus exposées ; c'est là que nous avons élevé nos principales forteresses.

Pays neutres. — Pourtant, trois puissances *neutres* nous avoisinent : le royaume de Belgique, le grand-duché de Luxembourg et la république suisse. Cela veut dire que les grandes nations européennes se sont interdit de faire la guerre dans ces pays : une armée ennemie ne devrait donc pénétrer en France ni par la frontière belge, ni par le Luxembourg, ni par la Suisse. Par prudence, nous avons fortifié comme les autres les régions voisines des pays neutres.

Frontière du nord. — Un envahisseur qui violerait la neutralité de la Belgique trouverait les plaines du nord barrées par trois grandes forteresses : *Dunkerque, Lille* et *Maubeuge*. S'il passait plus à l'est, quelques petites places (Givet, Mézières, Montmédy, Longwy) et surtout les forêts des Ardennes ralentiraient sa marche.

Ces obstacles franchis, il rencontrerait trois grandes forteresses sur les collines de Champagne, *La Fère, Laon* et *Reims*.

Frontière de l'est. — L'envahisseur qui viendrait d'Alsace-Lorraine trouverait les collines de la Meuse et de la Moselle hérissées de canons. Quatre grandes places abriteraient nos armées : *Verdun, Toul, Épinal* et *Belfort*. Si l'on violait la neutralité de la Suisse, on s'engagerait dans les défilés du Jura, faciles à défendre et où s'élèvent quelques petits forts. Au pied du Jura est la grande place de *Besançon*.

Derrière cette ligne de défense, *Langres* et *Dijon* forment une deuxième ligne.

Paris est ainsi abrité, au nord et à l'est, par deux barrières solides. Il est lui-même une grande place forte défendue par trois grands camps retranchés d'un si vaste contour qu'il faudrait des troupes bien nombreuses pour l'assiéger[1].

Frontière du sud-est. — Les Alpes sont pour nous une bonne défense. On ne les peut franchir qu'en suivant d'étroites vallées faciles à retrancher et déjà barrées de forts. La principale forteresse des hautes vallées est *Briançon*. Au débouché des routes dans la plaine, *Grenoble*, grande place de guerre, défend la route de Lyon. *Lyon* même est une ville très forte.

Vers la côte, les Alpes ne sont pas plus aisées à franchir qu'au nord. La seule route facile est celle qui longe la mer : elle est barrée par la grande place de *Nice*, et en arrière par celle de *Toulon*.

Frontière des Pyrénées. — Les Pyrénées sont si difficiles à franchir que nous avons, de ce côté, économisé les travaux de défense. Quelques petits forts se dressent dans les hautes vallées, aux deux bouts de la chaîne. Les deux places de *Perpignan* et de *Bayonne* surveillent les chemins de fer.

Voies stratégiques. — L'auxiliaire le plus puissant de la défense ce sont les voies ferrées[2]. Nous avons donc multiplié auprès des frontières, et particulièrement au nord-est, les voies ferrées et les gares de débarquement. Ce sont nos lignes de chemins de fer *stratégiques*. En général elles coûtent cher et ne font pas de trafic. Ce sont uniquement des outils pour la guerre.

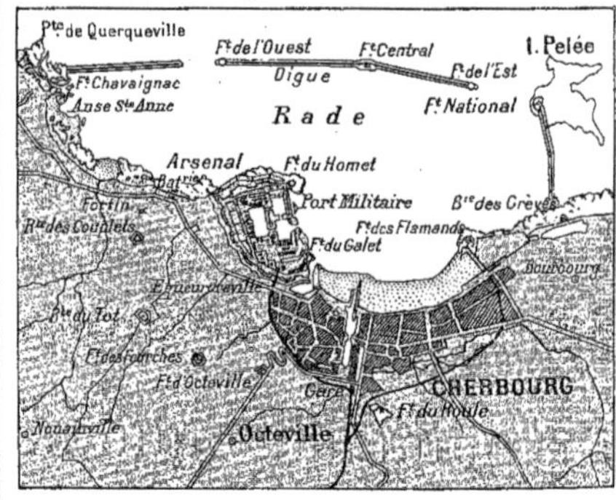

Fig. 124. — Port militaire de Cherbourg

RÉSUMÉ. — I. Nos escadres et nos cinq ports militaires défendent nos côtes.

II. Notre frontière du Nord est défendue par la neutralité de la Belgique et du Luxembourg et par les places de Dunkerque, Lille, Maubeuge, La Fère, Laon et Reims ; — notre frontière de l'est par la neutralité de la Suisse, et les places de Verdun, Toul, Epinal, Belfort, Besançon, Langres et Dijon. En arrière est Paris, grande place forte.

III. Au sud-est, les Alpes avec Grenoble, Lyon, Briançon, Nice et Toulon nous défendent. Au sud-ouest, les Pyrénées suffisent.

Exercice. — Indiquer sur la carte les villes et les ports fortifiés.

---

1. 4 ou 500.000 hommes peut-être ; trois fois plus qu'il n'en a fallu en 1870.
2. Il faut plus de 100 trains pour transporter un corps d'armée.

CHAPITRE VI

NOTRE EMPIRE COLONIAL

LEÇON XLVIII

NOS COLONIES — UN PEU D'HISTOIRE

ENTRETIEN

Les grandes nations européennes travaillent, depuis des siècles, à agrandir leurs domaines en acquérant des territoires hors d'Europe.

Si l'Européen trouve dans ces territoires un climat approprié, s'il y rencontre peu d'indigènes, il s'y établit avec sa famille, il cultive, il crée de nouvelles provinces quasi européennes. C'est ainsi que le Canada est devenu une véritable province anglaise, et que l'Asie russe continue la Russie.

Si le climat est dangereux, si la population indigène est nombreuse, le conquérant ne peut songer ni à peupler ni à cultiver sa colonie. Il y envoie de l'argent, des directeurs de culture, des commerçants, et il fait travailler les indigènes. (Mais hélas ! trop souvent il les exploite !) — Il en est ainsi des possessions tropicales de toutes les nations[1].

Dans les deux cas, les colonies augmentent la population et la richesse de la métropole. Non seulement elles attirent et occupent des colons, mais elles sont des clientes pour les pays d'Europe. Elles leur achètent des produits fabriqués, des vêtements, des outils, des armes, etc... et elles paient en denrées que l'Europe ne produit pas (thé, café, caoutchouc, etc...). Elles permettent donc aux fabricants métropolitains d'employer et de faire vivre un plus grand nombre d'ouvriers, aux armateurs de multiplier leurs navires et de donner du travail à un plus grand nombre de matelots, etc., etc.

La France a été parmi les premières nations qui aient acquis des colonies. François Ier, Henri IV, Richelieu, plus tard Colbert lui ont donné divers territoires en Amérique, en Afrique et en Asie; les principaux étaient le Canada, la Louisiane (c'était alors toute la vallée du Mississipi), plusieurs îles aux Antilles, des établissements au Sénégal, à Madagascar et dans l'Inde.

Un moment, sous Louis XV, Dupleix, gouverneur aux Indes, pensa nous conquérir des millions de sujets. Mais Louis XV perdit toute l'Inde moins cinq villes, et tout ce qui nous restait encore du Canada (1763). Les guerres de la Révolution et de Napoléon achevèrent la ruine de notre empire colonial dont les Anglais recueillirent les meilleurs morceaux. Elles ne nous laissèrent que quelques îles, la Guyane, les cinq villes de l'Inde et quelques comptoirs en Afrique.

Depuis ces désastres, la France s'est remise patiemment à l'œuvre. En moins d'un siècle, elle s'est refait un empire colonial (*fig. 125*). Elle a payé l'**Algérie** de vingt ou trente ans de guerre (depuis 1830). — Elle a conquis la **Tunisie** par l'expédition de 1881, et l'**Indo-Chine** par plusieurs guerres (depuis 1862). — Elle a entamé le **Soudan** en 1864,

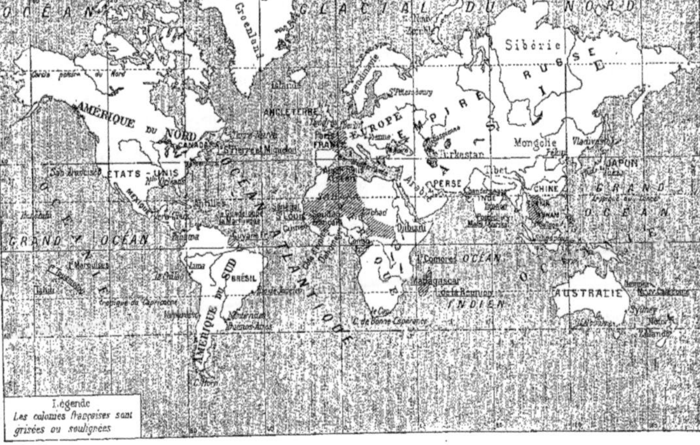

Fig. 125. — Carte des Colonies françaises

et le **Congo** en 1875 : depuis lors, des expéditions successives ont étendu jusqu'au lac Tchad les deux colonies qui maintenant se touchent : possessions immenses mais bien peu peuplées. — Elle a remis la main en 1885 sur **Madagascar** qui lui échappait, et conquis définitivement la grande île en 1895. — Enfin elle a occupé plusieurs archipels de l'Océanie : la grande île de **Nouvelle-Calédonie** lui appartient depuis 1853.

Notre empire colonial est immense[1]. Son étendue est plus de huit fois supérieure à celle de la France. Sa population qu'on ne peut évaluer que par à peu près (surtout au Soudan), doit égaler ou surpasser celle de la métro-

---

1. L'Algérie réunit les caractères de ces deux sortes de possession. Nous y pouvons travailler et nous y faisons travailler l'indigène; nous la peuplons sans faire disparaître les populations qui nous y ont précédés.

1. On distingue les colonies proprement dites et les pays protégés. Les colonies sont administrées par des fonctionnaires français. Les pays protégés conservent leurs chefs indigènes sous le contrôle de fonctionnaires français.

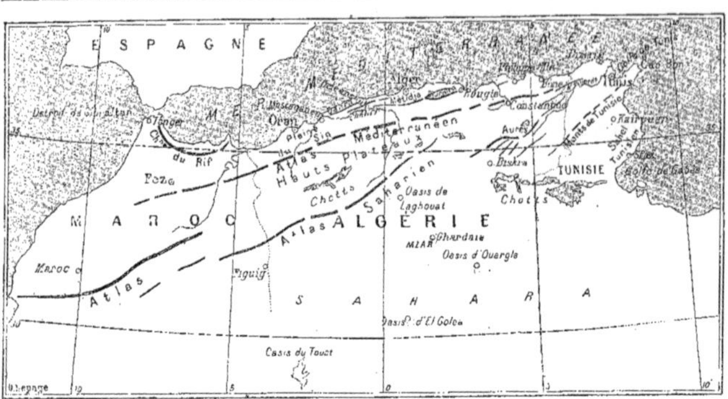

Fig. 126. — Carte physique de l'Algérie

pole. L'empire colonial anglais est seul plus important (et beaucoup plus important) que le nôtre.

RÉSUMÉ. — I. Les colonies sont destinées à augmenter la population et la richesse de la métropole : mais l'indigène ne doit pas y être sacrifié au colon.

II. La France a eu, sous l'Ancien Régime, un grand empire colonial. Louis XV le lui fit perdre en 1763.

III. Elle en a acquis un autre au xixᵉ siècle, surtout sous Louis-Philippe (Algérie), et sous la troisième République (Tunisie, Indo-Chine, Soudan, Congo, Madagascar).

Exercices. — 1° Placer sur la mappemonde les principales colonies françaises ; 2° Examiner si la conquête de peuplades indépendantes est *juste*. — Etant donné qu'une nation européenne a été amenée, par la crainte de ses concurrents ou les attaques des indigènes, à faire une conquête coloniale, quelle attitude doit-elle avoir vis-à-vis de ses sujets ?

LEÇON XLIX

ALGÉRIE ET TUNISIE (GÉOGRAPHIE PHYSIQUE)

ENTRETIEN

A vingt-quatre heures de navigation de Marseille, l'**Algérie** *(fig. 126)* s'étend de la Méditerranée au désert du Sahara. Des frontières conventionnelles la séparent du **Maroc**, État indépendant, et de la **Tunisie**, pays protégé par la France.

La colonie et le pays protégé forment ensemble un beau domaine, plus grand que la métropole, et d'ailleurs sans limite vers le désert.

Dans la Tunisie comme dans l'Algérie, on distingue plusieurs régions.—Vers la côte, le *Tell* est tout hérissé de mamelons et de montagnes qui font partie des chaînes de *l'Atlas ;* c'est un pays de climat doux, où les cultures empiètent chaque jour sur les broussailles ou sur les forêts de lentisques, de chênes-lièges, de cèdres et d'oliviers sauvages.

De ci de là, les hauteurs font place à de belles plaines, comme la Métidja (au sud d'Alger) ou la plaine du Sig (au sud d'Oran), dans lesquelles se pressent et croissent les villages de nos colons. La région la plus fraîche et la plus pittoresque du Tell est celle du Djurdjura et de la Kabylie

où la population indigène est nombreuse, intelligente et travailleuse.

Au delà du Tell, en Algérie du moins, sont de *Hauts plateaux* arides, sans arbres, où vivent de grands troupeaux de moutons sur de maigres pâturages. On y trouve d'immenses espaces couverts d'une sorte de jonc, l'alfa, dont on fait des tissus ou du papier. Des lacs salés dont l'étendue varie selon la saison, les *chotts*, occupent les creux de ces plateaux.

Au sud de cette région s'allongent d'autres chaînes de *l'Atlas* (l'Atlas appelé saharien pour le différencier de l'Atlas tellien) ; elles atteignent leur plus grande hauteur dans le massif de *l'Aurès* (au sud de Constantine).

Au delà enfin s'étend, à perte de vue, le *Sahara*, immense désert surchauffé par le soleil[1], où, pendant des semaines de marche pour atteindre le Soudan, les caravanes *(fig. 127)* ne rencontrent que des dunes de sable ou des plateaux rocheux. Du Sahara souffle parfois le siroco, vent brûlant, desséchant, intolérable. Dans ce pays, il ne pleut presque jamais ; par suite, il n'y a point de fleuve, point de rivière

Fig. 127. — Une caravane

qui ne tarisse. Les quelques chotts que l'on rencontre en Tunisie et en Algérie au delà de l'Aurès sont salés et leurs bords sont impropres à la culture. Les « oueds » ou cours d'eau qui se dirigent vers eux ont rarement de l'eau, et ils tarissent avant de les atteindre : mais, en creusant des puits dans leur lit, on retrouve sous le sol cette eau bienfaisante qui manque seule à la riche terre des vallées sahariennes,

---

1. Cependant les nuits peuvent être froides : la chaleur du jour n'en paraît que plus cruelle.

et aussitôt on donne la vie à des *oasis (fig. 128)*. Ce sont des puits qui alimentent la superbe végétation des oasis de Gabès, de Biskra, de Touggourt, de Laghouat, etc., et du Touat que nous venons de conquérir.

Des milliers et des milliers de palmiers groupés autour

Fig. 128. — Une Oasis

des ruisseaux d'irrigation qui leur dispensent avec mesure une eau précieuse, élèvent leurs hautes colonnes couronnées de dattes. Sous leurs panaches s'abrite comme un étage inférieur d'arbres fruitiers qui, à leur tour, défendent du soleil des cultures d'orge ou de légumes. Mais il faut arroser, arroser sans cesse : l'eau c'est la vie, au Sahara.

C'est la vie aussi dans le Tell. Là les fleuves sont violents en hiver, comme ce *Chéliff* qui est presque aussi long que la Seine et qui roule plus d'eau dans ses crues ; mais l'été ils s'appauvrissent à l'excès. Le Chéliff lui-même est, en été, tantôt un chapelet de mares boueuses, tantôt un maigre ruisseau. On a dû faire de grands travaux pour barrer des rivières et retenir les eaux nécessaires à l'irrigation des plaines du Tell. — Toutefois, à l'est de l'Algérie et en Tunisie, les cours d'eau sont plus réguliers, le pays plus également arrosé. Le fleuve *Medjerda,* sans être d'ailleurs navigable, a de l'eau en toute saison.

Une côte inhospitalière borde les deux colonies. Elle est découpée cependant par des caps montagneux qui abritent

— mais assez mal, — des golfes et des ports [1]. Il a fallu de grandes dépenses pour rendre ces ports un peu sûrs : tels sont, en Algérie, *Oran,* Arzeu, Ténès, *Alger,* Bougie, *Philippeville* et *Bône.* Même les grands golfes de la Tunisie n'ont pas de bonnes rades naturelles. Il a fallu et il faudra bien des travaux pour rendre commode le trafic de *Bizerte,* de *Tunis* et de Sfax. Naguère encore, Tunis ne communiquait avec la mer que par son avant-port, la Goulette.

RÉSUMÉ. — I. L'Algérie et la Tunisie renferment plusieurs régions de climat différent : 1° le Tell, pays de mamelons et de montagnes, de climat tempéré, et dont le sol assez arrosé est bien cultivé ; 2° les Hauts Plateaux, secs et peu peuplés, où croît l'alfa, où paissent des moutons ; 3° le Sahara brûlant et presque sans eau, où quelques oasis, comme Biskra et Laghouat, vivent auprès des sources et des puits.

II. Les montagnes forment les chaînes de l'Atlas. Les fleuves, même le Chéliff et la Medjerda, ont peu d'eau.

III. La côte est peu hospitalière. Les ports principaux sont Oran, Alger, Philippeville, Bône, Bizerte, Tunis.

Exercice. — Croquis comprenant la côte, les fleuves, les chotts et l'Atlas.

LEÇON L

ALGÉRIE ET TUNISIE (GÉOGRAPHIE POLITIQUE)

ENTRETIEN

1. L'Algérie *(fig. 129)* a été conquise presque tout entière, de 1830 à 1848, sur divers chefs indigènes dont le plus célèbre, l'émir Abd-el-Kader, fut vaincu par le maréchal Bugeaud. Depuis lors il nous a fallu réprimer plusieurs insurrections et nous étendre peu à peu jusque dans le Sahara.

[1]. La plupart ont grandi à l'ouest d'un golfe, au pied oriental d'un cap qui les défend des vents dangereux de l'ouest.

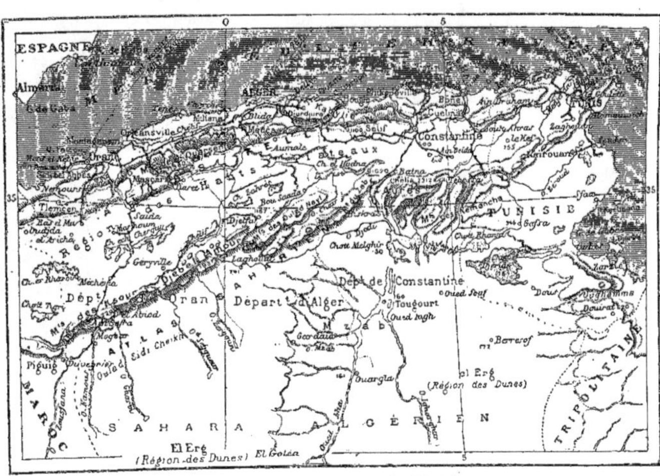

Fig. 129. — Carte politique de l'Algérie

Sur 4 millions 800.000 habitants, l'Algérie ne compte que 325.000 Français (dont plus de 60.000 sont des Juifs naturalisés) et 220.000 étrangers Européens, des Espagnols surtout. La grosse masse de la population se compose de Berbères ou *Kabyles* et d'*Arabes* [1], qui ont conservé leur langue, leurs mœurs et la religion musulmane.

Les Arabes dominent au Sahara et sur les plateaux. Ils sont encore en partie nomades *(fig. 130)*, vivant sous la tente, se déplaçant avec leurs moutons pour chercher l'eau et les pâturages. Ils sont polygames. Leurs villages (ou douars) et leurs tribus sont dirigés par une sorte d'aristocratie, des cheiks, des caïds, sous l'autorité d'officiers français. C'est là ce qu'on appelle le territoire militaire de nos provinces algériennes.

Les Kabyles sont surtout des cultivateurs; ils ne sont pas polygames. Ils habitent plutôt le Tell. Leurs villages

Fig. 130. — Campement d'Arabes nomades

sont administrés par des assemblées municipales (ou djemaas), sous la surveillance d'administrateurs civils français. Ils peuplent le territoire civil de l'Algérie.

Au milieu de ces indigènes, les communes habitées par des Européens, forment comme des îlots organisés à la française.

Un gouverneur général à Alger, trois préfets (à Alger, Oran et Constantine) et quatorze sous-préfets administrent l'Algérie. Le gouverneur est assisté de chefs de service importants, comme le chef du 19e corps d'armée, un amiral, un recteur, etc...

Les principales richesses de l'Algérie sont les *céréales*, la *vigne*, les *moutons*. Puis viennent les oliviers, le tabac, le bois des forêts (le chêne-liège surtout), les orangers, les citronniers et le gros bétail, dans le Tell; l'alfa sur les Hauts-Plateaux; les dattes au Sahara. On exploite aussi des mines importantes, surtout des *mines de fer*, et des gisements de phosphate que l'agriculture utilise. Le corail se pêche sur la côte, à la frontière tunisienne.

Une ligne de chemin de fer traverse l'Algérie de l'ouest à l'est et va jusqu'à Tunis. D'autres pénètrent depuis la côte jusqu'au Sahara. On projette de poser des rails à travers le désert jusqu'au Soudan; mais un transsaharien coûterait cher.

Les grandes villes d'Algérie sont déjà nombreuses.

Fig. 131. — Vue d'Alger

Alger (fig. 131), la capitale, a 97.000 habitants, plus de 140.000 avec la banlieue. C'est un port animé, une belle ville, aux trois quarts européenne, mais qui a conservé de vieux quartiers indigènes. Son climat délicieux attire quantité d'hiverneurs étrangers.

Non loin, Blida, dans la Métidja, est une petite ville célèbre par ses oranges (29.000 hab.).

Oran, préfecture et port (89.000 hab.), au bord de la plaine de Sig, exporte du blé, du vin et l'alfa des Hauts-Plateaux.

Constantine, préfecture aussi (49.000 hab.), est une des villes les plus pittoresques du monde, nichée comme une couvée d'aiglons au

Fig. 132. — Vue de Constantine

sommet d'un plateau inaccessible, au-dessus des défilés du Rummel *(fig. 132)*. — *Philippeville* est son port. — Plus loin, Bône exporte du minerai de fer.

2. La Tunisie a été soumise à notre protectorat en 1881 par le traité du Bardo. Elle a conservé son souverain,

---

1. Toute cette population est de *race blanche*. L'esclavage a pourtant introduit autrefois quelques nègres dans l'Afrique du nord; mais ils y sont en si petit nombre qu'il est inutile d'en faire mention.

le *Bey* [1] : mais le *Résident* de France ne laisse faire à ce souverain que ce qui plaît au gouvernement français. De même, les chefs indigènes administrent sous la surveillance de contrôleurs français : c'est un mode de gouvernement qui ne coûte pas cher.

Fig. *133.* — Une rue de Tunis

La Tunisie a 1.900.000 habitants, presque tous indigènes, Berbères ou Arabes. Les Européens y sont peu nombreux, les Italiens 63.000 et les Français 20.000 seulement.

Les richesses du pays sont les mêmes que celles de l'Algérie ou peu s'en faut. Le blé d'abord, car la Tunisie est l'ancien « grenier de blé » des Romains ; puis le vin, l'huile d'olive, les fruits, le liège, la laine, l'alfa, les dattes, et, dans la région du golfe de Gabès, les produits de la pêche (éponges et corail).

Tunis (fig. 133), la capitale (170.000 hab.), est au fond d'un grand golfe que prolonge une lagune intérieure : c'est une belle ville, très commerçante, d'aspect encore original, bien qu'elle devienne déjà européenne. Elle a un lycée et divers établissements d'instruction, tout comme une ville de France.

Dans l'intérieur, *Kairouan,* ville sainte des musulmans tunisiens, et *Sfax,* dans le golfe de Gabès, sont encore des villes importantes mais peu fréquentées des Européens. *Bizerte,* au contraire, est pour la France du plus grand intérêt. Ce n'est encore qu'une petite ville, mais c'est un port fortifié qui commande l'entrée d'un lac où nos flottes pourraient se réfugier au besoin.

1. Aussi la Tunisie ne relève-t-elle pas, comme l'Algérie, du ministère des colonies, mais de celui des affaires étrangères.

RÉSUMÉ. — I. Les 6.700.000 habitants de l'Algérie et de la Tunisie sont de race blanche, en très grande majorité Kabyles ou Arabes.

II. L'Algérie a pour villes importantes Alger, Oran et Constantine. Elle exporte du blé, du vin, de l'huile, du bétail ; elle exporte aussi de l'alfa, des oranges, des dattes, du liège, de la laine, du minerai de fer et des phosphates.

III. La Tunisie, pays de protectorat, a presque les mêmes productions. Tunis en est la ville importante. Bizerte est utile à notre marine de guerre.

Exercice. — Compléter le croquis précédent en ajoutant les villes et les principaux chemins de fer. (Indiquer par des flèches les exportations.)

TABLEAU A CONSULTER

TROIS PROVINCES OU DÉPARTEMENTS EN ALGÉRIE

CHEFS-LIEUX	SOUS-PRÉFECTURES	AUTRES VILLES NOTABLES
ALGER.	Tizi-Ouzou, Médéah, Milianah, Orléansville . .	*Mustapha,* dans la banlieue d'Alger ; Blida, pays des oranges.
ORAN	Mostaganem . *Tlemcen,* Mascara, Sidi-bel-Abbès	
Constantine. .	Bougie.*Philippeville, Bône,* Guelma, Sétif, Batna. .	La Calle (pêche du corail) ; Biskra, oasis, exporte des dattes.

LEÇON LI

AFRIQUE OCCIDENTALE FRANÇAISE

ENTRETIEN

Il y a cinquante ans, nous n'avions encore que Saint-Louis et quelques comptoirs, au bord du fleuve **Sénégal.** Le général Faidherbe agrandit ces possessions *(fig. 134),* soumit à notre autorité plusieurs petits rois nègres. Après lui, tous nos efforts tendirent à gagner la haute vallée du *Niger,* grand fleuve navigable, mais barré de

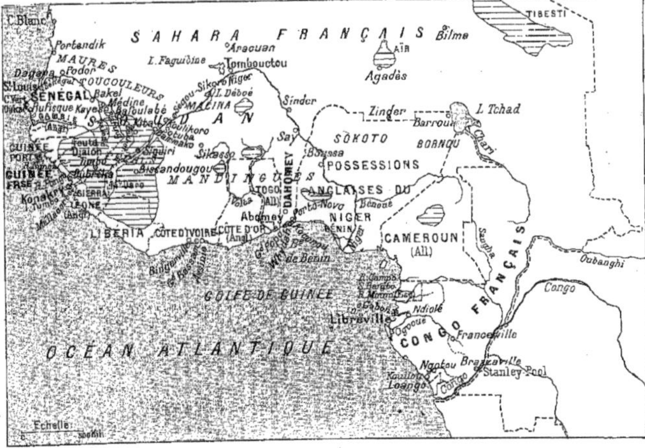

Fig. *134.* — Carte de l'Afrique occidentale

rapides ; par le *Niger*, nous arrivions au **Soudan**[1]. C'est ainsi que nous avons occupé Tombouctou *(fig. 135)* en 1894, puis la partie moyenne du Niger, enfin divers pays jusqu'au lac *Tchad* qui est une sorte de mer intérieure[2] au cœur du Soudan.

En même temps, nous partions d'autres points de la côte pour atteindre le même but. Nous avions acquis, sous Louis-Philippe et Napoléon III, plusieurs territoires dans le golfe de Guinée, sur la côte d'Ivoire (où l'on achète des défenses d'éléphants) et sur la côte des Esclaves (où se vendaient autrefois des esclaves noirs). Nous avons

Fig. 135. — Vue de Tombouctou

agrandi ces possessions par la conquête du **Dahomey** sur un chef nègre, le sanguinaire Béhanzin. De là, nos explorateurs ont pénétré à travers les forêts du plateau de Fouta-Djalon, et soumis à notre protectorat les pays qui mènent au Soudan.

Suivons la côte : après les possessions anglaises du Bas-Niger, et celle des Allemands au Cameroun, nous trouvons notre colonie du Congo. — Ce n'était autrefois qu'un petit territoire, acheté par Louis-Philippe : on l'appelait la colonie du Gabon. Mais au golfe de Gabon un grand explorateur, M. de Brazza, a ajouté tout le pays qui va de la côte au fleuve *Congo*. C'est là que s'élève peu à peu Brazzaville.

C'est un très grand fleuve que le Congo, et ce serait une des plus belles voies de navigation du monde si son embouchure n'était barrée par des rapides. Cette embouchure ne nous appartient pas. Mais, par le Congo moyen et par son affluent l'*Oubanghi*, nos explorateurs ont pénétré jusqu'au cœur de l'Afrique. Ils ont descendu le fleuve *Chari* et pénétré jusqu'au lac Tchad. En 1900, M. Foureau et M. Gentil,

venant l'un d'Alger, l'autre du Congo, et une colonne française venant du Sénégal, ont uni leurs forces pour détruire, au sud-est du lac Tchad, l'empire d'un conquérant nègre, Rabah. La victoire du commandant Lamy a réuni toutes nos possessions de l'Afrique occidentale. On peut aller du Sénégal ou d'Alger au Congo sans quitter la terre française.

Fig. 136. — Nègre sénégalais

Mais l'immensité de ce domaine ne doit pas nous faire illusion. Au nord, le Sahara, où vivent dispersés dans des oasis quelques milliers de Touaregs tout disposés à massacrer les voyageurs, ne saurait nous être utile, à moins qu'on n'y découvre des mines. On parle d'y faire un chemin de fer d'Alger au Niger : mais qui s'en servira? Au centre, les pays du Soudan sont bien plus peuplés : encore le sont-ils relativement peu. Les nègres de ces pays *(fig. 136)* sont peu civilisés et très pauvres. Ils cultivent du mil, du coton ; ils ont quelque bétail, tout juste pour leurs besoins. Ils échangent contre nos tissus et nos armes, de l'ivoire, du caoutchouc, de la gomme, de l'huile de palme ; tout cela en petite quantité. Avant de faire grand commerce avec eux, nous devrons leur apprendre à cultiver le café, le riz, le cacao, etc.[1]. Et puis il faudra créer à grands frais des chemins de fer.

Jusqu'ici, les pays voisins de la côte sont pour nous les plus utiles comme les plus accessibles. Le *Sénégal (fig. 137)* nous vend des arachides[2], de la gomme, de la noix de kola. Il a un bon port, *Dakar*, uni par un chemin de fer à *Saint-Louis*, capitale de la colonie.

Au Congo, on cultive la banane, le manioc, le mil, le

Fig. 137. — Village sénégalais

maïs ; on exporte du caoutchouc, de l'huile, de l'ivoire. *Brazzaville* sur le Congo, Franceville au centre du pays, et le port de Libreville ne sont encore que des bourgades.

Combien d'habitants dans ces territoires où la France

---

tiendrait six fois (dix fois en y comprenant le Sahara)? Dix, quinze, vingt millions? On ne sait. Nos gouverneurs n'administrent directement que très peu de pays, et nous nous contentons de protéger nombre de roitelets nègres. Les Européens sont rares. Ils ne peuvent vivre dans ces climats trop chauds. Ils y vont passer quelques années et guident les noirs. Même les soldats sont des noirs.

Quant aux indigènes, ils diffèrent grandement les uns des autres, de figure et de mœurs. Beaucoup adorent des fétiches et sont terrifiés par leurs sorciers. Les plus civilisés sont les musulmans du Sénégal et du Niger.

Les Touaregs du Sahara, et quelques milliers d'Arabes disséminés dans le Soudan où ils trafiquent, sont de race blanche et musulmans.

RÉSUMÉ. — I. La colonie du Sénégal est arrosée par un fleuve qui est navigable une partie de l'année. Elle a pour capitale Saint-Louis, pour port Dakar. De là, en partie par un chemin de fer, on gagne le Niger et le Soudan où nous protégeons d'immenses territoires.

II. Nos colonies du golfe de Guinée dont le Dahomey est la principale, pénètrent jusqu'au Soudan, par le plateau du Fouta-Djalon. Celle du Congo, plus riche, dispose de voies navigables, le Congo et l'Oubanghi, par où l'on gagne le lac Tchad. Son port est Libreville.

III. Nos possessions de l'Afrique tropicale sont peu riches et peuplées de nègres. Elles nous vendent des graines oléagineuses, du caoutchouc, des gommes, de l'ivoire.

Exercice. — Croquis de l'Afrique occidentale française.

LEÇON LII

POSSESSIONS FRANÇAISES DANS LA MER ROUGE ET L'OCÉAN INDIEN

ENTRETIEN

Le commerce de l'Orient se fait par le canal de Suez et la Mer Rouge. Nous avons dû assurer à nos navires une station dans cette mer. Aussi avons-nous acheté dès 1858 la colonie d'**Obock** *(fig. 138)* dont toute l'importance a passé depuis peu au port de Djibouti, c'est de là que les caravanes vont en Abyssinie et vers le Harar, pays du café. — Quelques milliers de nègres habitent cette colonie.

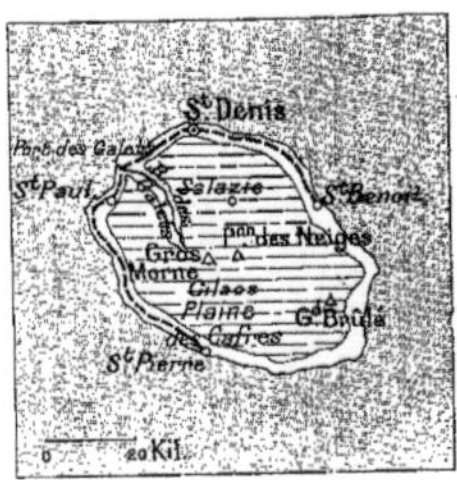

Sans parler de petits îlots perdus au sud de l'Océan Indien, nos possessions de l'Afrique australe sont toutes groupées autour de Madagascar.

1° Au nord-ouest de cette île, dans le canal de Mozambique, l'archipel des *Comores* se compose d'îles volcaniques où l'on cultive la canne à sucre.

2° Au bord de la grande île quelques îlots nous appartiennent (Nossi-Bé est le principal).

3° A l'est, *la Réunion (fig. 139)* ou l'île Bourbon est une de nos plus anciennes colonies [1].

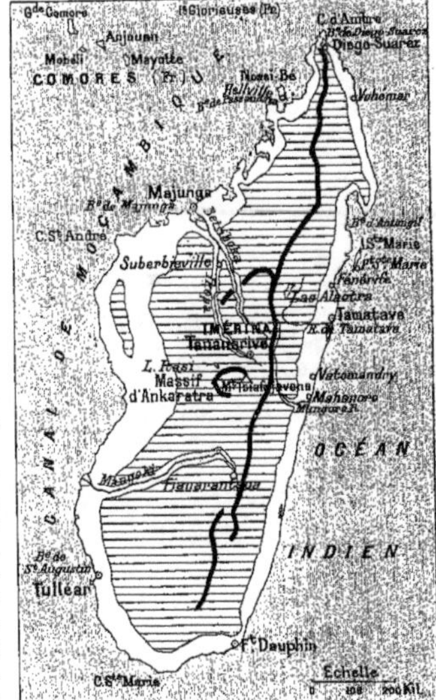

Fig. 138. — La colonie d'Obock

Elle a à peine l'importance d'un demi-département français. C'est une terre toute bossuée de montagnes volcaniques, et qui ne peut être cultivée que par endroits; elle produit du sucre, du café, de la vanille, du thé. Chaque coin de plaine ou de plateau cultivable renferme une petite ville : la principale est le port de *Saint-Denis*. Les habitants sont en majorité Français, mais beaucoup de ces Français sont de race nègre ou sont mulâtres.

4° C'est de Madagascar que la Réunion tire sa nourriture, le bétail surtout qui lui manque. Cela nous a conduits à conquérir la grande île. Nous avions sur elle des droits anciens; Richelieu, Louis XIV et ses successeurs s'en étaient déclarés maîtres : il nous a fallu cependant deux guerres (1885 et 1895) pour la prendre.

Madagascar *(fig. 140)* a 1.600 kilomètres de long, et une surface bien plus grande que la France. Le littoral oriental est resserré par le grand plateau qui est comme l'épine dorsale de l'île; il est bordé de lagunes et malsain. Les bonnes rades y manquent. *Tamatave* est le seul port considérable: il sert de débouché à la capitale. — Au nord, la baie de *Diégo-Suarez* renferme un excellent port où nos navires de guerre trouvent un abri contre les violentes tempêtes de l'océan Indien. La côte occidentale borde une longue plaine brûlante, marécageuse, très malsaine, habitée par une peuplade noire presque sauvage, les Sakalaves. C'est du port de *Majunga* que l'armée du général Duchesne est partie, en

Fig. 140. — Madagascar

---

1. Sa voisine, l'île de France, nous a été prise par les Anglais qui l'appellent île Maurice.

remontant le principal fleuve malgache, pour prendre Tananarive.

La seule partie saine et colonisable de Madagascar, ce sont les plateaux montagneux qui se dressent à l'est. C'est là que se sont établis les Houves (ou *Hovas*)[1] *(fig. 141)*.

Fig. 141. — **Types d'indigènes de Madagascar**

Ce peuple venu d'Asie avait réussi à soumettre nombre de tribus indigènes et à fonder un vaste empire. Nous avons dû le vaincre pour prendre possession de l'île.

Tananarive *(fig. 142)*, capitale des Houves et résidence de notre gouverneur, est construite sur le plateau d'Émirne. Elle a 5o.ooo habitants. Quand nous aurons pu la relier à Tamatave par un chemin de fer, elle deviendra le centre de notre colonisation.

On évalue à 2 millions et demi le nombre des Malgaches. Les noirs sont en majorité, mais ils sont paresseux et sauvages. Les Houves ne sont comptés que pour un tiers des habitants, mais seuls ils sont importants parcequ'ils sont intelligents et qu'ils travaillent. Ils cultivent le

Fig. 142. — **Vue de Tananarive**

riz, le manioc, les légumes, etc…, ils élèvent beaucoup de bétail. Leurs forêts immenses donnent le caoutchouc, des bois précieux, des gommes. Mais, faute de chemins de fer, le commerce est restreint, les richesses minières ne sont guère exploitées et les colons sont rares[2].

---

1. Ce peuple est d'origine malaise, presque noir, mais non pas nègre. Les Malais habitent surtout les archipels situés au sud de l'Indo-Chine, qu'on appelle pour cela la Malaisie.

2. Parmi eux sont quelques centaines d'Anglais. Avant que nous occupions l'île, les missionnaires protestants anglais avaient converti une partie des Houves et tâché de donner Madagascar à l'Angleterre. Cependant les Français sont aujourd'hui plus nombreux (1.200 sur 2.000 Européens).

RÉSUMÉ. — I. Notre petite colonie de Djibouti, sur la Mer Rouge, trafique avec l'Abyssinie et le Harar.

II. Nous possédons dans l'océan Indien, Madagascar et les îlots qui l'avoisinent, l'archipel des Comores, et l'île volcanique de la Réunion, riche en sucre, en vanille et en café.

III. Madagascar, insalubre sur le littoral, est colonisable sur les plateaux. Les nègres y sont en majorité : mais les Houves qui habitent le plateau d'Émirne sont plus importants. La capitale est Tananarive; Tamatave est le port le plus commerçant. Diégo-Suarez sert à notre marine de guerre.

Exercice. — Croquis : 1° de Madagascar ; 2° de la route d'Orient (Suez, mer Rouge, Djibouti, océan Indien).

LEÇON LIII

COLONIES FRANÇAISES D'ASIE — L'INDO-CHINE

ENTRETIEN

Dans la péninsule d'Indo-Chine, nous possédons une colonie, la **Cochinchine** *(fig. 143)*, conquise sous le second empire, et quatre pays de protectorat, le **Cambodge,**

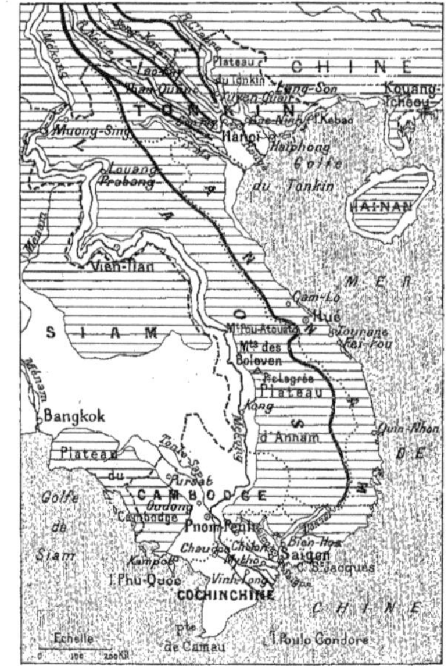

Fig. 143. — **Carte de l'Indo-Chine française**

l'**Annam**, le **Tonkin**, le **Laos** [1]. Le tout est administré par le gouverneur général de l'**Indo-Chine française**, et habité par 16 millions d'hommes.

---

1. La conquête du Tonkin en 1883-85 nous a coûté beaucoup d'hommes et d'argent. Le Tonkin dépendait de l'empereur d'Annam. Pour être en sûreté au Tonkin, nous avons dû nous emparer de l'Annam (1885). Le Laos, ancienne dépendance de l'Annam que les Siamois avaient occupée, nous a été remis en 1893. Quant au Cambodge, c'était un royaume indépendant (protégé depuis 1863).

L'Indo-Chine comprend des régions très diverses. Une suite de *grands plateaux* peu éloignés de la côte orientale forme le principal relief de l'Annam ; elle se prolonge au Tonkin en s'écartant davantage de la mer. On y trouve de grandes forêts habitées par des peuplades sauvages : à peine a-t-on jusqu'ici exploré ces contrées où les Européens prennent promptement la fièvre.

A l'ouest, un grand fleuve *(fig. 144)*, le *Mékong* (quatre ou cinq fois plus grand que la Seine) descend de la Chine par une vallée tortueuse, à travers une série de cataractes. A droite, un grand lac lui envoie les eaux du Cambodge. Le Mékong se divise, dans son delta, en une douzaine d'embouchures. Les boues qu'il apporte forment le sol de notre Cochinchine, sol marécageux, malsain, mais fertile, excellent pour la culture du riz.

Au nord-est, le *Song-Koï,* ou fleuve Rouge, vient de la province de Yunnan. Il est grand à peu près comme la Seine. Ses douze bouches forment un delta qui est la partie fertile et peuplée du Tonkin.

Ces deux fleuves, s'ils n'étaient barrés de rapides, seraient pour nous très utiles. Ce que nous avons voulu, en nous établissant sur leurs bords, c'est trouver une route qui mène à la Chine. Cet immense empire chinois, aussi peuplé que l'Europe entière, est aujourd'hui convoité par toutes les grandes puissances : c'est à qui se postera le mieux aux alentours pour accaparer le commerce des Célestes, ou même pour dépecer leur pays [1]. — En Indo-Chine, nous sommes postés solidement. Nos fleuves, s'ils sont peu navigables, prêteront toujours bien leurs vallées à des chemins de fer, qui assureront le développement économique de notre colonie.

Deux peuples de race jaune se partagent ce pays : les *Annamites,* petits hommes maigres, doux et travailleurs, mais timides et ignorants ; les *Cambodgiens,* plus grands et plus forts, mais joueurs et paresseux. Ce sont des sujets faciles à conduire. Nous leur laissons d'ailleurs leur langue, leurs coutumes [2] et leur religion (le bouddhisme).

Au milieu d'eux sont quelques centaines de milliers de Chinois entreprenants et rusés, qui accaparent tout le commerce. Quant aux Français, ils sont tout au plus quelques milliers : le pays, tout entier dans la zone tropicale, est trop malsain pour nous. Le Tonkin seul est à peu près habitable pour les Européens, à condition qu'ils n'y travaillent pas la terre et n'y boivent pas d'alcool.

Le **Tonkin** (7 millions d'hab.) produit du riz, du coton, du sucre, des légumes ; le thé et le café commencent à y être cultivés. Il possède des mines dont la plus utile aujourd'hui est une mine de houille qu'on exploite sur la côte même, à portée des navires. *Hanoï* (100.000 hab.) est une très grande ville, avec un grand port sur le fleuve et un chemin de fer vers la Chine. La ville est un amas de « paillottes » indigènes (cabanes à toit de paille), qui entourent un quartier européen déjà bien bâti et éclairé à l'électricité. — Hanoï est loin de la mer : son port est *Haïphong*.

L'**Annam** (4.600.000 hab.) n'est qu'un littoral étroit et peu riche. Le meilleur port est Tourane. *Hué* (50.000 hab.), assez

loin de la mer, est la résidence d'un *roi* qui gouverne directement l'Annam et qui est censé gouverner, par un vice-roi, le Tonkin. En réalité, notre *gouverneur général,* et, sous ses ordres, les *résidents* ont tout pouvoir.

La **Cochinchine** (3 millions d'hab.), la plus malsaine de toutes ces possessions, a pourtant une grande ville, tout européenne, *Saïgon,* la capitale (37.000 hab.). Tout à côté, *Cholon,* ville indigène, est trois fois plus peuplé : c'est le grand marché de riz des commerçants chinois d'Indo-Chine.

Fig. 144. — Un fleuve en Indo-Chine

Le **Cambodge** est moins bien cultivé que le delta du Mékong : il vit surtout de poisson et de bétail. Le roi habite *Pnom-Penh* (50.000 hab.).

Le **Laos,** capitale Louang-Prabang, a été acquis tout récemment et ne nous est encore d'aucune utilité.

RÉSUMÉ. — I. L'Indo-Chine est traversée par le Mékong et le fleuve Rouge qui nous ouvrent des routes vers la Chine. Les deltas de ces fleuves sont malsains, mais fertiles et peuplés.

II. L'Indo-Chine française comprend : 1° la colonie de Cochinchine, capitale Saïgon, et 2° les protectorats du Cambodge (capitale Pnom-Penh), du Laos (capitale Louang-Prabang), de l'Annam (capitale Hué), du Tonkin (capitale Hanoï, 150.000 hab.).

III. La principale richesse du pays est le riz, et en outre, au Tonkin, le coton. - Les principaux ports sont ceux de Saïgon et d'Haïphong.

Exercices. — 1. Croquis de l'Indo-Chine ; 2. Voyage de Marseille au Yunnan.

LEÇON LIV

COLONIES DE L'INDE, DE L'OCÉANIE, DE L'AMÉRIQUE

ENTRETIEN

1. Nous avons possédé, au temps de Dupleix, un véritable empire dans l'**Inde** : 35 millions de sujets obéissaient au gouverneur français. Louis XV les abandonna aux Anglais, et ceux-ci ont aujourd'hui, dans la péninsule d'Hindoustan et les contrées voisines, un groupe de colonies de 250 millions d'âmes.

Cependant nous avons gardé cinq villes avec leurs territoires. Ces possessions *(fig. 145)* sont enclavées dans celles des Anglais, et elles n'ont pas, en tout, 300.000 habitants, tous Hindous, à part un millier de Français.

---

1. C'est là ce qu'on appelle la *Question d'Extrême-Orient.* — Les Célestes sont les Chinois qui s'appellent eux-mêmes Fils du Ciel.

2. L'une des plus mauvaises coutumes, pourtant assez répandue, est de fumer l'*opium* qui abrutit et empoisonne. Une autre est de chiquer le bétel.

Mahé est un bon port, à l'ouest de la Péninsule; **Karikal, Pondichéry, Yanaon** se trouvent sur la côte orientale, et **Chandernagor**, dans l'intérieur des terres, sur un bras du Gange, au nord de Calcutta.

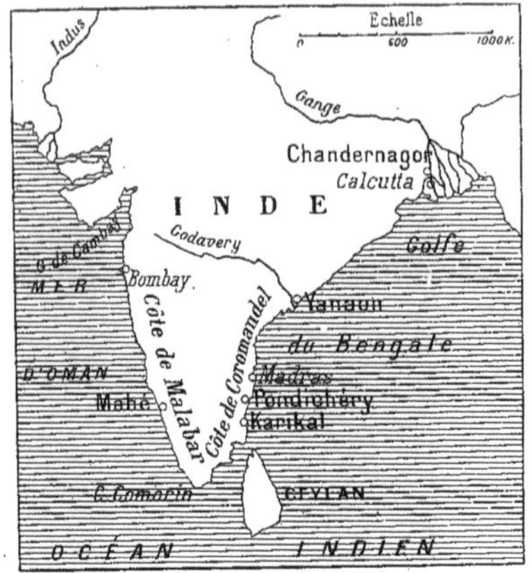

Fig. 145. — Carte de l'Inde française

Pondichéry (42.000 hab.) est la capitale de l'Inde française : c'est une ville importante pour son port, qui est bon et commerçant, et qui a quelque industrie (teinture des cotonnades par l'indigo).

2. En Océanie, nous occupons, depuis le milieu du siècle dernier, la *Nouvelle-Calédonie (fig. 146),* longue île mon-

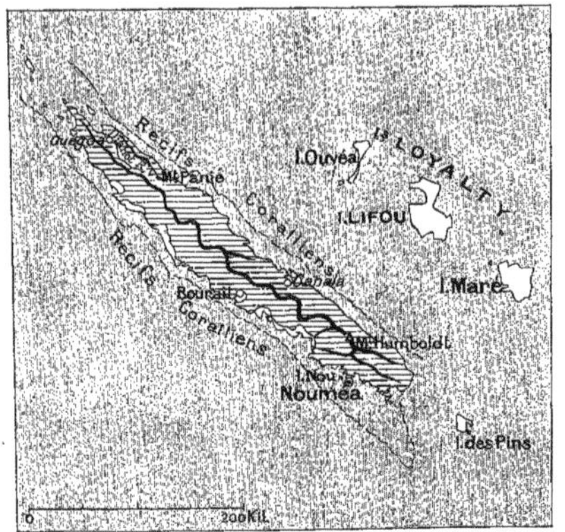

Fig. 146. — Carte de la Nouvelle-Calédonie

tagneuse grande comme deux départements français. C'est un pays chaud *(fig. 147),* sain, facile à coloniser, mais si loin de nous que les colons n'y vont guère.

Et puis on déporte dans ce beau pays tous les criminels de France, et leur voisinage n'est pas fait pour donner bonne réputation à la contrée. Aussi la population de l'île ne dépasse-t-elle pas celle d'un arrondissement de France (52.000 hab.). Les deux tiers des habitants sont d'ailleurs des noirs indigènes, les **Canaques**, qui sont à peu près sauvages. Le reste comprend, outre les colons proprement dits, les condamnés libérés, et enfin les déportés.

Fig. 147. — La Baie de Sainte-Marie (Nouvelle-Calédonie)

Le pays produit d'excellent café, et il a de grandes richesses minières (mines de nickel surtout).

Nouméa, gros village, est la capitale et le port de la Nouvelle-Calédonie.

Nos autres possessions océaniennes[1] *(fig. 148)* sont bien moins importantes : tels l'archipel des *Loyalty,* voisin de la précédente colonie, les îles *Marquises,* les îles de la

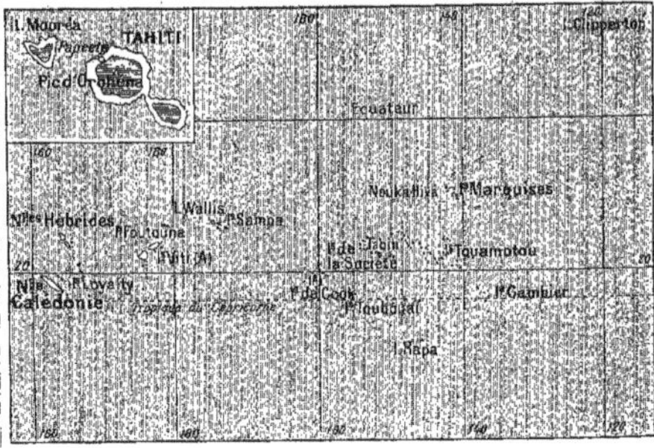

Fig. 148. — Carte des possessions françaises d'Océanie

Société dont la plus belle est *Tahiti,* les Touamotou, etc..., les dernières sont plutôt des îlots que des îles.

Toutes ensemble sont peuplées de quelques milliers seulement d'indigènes très doux qui vont disparaissant. Leur climat est délicieux, et cependant elles n'attirent point les colons. Nous n'en tirons guère que la nacre.

---

1. Voir la carte de l'Océanie.

3. Dans l'Amérique du Sud, presque sous l'équateur, est située la **Guyane** française *(fig. 149)*. Elle nous appartient depuis le seizième siècle. C'est un pays humide et malsain, couvert de grandes forêts et semé de marécages. On a vainement essayé jusqu'ici de l'assainir. C'est miracle que *Cayenne*, capitale et port du pays, soit devenue une petite ville (8.000 hab.) Elle réunit près du tiers des habitants de la Guyane. Quelques milliers d'Indiens indigènes, d'anciens esclaves nègres, des mulâtres et quelques centaines de blancs, c'est toute la population de cette triste colonie (30.000 hab.).

En remontant les fleuves Maroni et Oyapoc, on atteint des montagnes où se trouvent des **mines d'or**. Ces mines donnent au pays une certaine importance.

Fig. 151. — Saint-Pierre et Miquelon

Fig. 149.—Carte de la Guyane française

4. Les dernières îles que l'Angleterre ait bien voulu nous laisser dans la mer des Antilles *(fig. 150)* sont : outre quelques îlots, la **Martinique**, cap. *Fort-de-France*, et la **Guadeloupe**. Toutes deux sont des terres volcaniques secouées souvent par des tremblements de terre[1]. Elles sont assez salubres, bien que chaudes, hormis quand elles sont visitées par la fièvre jaune. Leur sol est très propre à la culture du café et de la canne à sucre, encore que le café aille disparaissant[2]. Enfin elles sont très peuplées,

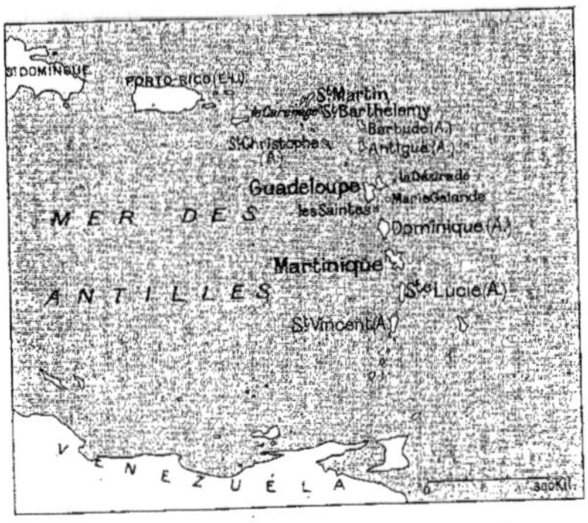

relativement à leur petitesse ; ensemble elles ont autant d'habitants qu'un département français. Mais les **citoyens** de nos Antilles sont en majorité noirs ou mulâtres.

Le meilleur port de nos Antilles est, dans la Guadeloupe, **La Pointe-à-Pitre**.

5. Nous possédons enfin, dans l'Amérique du Nord, les îlots de **Saint-Pierre** et de **Miquelon** *(fig. 151)* : ils sont froids[1], pauvres et d'ailleurs tout petits. Mais ils sont voisins de la grande île de Terre-Neuve que les Anglais nous ont prise, et où ils nous ont tout juste laissé le droit de pêcher. Ceux de nos navires qui vont pêcher la morue dans les eaux de Terre-Neuve se donnent rendez-vous à Saint-Pierre ou Miquelon et s'y approvisionnent.

RÉSUMÉ. — I. Il ne nous reste dans l'Hindoustan que cinq territoires, avec les villes de Pondichéry, Chandernagor, Yanaon, Karikal et Mahé, qui nous vendent de l'indigo et des graines oléagineuses.

II. Nous possédons en Océanie plusieurs archipels, îles Marquises, îles Tahiti, etc. La Nouvelle-Calédonie est notre seule grande île. Elle est riche en mines de nickel et cultive le café.

III. En Amérique, nous possédons la Guyane française, capitale Cayenne, pays très malsain et presque désert ; la Guadeloupe et la Martinique, deux Antilles connues pour leur rhum et leur café ; enfin, près de Terre-Neuve, les îlots de Saint-Pierre et de Miquelon, rendez-vous des matelots français qui pêchent la morue.

Exercices. — Croquis : 1° de la Nouvelle-Calédonie ; 2° de la Guyane.

CHAPITRE VII

LEÇONS DE REVISION

Nous conseillons aux maîtres de consacrer quelques leçons, surtout pendant l'année du certificat d'études, à une revision générale de la géographie de la France.

Il importe ici de ne pas laisser inactif l'esprit de l'élève. On évitera donc de suivre l'ordre régulier des leçons qui précèdent. Les voyages sont un bon canevas pour des revisions ainsi entendues.

Quelques-uns des exercices que nous indiquons, pourront être traités par écrit (avec croquis). Il sera plus avantageux encore d'habituer l'élève à parler en traçant son itinéraire au tableau.

Fig. 150. — Carte des Antilles françaises

---

1. Une éruption terrible a détruit, le 8 mars 1902, la ville de Saint-Pierre de la Martinique et fait périr 30.000 personnes.
2. Il n'y en a déjà plus à la Martinique, et le café qu'on vend sous le nom de café de la Martinique vient de l'Amérique centrale.

1. Bien que situées à la même latitude que Paris, ces îles sont froides, refroidies qu'elles sont par les courants marins qui viennent du pôle.

LEÇON LV

PARIS ET LA RÉGION DE L'OUEST

EXERCICES DE REVISION

1. *Débarqué au Havre, je dois gagner Paris.* — Baie de la Seine (leçon 3). — Importance du Havre, objet de son commerce (27); avec quels pays principalement (42). La Seine fleuve navigable (10 et 40). Rouen (27); industrie de la Basse Seine; chemins de fer sur Dieppe, port (27) et sur Chartres. Autres villes sur la Seine (10), industrie d'Elbeuf (39), confluent de l'Oise (10), environs de Paris (10, 31 et 32). Paris commerçant, industriel, centre de voies ferrées (31 et 32), ville d'études (44), ville forte (47).

2. *De Paris à Cherbourg.* — Départ de la gare Saint-Lazare à Paris par la ligne du Havre (41). Embranchement à Mantes. Description de la Normandie (27), Évreux (préfecture), l'Orne (9), Caen, préfecture (27), Cherbourg et la Manche (3 et 47).

3. *De Paris à Brest.* — Départ de la gare Montparnasse à Paris. — Versailles, préfecture (10 et 31), l'Eure, rivière (10). Chartres et la Beauce (24), embranchement sur Orléans, Rouen et sur Saumur, ligne de l'État. La Sarthe (11), le Mans et sa région (24), embranchements sur Angers (24), sur Alençon et le Perche (27). — Départements et provinces. La rivière la Mayenne et Laval.

La Vilaine (9), Rennes et la Bretagne (26); embranchement sur Saint-Malo (3 et 26). La côte de Bretagne, la ceinture dorée, Brest et son port (3, 26, 47).

4. *De Brest à Nantes par canal (ou mieux par chemin de fer).* — La côte de Bretagne (3), la pêche (36), costumes bretons, monuments mégalithiques (26), le cidre (39). Quimper (préfecture), Lorient, Vannes et le Morbihan, la Vilaine, Saint-Nazaire et son commerce (26, 43). La Basse Loire, son régime (11), Indret et ses forges (38), Nantes (26). Sèvre nantaise, chemin de fer de l'État vers la Rochelle et Bordeaux (41).

5. *Un bateau caboteur va de Saint-Nazaire à Dieppe.* — Décrire la côte (3), parler des provinces : faire escale à Belle-Ile, Quiberon, Douarnenez, Brest, Roscoff, Saint-Brieuc, Saint-Malo, Mont-Saint-Michel, Granville, Cherbourg, Caen, Honfleur, le Havre et Dieppe.

LEÇON LVI

LE NORD ET LE NORD-EST

EXERCICES DE REVISION

1. *Un chaland se charge de grain à Dunkerque et gagne Paris en échangeant son grain pour d'autres marchandises.* — Dunkerque et la mer du Nord (3, 29, 43). La Flan-

dre maritime et ses cultures (29). Saint-Omer, La Lys, Lille et le département du Nord (29); la région industrielle de Lille (29 et 39); Roubaix. Lille ville d'études (44). — La Scarpe et l'Escaut (14, 28); la bataille de Denain (28). Défense actuelle; neutralité belge (47). — Chargement de houille à Valenciennes (29, 37). Cambrai, Saint-Quentin et son industrie (29), le cours de la Somme (9); son rôle défensif (28); l'Oise; voies navigables qui s'embranchent sur l'Oise (10 et 40).

2. *Voyage de Paris à Londres par express du Nord.* — Creil sur l'Oise, non loin de Beauvais (31); embranchement sur Maubeuge (47); par l'Oise et la Sambre (14); ligne européenne de Cologne et Berlin (41). — De Creil à Amiens (28), et la Somme (9), industrie et culture; — embranchement sur Arras et la Picardie (28), décrire ce pays. — D'Amiens par Abbeville et Boulogne (28) ou Calais, à l'Angleterre (3).

3. *De Paris à Sedan.* — La voie ferrée suit le canal de l'Ourcq, la Marne (30 et 31), traversant plusieurs départements et les provinces de l'Ile-de-France et de Champagne (31); la falaise de Champagne, importance de Reims (31); industrie et défense (47). — On traverse ensuite l'Aisne (10) et la forêt d'Argonne, Mézières (30) et la Meuse (14), puis Sedan (histoire et industrie) (30 et 31).

4. *De Paris à Strasbourg en canal.* — Le voyageur suit la Marne (10); traverse la Champagne (31), Épernay, Châlons (productions), passe Meuse (14), Moselle et Vosges (8) et, par Bar, Toul, Nancy (30), Saverne, il gagne l'Ill, Strasbourg (30) et le Rhin. — Décrire le pays (Champagne, Lorraine, Alsace) (30), rappeler les industries (38, 39, 30), et les produits naturels (30, 31 et 35), les voies navigables que l'on croise (canaux de la Haute-Marne, de l'Est, du Rhône au Rhin) (40). — Quelques mots de la défense (47).

5. *Un Parisien va en train de plaisir à Belfort pour y admirer le « lion de Belfort » qui rappelle la défense de cette forteresse.* — Voyage par : la Marne (10), la Brie (31), la Champagne, la haute Seine et Troyes; embranchements sur Châlons ou Orléans (41). — L'Aube (10), Haute-Marne à Chaumont et son canal (31 et 40). Langres, sa coutellerie, sa forteresse (47), Vesoul (préfecture), Belfort et la trouée (8); défense de cette ville (47), industrie (30).

LEÇON LVII

L'EST ET LE SUD-EST

EXERCICES DE REVISION

1. *De Paris au lac de Genève.* — Paris et la banlieue (32). La Seine moyenne, l'Essonne et le Loing (10); Corbeil, Melun (31), Fontainebleau (31) et sa belle forêt. L'Yonne et l'Armançon, voies navigables (10 et 40); Sens, Joigny, Tonnerre et la Basse Bourgogne (31). Alise-Sainte-Reine et la statue de Vercingétorix. Tunnel dans la Côte d'Or. Dijon (21), ville d'études et ville forte (47). La Saône (13) et le Doubs. Le Jura (8), ses industries (21) ; Salins (38) et Pontarlier. La Suisse, territoire neutre et Lausanne. Par là notre armée de l'est s'est réfugiée en Suisse en 1871. — Défense actuelle (47), histoire de la frontière (15).

2. *De Dijon en Italie.* — Descente de la Saône. Confluents du Doubs (13) et du Canal du Centre (40). L'industrie de Saône-et-Loire (23) ; Beaune, Chalon-sur-Saône, Mâcon (21) et les vins de Bourgogne (35) ; Bourg et la Bresse (21), histoire (15). Par le Jura (8) et le Rhône (13), on gagne la Savoie (20) et les Alpes (7) ; description du pays. Par la vallée de l'Isère et celle de son affluent l'Arc (13), on gagne le tunnel du mont Fréjus (41), puis Turin, capitale du Piémont. La défense de cette route (47).

3. *De Lyon à la Méditerranée en bateau.* — Un chemin de fer passe sur la rive droite, la grande ligne sur la rive gauche ; nous préférons le Rhône. Lyon (21), ville d'études (44), et forteresse (47). — Le Rhône : son cours et son régime (13). Pays traversés : Lyonnais et bas Dauphiné (20), Ardèche (18), Vienne, Valence, Montélimar, Avignon et Arles. Confluents de l'Isère, de la Drôme, de la Durance et du Gard (13). La Crau et les irrigations de basse Durance (19). Les Bouches-du-Rhône (4).

4. *De Marseille à Nice et en Corse.* — Marseille (19, 43), industrie, commerce, études (44). — La Ciotat, la côte provençale (4), Toulon (19), la Côte d'Azur, îles d'Hyères, Cannes, Nice et Menton (19) ; la défense du littoral (47). Excursion en Corse (19 et 4).

5. *Napoléon, revenant de l'île d'Elbe, débarqua à Cannes et gagna Lyon par Grasse, les Alpes de Provence, Digne, la Durance, Gap, la vallée du Drac, Grenoble, Voiron et le bas Dauphiné.* — Décrire le pays qu'il traversa (4, 7, 19, 20, 21, 47).

LEÇON LVIII

RÉGION DU CENTRE

EXERCICES DE REVISION

1. *De Paris à Cette en chemin de fer.* — Ligne du Bourbonnais. Départ : gare P.-L.-M. Le voyageur remonte la Seine, passe ou par Corbeil ou par Melun (31), suit la vallée du Loing par Montargis. Le Gâtinais et ses canaux (24). Gien et Briare (24), cours de la Loire moyenne (11). Nevers (23). La vallée de l'Allier, Moulins et le Bourbonnais (23 et 11). A Saint-Germain-des-Fossés, près de Vichy, (22), bifurcation sur Saint-Étienne. Nous suivons la Limagne entre les monts d'Auvergne et du Forez (5 et 22). Clermont-Ferrand, les Cévennes, Alais et son bassin houiller (18 et 37), Nîmes, Montpellier, le Bas-Languedoc (18 et 44), Cette (4, 18, 35), Décrire le pays, etc.

2. *De Paris à Toulouse.* — Départ de la gare d'Orléans. La Beauce, Étampes (24), Orléans (24). La Loire moyenne et le Loiret, la Sologne, le Berry et Vierzon (23). Le Cher, l'Indre, la Creuse et la Vienne (11). Pays accidenté de la Marche et du Limousin (5), Châteauroux, Saint-Sulpice-Laurière, embranchement. Limoges et son industrie (22 et 38). Brive et la Corrèze, la Dordogne (12), le Lot et la région des Causses, le Tarn et Toulouse (11, 5, 22 et 18).

3. *De Paris à Bordeaux.* — Nous quittons la ligne précédente à Orléans, nous suivons la Loire. Le Jardin de la France, les châteaux de la Loire, Blois, Tours et la Touraine (24). Indre, Creuse, Vienne, Clain (11). Le passage du Poitou et Poitiers (25), ville universitaire (44). La Charente et Angoulême. Vallée de l'Isle qui vient du Périgord, Dordogne (17), Libourne et Bordeaux.

4. *De Saint-Étienne à Nantes.* — Saint-Étienne et sa région, houille et industries (22 et 37). Le pays du Forez, monts et fleuve (5 et 11). Roanne et le canal. Saint-Germain-des-Fossés et l'Allier. Moulins et le Bourbonnais (23), l'Yèvre, affluent du Cher, et Bourges (23) ; le canal du Berry (40) et l'industrie du fer (38) ; le pays berrichon. Vierzon, Cher, Loire, Tours, Saumur, Angers (24) et la Maine (11), Nantes (26).

5. *Un chaland porte au Creusot de la houille achetée à Montluçon.* — Canaux et rivières, industries des villes, Montluçon, Bourges, Nevers, le Creusot (23 et 37). Décrire le Morvan, le Berry et le Bourbonnais (23, 8 et 40).

LEÇON LIX

RÉGION DU SUD-OUEST

EXERCICES DE REVISION

1. *Promenade en yacht de Saint-Nazaire aux Pyrénées.* — Décrire la côte, les embouchures des fleuves, les ports et les provinces qu'ils desservent (3 et 25, 17 et 16). — Côte du Poitou, les îles, le pays vendéen. Sèvre Niortaise et Charente, marais salants, huîtres. Iles de Ré et d'Oléron, La Rochelle et Rochefort. La Gironde et le Médoc, Landes, dunes, étangs ; Arcachon, l'Adour et Bayonne.

2. *De Bordeaux à l'Espagne.* — Bordeaux et la Gironde ; commerce, vin, industrie, études (25, 26, 44). Les Landes, Dax et l'Adour, Bayonne (16) ; la Bidassoa, les Pyrénées occidentales.

3. *De Bordeaux à Cette en bateau.* — La Garonne, le canal latéral, le canal du Midi et l'Aude (12, 9, 40). Bordeaux et la Guyenne, confluent du Lot, Agen (17), confluent du Gers, confluent du Tarn et Montauban (18), Toulouse, situation, commerce, ville d'études. Le haut Languedoc : seuil de Naurouze. Carcassonne, Narbonne, Béziers et le Bas Languedoc, Cette. Le vin de l'Hérault (35).

4. *De Bayonne à Perpignan au pied des Pyrénées.* — (6, 16, 18). — En chemin de fer jusqu'à la Garonne, de Bayonne à Pau, le long du gave. La chaîne des Pyrénées Atlantiques et les villes d'eaux ; le pays de Gascogne, Pau, Lourdes, Cauterets, Gavarnie ; — l'Adour et Tarbes. Pyrénées centrales : La Haute-Garonne (12). — A pied, à travers les petites Pyrénées, jusqu'à Foix et l'Ariège. Excursion au Val d'Andorre (16). Le Roussillon et Perpignan (16 et 47).

5. *De Clermont-Ferrand à Barcelone.* — Allier (11), Cantal (5), viaduc de Garabit (41). Région des Causses (22), Languedoc (18), Lot, Tarn et Cévennes, littoral languedocien. Béziers et le canal du Midi, Narbonne, les étangs, Perpignan, Port-Vendres et les Pyrénées-Orientales (4, 16, 6).

6. *De Clermont à Bordeaux.* — Monts d'Auvergne, villes d'eaux, Dordogne, Tulle, Brive et la Corrèze, Périgueux, Libourne, Bordeaux (5, 22, 12, 17), etc., etc...

LEÇON LX

LES COLONIES

EXERCICES DE REVISION

1. *La Chambre de commerce de Nancy*[1] *accorde une bourse de voyage à un jeune homme qui sort d'une école professionnelle. Il devra visiter des colonies françaises. Au retour, il fera un rapport sur les pays qu'il a traversés et sur leur commerce. Il indiquera les villes où les négociants de Nancy pourraient placer leurs marchandises.* — Industries de la Lorraine : métallurgie, tissus, cristaux, liqueurs (30 et 39). Le voyageur s'embarque à Saint-Nazaire. Il gagne les Antilles en treize jours (43), visite la Martinique et la Guadeloupe (54). Un navire **anglais** le mène au Cap d'où il gagne Madagascar (52), la Réunion, Djibouti, le canal de Suez et Marseille. (Voir le tableau qui suit cette leçon.) Un peu d'histoire (48 et 52).

2. *Un caporal de l'infanterie de marine est envoyé à Brazzaville sur le Congo.* — Il part de Bordeaux, fait escale à Dakar (51), se renseigne sur le Sénégal, le Soudan, leurs habitants et leur commerce ; de là il longe la côte de Guinée, le Dahomey, et gagne le Congo. Il escorte un explorateur jusqu'au lac Tchad (51), et gagne la Méditerranée par le Sahara (50).

3. *Pendant les vacances, un cercle de jeunes gens organise un voyage en Algérie et en Tunisie (49 et 50).* — Départ de Marseille (19), arrivée à Tunis ; la côte, le port, la ville, le commerce. Vallée de la Medjerda ; excursion à Kairouan. L'Atlas algérien ; Constantine et le Rummel. Excursion à Biskra : l'Aurès et les oasis du Sahara ; les habitants. De Constantine à Alger par la Kabylie : les Kabyles ; la colonisation dans la Mitidja ; Alger. D'Alger à Oran par la vallée du Chéliff : excursion au pays des alfatiers. Les troupeaux des Hauts-Plateaux. Oran. Retour.

4. *Plusieurs négociants s'entendent pour installer sur un navire une exposition de leurs marchandises. Un jeune commis devra faire connaître leurs maisons aux négociants d'Indo-Chine.* — Départ de Bordeaux. Gibraltar, Suez, Djibouti (52), Pondichéry (54), un peu d'histoire. — Singapour, le Mékong et Saïgon (53) : le pays et les gens, le commerce. Excursion à Pnom-Penh : les Cambodgiens. Départ pour le Tonkin. Excursion à Hué : escale à Haïphong. Le fleuve Rouge, Hanoï, le Yunnan. Les Tonkinois : production du pays (53). — Voyage à la Nouvelle-Calédonie (54). Retour.

TABLEAU A CONSULTER[1]

COLONIES	VENDENT A LA FRANCE	ACHÈTENT EN FRANCE PRINCIPALEMENT
ALGÉRIE[2]	Vin (130), céréales (45), moutons (20), laine (9), peaux (6), chevaux (7), fruits (5), liège, phosphates, tabac, minerai de fer.	Cotonnades (33) et autres tissus, vêtements (10), ouvrages en peau et cuir (15), en bois (10), machines, verres, liqueurs, livres, etc.
TUNISIE[3]	Céréales (18), vin (2,5), huile d'olive (2), éponges, alfa.	Cuirs, vêtements, soieries, outils et machines, armes, sucre, etc.
SÉNÉGAL	Graines oléagineuses (13), gommes (5), caoutchouc.	Riz (3), vin, vêtements, sucre.
MADAGASCAR[4]	Sucre (1), caoutchouc (1/2), raphia, peaux, viande, vanille.	Tissus (7), de coton surtout, vins, vêtements, outils.
LA RÉUNION	Sucre (10), vanille (2 1/2), tapioca, parfums, rhum.	Vins (2), tissus (1), vêtements, etc.
INDES FRANÇAISES	Graines oléagineuses surtout.	Vins (2), tissus (1), vêtements, etc.
INDO-CHINE FRANÇAISE	Riz (29), poivre (1,2), coprah ou amandes de coco, peaux, soie.	Tissus de coton (10), outils et machines (6 1/2), vins (3 1/2), armes (8), fers, vêtements, céréales.
NOUVELLE-CALÉDONIE	Nickel (8,5), cobalt (3 1/2), café (1/2).	Vins, armes, etc.
MARTINIQUE	Rhum (10), sucre (8 1/2), pas de café.	Vins, armes, tissus, et vêtements.
GUADELOUPE	Sucre (10), rhum (1,5), cacao, café (1/2).	Vins, tissus, peaux.
GUYANE	Essence de rose (1), or.	Vins, céréales, vêtements.

1. Les chiffres indiquent les valeurs en millions de francs.

2. L'Algérie vend aux étrangers (Anglais surtout), de l'alfa, du tabac, du minerai de fer, du liège, des peaux. Elle leur achète du bétail et du blé dans les années mauvaises, et en temps ordinaire du café, de la houille, du tabac, du bois, le tout pour 100 millions. (Commerce avec la France seule, 530 millions.)

3. La Tunisie vend aux étrangers (Angleterre et Italie surtout), des graines, de l'huile, de l'alfa, des éponges, du minerai de zinc. Elle leur achète des cotonnades, des farines, des machines et fers ouvrés, etc. pour 105 millions (commerce avec la France 60).

4. Madagascar vend à l'étranger les mêmes choses que la Tunisie (surtout à l'Angleterre) et importe de l'étranger plus que de la France. Les bœufs vivants pour la Réunion et Maurice sont l'article principal d'exportation.

1. On peut substituer aux points de départ que nous indiquons une ville de la région qu'on habite.

CHAPITRE VIII

RELATIONS DE LA FRANCE

avec les principales nations du monde

PROGRAMME DU COURS SUPÉRIEUR

LEÇON LXI

L'EUROPE

ENTRETIEN

L'Europe (*fig. 152 et 153*) est une péninsule de l'Asie. Elle se soude à ce grand continent par le *Caucase* et les monts *Ourals*. A côté de l'Asie, elle paraît petite (10 millions de kilomètres carrés, dix-neuf fois la France, moins du quart de l'Asie); mais elle est la plus importante partie du monde, parce qu'elle est la plus civilisée.

Les mers la pénètrent. Elles y portent les vents et les pluies et tempèrent le climat. Elles facilitent, depuis la plus haute antiquité, les relations des peuples entre eux.

C'est, au sud, la *Méditerranée* (*fig. 154*), berceau de notre civilisation. Des presqu'îles (ibérique, italique, hellénique) et des îles sont jetées là comme des ponts vers l'Afrique et l'Asie Mineure. Cette mer intérieure se ramifie ainsi en mers plus intérieures, dont chacune a son histoire, sa civilisation[1].

La Méditerranée est le trait d'union des trois parties du vieux monde. La *mer Rouge* s'avance comme pour la toucher, et le *canal de Suez* relie à nos mers les océans asiatiques et l'Afrique du sud. Le *golfe Persique* pénètre si près de la mer Noire, qu'un chemin de fer les unira bientôt. — Enfin, la *mer Caspienne* est une troisième route vers l'Asie, moins commode, mais utile encore.

C'est une deuxième Méditerranée que la *Baltique*. Elle est enfermée par la presqu'île scandinave et celle du Jutland. On y accède par des détroits que commande l'*archipel danois*, comme un autre Gibraltar. Elle a aussi ses compartiments, golfes de Botnie, de Finlande, de Riga, et elle unit

quatre peuples, Russes, Allemands, Danois et Suédois. Mais c'est une Méditerranée bien petite et qui gèle, en grande partie, chaque hiver.

Plus importantes sont aujourd'hui les mers de l'Europe occidentale, l'*Atlantique* et ses divisions : mer du Nord, Manche, mer d'Irlande. Attiédies par un courant marin (le *Gulf-stream*), qui vient de l'Amérique tropicale, elles réchauffent tout notre occident et jusqu'au nord de la Norvège. Elles sont sillonnées de navires. Depuis la découverte de l'Amérique, elles sont peu à peu devenues le grand carrefour des routes commerciales du monde[1].

Toute l'Europe n'est pas également favorisée, n'est pas également « Europe ». La grande *plaine russe* qui s'accole à l'Asie est encore à moitié asiatique, peu pénétrée des mers, peu arrosée, balayée des vents, excessive dans le froid et dans le chaud. Elle a le plus grand fleuve d'Europe. le *Volga*, long quatre fois comme la Loire, mais qui se jette dans la mer Caspienne, lac sans issue. Le *Don* et le Dniéper vont à la mer d'Azov et à la mer Noire, d'où les navires ne peuvent sortir que sous les canons de Constantinople. Ces

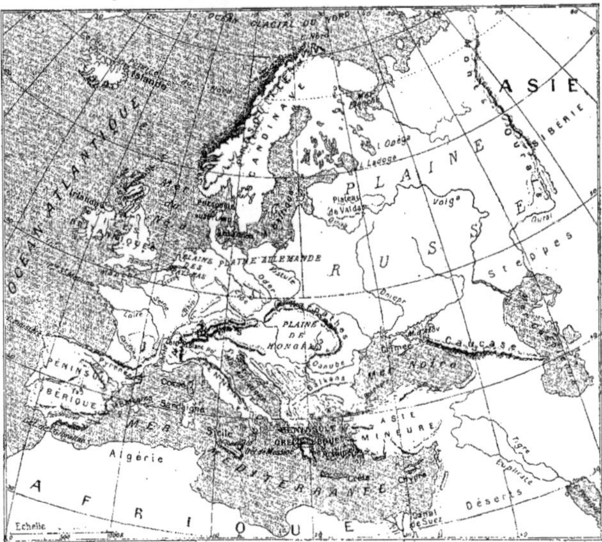

Fig. 152. — Europe physique

fleuves gèlent d'ailleurs en hiver, ainsi que le fleuve de Saint-Pétersbourg, la *Néva* qui reste gelée très longtemps.

La vraie Europe c'est donc celle du centre et de l'ouest. Elle est infiniment variée, sans montagnes inaccessibles, sans plaines interminables. Les *Alpes* s'y dressent hautes, mais faciles à franchir. Les *Balkans*, les monts de Bohême,

---

1. Les Russes possèdent celle d'*Azov* avec le détroit de Kertch, et ils dominent sur la mer *Noire*. Les Turcs tiennent les deux clefs de la mer de *Marmara* (le détroit du Bosphore et celui des Dardanelles). Les Grecs leur disputent l'*Archipel*. L'Italie, bien postée, coupe en deux la Méditerranée : c'est ce qui l'a rendue si puissante autrefois. Mais aujourd'hui l'Autriche partage avec elle l'*Adriatique* ; la France, grâce à l'Algérie, domine dans la Méditerranée occidentale, et l'Angleterre tient l'île de Malte, et aussi Gibraltar et Suez.

1. Autres mers: l'océan Glacial et la mer *Blanche*. Ce n'est qu'un champ de glace pendant six ou sept mois, et les glaçons flottants gênent la navigation le reste de l'année.

les *Carpathes*, ne sont pas moins accessibles. De ces hautes terres descendent lentement, vers la Baltique et la mer du Nord, la *plaine germanique* et la plaine des Pays-Bas[1]. Les grands fleuves de l'Europe centrale en descendent aussi, comme l'Elbe, le *Rhin*, le *Danube*. Chacun de ces trois fleuves appartient à plusieurs nations; ils sont donc les grandes voies du commerce et de la civilisation; le Rhin surtout, qui ouvre dans les Alpes une route du nord au sud, et le Danube qui unit l'orient et l'occident de l'Europe.

A ce tronc de l'Europe centrale s'articulent, comme des membres, les presqu'îles méditerranéennes, chacune avec ses montagnes propres et ses fleuves particuliers. Enfin l'archipel britannique et la massive péninsule scandinave complètent et achèvent de varier l'organisme européen.

395 millions d'hommes, 39 par kilomètre carré (France : 73) habitent cette heureuse contrée : c'est le quart le plus civilisé de l'humanité. Plus serrés à l'ouest et au centre, où le climat est tempéré, ils sont plus disséminés à l'est et au nord, où la température est moins douce. Ils

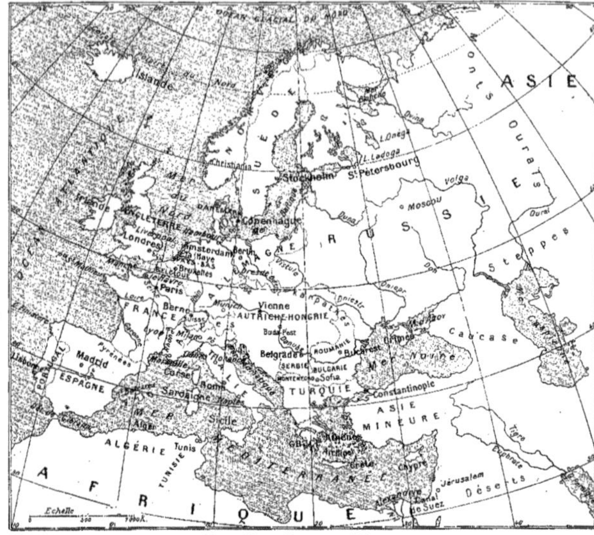

Fig. 153. — Europe politique

Latins, et avec eux les Grecs, occupent tout le sud; les Germains, tout le nord-ouest et le centre (y compris les îles Britanniques); les **Slaves** occupent tout l'est[4].

RÉSUMÉ. — I. L'Europe, péninsule de l'Asie, n'est qu'une petite partie du monde, mais la plus favorisée, la plus pénétrée par des mers bienfaisantes, celle où montagnes et plaines sont le mieux réparties. 395 millions d'hommes l'habitent.

II. Le Caucase, l'Oural, les Alpes et les Carpathes sont les principaux systèmes montagneux. Les grandes presqu'îles et l'archipel britannique ont aussi leurs montagnes.

III. La grande plaine russe est à demi asiatique. Elle est parcourue par un grand fleuve, le Volga. La plaine germanique et celle des Pays-Bas sont traversées par le Rhin et l'Elbe. Le Danube unit l'Orient et l'Occident.

Exercices. — 1° Voyage des bouches de la Néva à celle du Don; 2° Croquis de la Méditerranée ou de la Baltique.

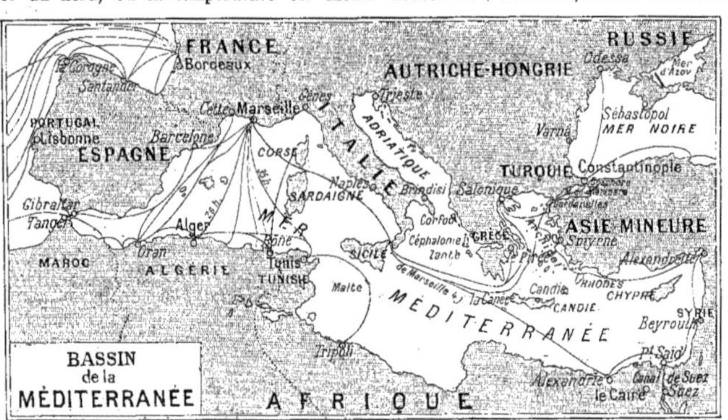

Fig. 154. — Carte du bassin de la Méditerranée

forment vingt États, et parmi eux six des grandes puissances du monde.

Trois races presque égales en nombre composent la plus grande partie de la population européenne[2]. Les

1. Nous ne parlons plus de la France.
2. Ce ne sont pas les seules. Ainsi les Turcs et les Hongrois sont venus d'Asie, s'insérer dans la population européenne il y a peu de siècles.

1. Latins, Slaves et Germains tout au moins selon la langue : car chaque peuple descend d'ancêtres divers. Nous, fils des Celtes, nous sommes comptés comme Latins, notre langue étant dérivée du latin. — On peut remarquer ici que le *christianisme*, religion adoptée et plus ou moins respectée par un tiers des humains, est la religion des Européens. Aux exceptions près, Rome a donné son *catholicisme* aux Latins; Constantinople a enseigné la religion *grecque* aux Slaves (comme aux Grecs); enfin les peuples germaniques se sont révoltés contre la religion de Rome et sont plutôt *protestants*, hormis une partie des Allemands du Sud et des Autrichiens.

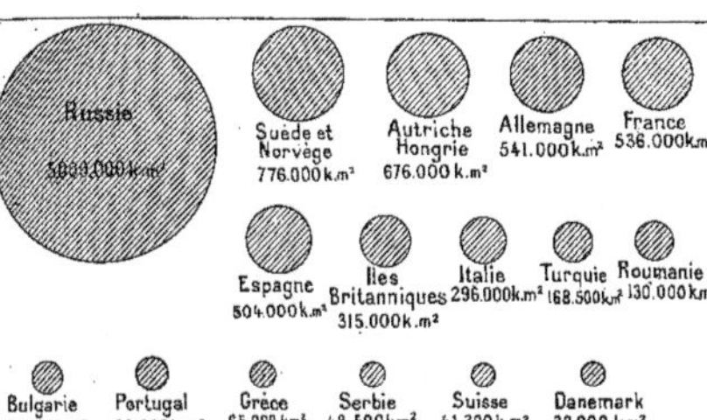

Fig. 155. — Grandeur comparée des États

TABLEAUX A CONSULTER

QUELQUES MONTAGNES D'EUROPE (en mètres)

Caucase, plus haut sommet	5.655
Alpes, —	4.810
Pyrénées, —	3.404

QUELQUES FLEUVES (en kilomètres)

Volga	3.960	Rhin	1.326
Danube	2.850	Elbe	1.080
Dniéper	2.139	Loire, moins de	1.000

POPULATION DES ÉTATS DE L'EUROPE (en habitants)

Empire de Russie (en Europe, avec le grand duché de Finlande)	109.000.000
Empire Allemand	57.000.000
Empire Austro-Hongrois	47.000.000
Royaume-Uni de Grande-Bretagne et Irlande	41.600.000
France	38.900.000
Royaume d'Italie	32.500.000
— d'Espagne	18.000.000
— de Belgique	6.800.000
— de Roumanie	6.000.000
— de Turquie (en Europe)	6.000.000
— des Pays-Bas	5.200.000
— de Suède	5.100.000
— de Norvège	2.200.000
— de Portugal	5.000.000
Confédération Suisse	3.300.000
Principauté de Bulgarie	3.700.000
Royaume de Serbie	2.500.000
— de Danemark	2.500.000
— de Grèce	2.400.000
Grand Duché de Luxembourg	236.000
Principauté de Monténégro	228.000

Quelques principautés minuscules :

Principauté de Monaco	15.000
— de Lichtenstein (en Suisse)	9.000
République de Saint-Marin (en Italie)	9.000
— d'Andorre	5.000

LEÇON LXII

LES ANGLAIS

ENTRETIEN

Les **Anglais**, nos voisins, habitent un archipel dont les îles principales sont la *Grande-Bretagne* et l'*Irlande*, (fig. 156). Le tout est plus petit que la France et renferme plus d'habitants : 41 millions 1/2 (132 pour 100 hectares); la population va croissant rapidement.

Une partie du pays est peu peuplée. — L'Irlande est marécageuse et misérable; l'*Écosse* et le *pays de Galles* sont couverts de montagnes et n'ont qu'une population rare, sauf dans quelques régions industrielles.

C'est donc l'Angleterre proprement dite, la plaine au sud et à l'est de la grande île qui est la partie importante du Royaume-Uni. A elle seule, elle compte les trois quarts des habitants (200 âmes et plus par 100 hectares).

La nature l'a voulu ainsi. Elle a découpé la Grande-Bretagne de telle sorte que la mer y pénètre par quantité de golfes et d'estuaires : aucun village anglais n'est éloigné de la mer de plus de 100 kilomètres. Et les fleuves continuent la mer. La Tamise, le fleuve du monde qui

Fig. 156. — Carte des Iles Britanniques

porte le plus de bateaux, n'a que 300 kilomètres de longueur, moins que l'Adour ou la Charente. Mais sa bouche est un long golfe, et Londres s'y est bâti. — Enfin, des canaux continuent les fleuves.

Partout donc circulent des navires innombrables. La flotte marchande des Anglais est douze fois supérieure à celle de la France, et leur commerce dépasse le double du nôtre.

La nature a encore donné à l'Angleterre des mines de houille nombreuses et si proches de la mer que le transport du charbon se fait à bas prix. Aussi la production annuelle de ce combustible égale-t-elle sept fois celle de nos mines. Le quart de tout ce charbon s'exporte ; le reste alimente à bon marché les usines.

Aussi l'industrie britannique est-elle sans rivale. Les cotonnades, les lainages, la métallurgie occupent des millions d'ouvriers.

L'agriculture est fort perfectionnée et richement outillée : mais elle ne peut suffire à nourrir les habitants. Les campagnards s'appliquent surtout à l'élevage et fournissent à la consommation un bétail magnifique dont les races font l'admiration universelle. Peu de blé, point de vigne. — L'Anglais boit de la bière, ou bien du thé qu'il importe de Chine. Pour son pain, dont il mange peu, il fait venir le blé de l'Inde.

Trente-neuf villes dépassent 100.000 habitants : à surface égale, aucun pays n'en possède autant.

Londres, sur la Tamise, est la plus grosse ville du monde : 4 millions et demi d'habitants (5 si l'on y joignait sa banlieue). Combien d'États sont moins peuplés ! Il faut dire que cette ville est quatre fois vaste comme Paris. C'est surtout un grand marché, la première place de commerce de l'univers. Ses banques manient des capitaux énormes ; ses quais ont un mouvement de marchandises égal à celui de tous nos ports réunis.

Plus au nord, *Birmingham* (522.000 hab.) est la ville du fer et de l'acier. *Manchester,* la grande ville des cotonnades, a

Fig. 157. — Types d'Écossais

543.000 habitants, 764.000 en y joignant Salford sa voisine. *Liverpool,* qui l'approvisionne du coton d'Amérique est le deuxième port de l'Angleterre et du monde entier (685.000 hab.). *Leeds* (428.000) est le pays des lainages, *Sheffield* (380.000) de la coutellerie ; *Newcastle* (215.000) au centre d'un grand bassin houiller, forme, avec les villes ses voisines, le troisième port du monde.

Au pays de Galles, le fer et la houille abondent. *Cardiff* (164.000) est bien connu pour son charbon. — En Écosse, (*fig. 157*) *Édimbourg*. la capitale, est surtout une ville

d'études (316.000) ; la grande ville ouvrière, c'est *Glasgow* (760.000) qui unit l'industrie du fer à celle du coton.

En Irlande, *Dublin,* la capitale, est une ville de commerce (373.000) ; la grande cité ouvrière est *Belfast* (350.000) qui fabrique de la toile et du fer.

Ces villes industrielles ne sauraient écouler en Angleterre tous leurs produits. Il leur faut des acheteurs. C'est pour cela que l'Angleterre est devenue une *puissance coloniale,* et la première de toutes. Elle commande à 340 millions de sujets et de colons qui lui forment un immense empire. En Australie, au Cap, au Canada, les Anglais ont fondé de véritables États. Ailleurs, les colons sont plus rares : on exploite les indigènes. — Dans l'Inde et les pays voisins, 300 millions d'indigènes obéissent à une poignée de fonctionnaires britanniques. Que d'acheteurs pour les marchands anglais[1] !

Pour défendre tout cela, presque pas d'armée : le service militaire n'est pas obligatoire, mais la marine de guerre est deux fois plus puissante que la nôtre.

Le gouvernement anglais est une royauté constitutionnelle.

Retenons, nous Français, que les Anglais sont les meilleurs clients de notre commerce ; qu'ils nous achètent mille choses, et surtout des soieries, des draps et du vin ; qu'ils nous vendent principalement du charbon.

RÉSUMÉ. — I. Le Royaume-Uni de Grande-Bretagne et d'Irlande est bien disposé pour le commerce de mer.

II. La houille abonde en Angleterre. Elle a fait croître des industries puissantes dont la première est celle des cotonnades. Londres, sur la Tamise, la plus grande ville du monde, a 4 millions 1/2 d'habitants. Birmingham, Manchester, Liverpool, Glasgow en ont plus d'un demi-million.

III. L'Empire colonial anglais compte 340 millions d'hommes. L'Inde en est la plus belle partie.

Exercice. — Croquis de l'Archipel britannique. — Bien remarquer les divers étranglements qui rapprochent la côte orientale de la côte occidentale.

LECTURE

LE PEUPLE ANGLAIS

Le peuple anglais n'est pas connu en France comme il mérite de l'être. Des guerres nombreuses, une rivalité commerciale qui dure depuis des siècles, des conflits fréquents aux colonies nous ont habitués à traiter « John Bull » en ennemi et à déprécier ses qualités. Enfin nos voisins voyagent volontiers, et nous leur reprochons de prendre un peu trop leurs aises.

Mais quelle nation n'a ses défauts ? Sachons reconnaître que le peuple anglais est un grand peuple.

L'Anglais est laborieux, intelligent, d'esprit pratique. Il aime et pratique admirablement tous les sports, ce qui aide au développement physique de la race (*fig. 158*). L'éducation qu'on lui donne lui apprend dès le jeune âge à se conduire tout seul. Il est habitué à se tirer d'affaire, à ne compter ni sur la charité d'autrui ni sur l'État. Il a de l'initiative et il y joint la réflexion. Il cède moins que le Français aux généreux entraînements, mais aussi il fait moins souvent des sottises qui se paient cher. — Nous nous le figurons égoïste et peu sociable : or il aime à s'associer avec d'autres, il sait respecter les droits de ses associés et faire respecter les siens. Les Sociétés anglaises, commerciales, ouvrières ou autres, sont innombrables et puissantes ; elles sont une force pour la nation.

La nation britannique elle-même n'est qu'une grande asso-

---

1. Pour s'assurer un libre passage vers ses possessions principales, l'Angleterre a mis la main sur nombre de colonies plus petites, comme Gibraltar, Malte, Chypre, l'Égypte avec Suez, Aden en Arabie, Zanzibar en Afrique. Singapour en Indo-Chine Hong-Kong en Chine, etc.

ciation où chacun tient à son droit et le défend. De tout temps elle a montré une grande sagesse politique. La première entre les nations d'Europe elle a réussi à s'émanciper et à limiter le pouvoir royal. Depuis longtemps son roi n'est

Fig. 158. — Anglais jouant au foot-ball

plus guère que le président héréditaire d'une nation qui se gouverne elle-même.

Entreprenant, persévérant, tenace, ce peuple de marchands veut bien ce qu'il veut, c'est pour cela qu'il progresse toujours.

LEÇON LXIII

NOS VOISINS: BELGES, HOLLANDAIS, SUISSES

ENTRETIEN

1. Trois petits États *(fig. 159)* se partagent le pays qui s'étend entre la France, l'Allemagne et la mer du Nord : plateau boisé de l'Ardenne et vaste plaine des Pays-Bas.

C'est d'abord le pays de **Luxembourg**, peu fertile, tout entier dans l'Ardenne. Ses 236.000 habitants gouvernés par un grand-duc forment un petit État neutre. La capitale, *Luxembourg*, a 20.000 habitants. — On parle dans ce pays le français et l'allemand.

La Belgique possède le reste de l'Ardenne et partage avec la Hollande la plaine des *Pays-Bas*. Plaine bien nommée : elle est faite en grande partie des alluvions qu'y jettent depuis des milliers d'années l'Escaut, la Meuse et le Rhin. C'est comme un immense delta commun aux trois fleuves. Tout un archipel d'îles très basses et que la mer inonderait si des digues ne le défendaient, émerge du lacis des bouches fluviales : c'est la Zélande, province hollandaise. La Hollande doit se défendre des inondations de la mer et des fleuves par des digues qu'elle entretient à grands frais ; elle comble ses marais ; elle dessèche ses golfes à l'aide de pompes actionnées par des moulins à vent, et les terrains qu'elle conquiert ainsi sur les eaux

(les polders) sont les plus fertiles. Quelque jour, le grand golfe du Zuyderzée sera desséché à son tour.

Belgique et Hollande ont vécu longtemps réunies. Depuis 1830, elles se sont séparées et forment deux royaumes constitutionnels. Toutes deux sont pays neutres.

2. La **Belgique** est plus riche et plus peuplée (un dix-huitième de la surface de la France, 6.815.000 hab.). Elle a 231 habitants par 100 hectares : c'est la population la plus dense qu'il y ait en Europe, du moins sur une pareille surface : petite nation laborieuse qui se classe parmi les puissances les plus industrielles et les plus commerçantes.

C'est qu'elle a la houille en abondance à Mons, à Charleroi, et qu'elle est bien outillée de canaux et de chemins de fer pour ses transports. Son port d'*Anvers* (285.000 hab.), sur l'Escaut, est un des grands ports du monde, et supérieur à Marseille. La Flandre fabrique des cotonnades et des toiles. Les provinces de la vallée de la Meuse (Namur et Liège) ont de puissantes usines métallurgiques et fa-

O. Lepage, del^t

Fig. 159. — Carte de la Belgique et des Pays-Bas

briquent des draps. Le Brabant est renommé pour ses dentelles.

L'agriculture belge a quelque ressemblance avec celle des Anglais. Elle produit surtout du bétail.

Les grandes villes sont *Bruxelles*, la capitale (211.000 hab., 560.000 avec ses faubourgs) (dentelles, filatures, brasseries). *Gand* (160.000 hab.), la ville des cotonnades, *Liège* (173.000 hab.), qui fabrique des armes, des machines, du verre.

Les Belges sont catholiques. Les uns (les Wallons) parlent français, les autres parlent le flamand, langue germanique.

Ils sont, après l'Angleterre, nos meilleurs acheteurs. Ils nous vendent surtout de la houille.

Fig. 160. — Laitières flamandes

3. La Néerlande (Pays-Bas) que nous appelons Hollande, est un peu plus grande que la Belgique, mais moins peuplée (5 millions d'habitants, 157 par kilomètre carré, plus du double de la densité de notre population).

Faute de houille, les Hollandais n'ont que peu d'industrie. L'agriculture, l'élevage de vaches magnifiques, la pêche, le commerce, le produit de *leurs colonies*[1], les font vivre. Leurs grandes villes sont : *La Haye* (212.000 hab.), la capitale, *Amsterdam* (520.000 hab.), la ville la plus peuplée et la plus industrielle (soieries, velours, taille du diamant), et enfin Rotterdam, port très actif, grâce surtout aux marchandises anglaises (332.000 hab.). — Les Hollandais sont protestants. Leur langue est d'origine germanique.

Nous leur achetons leurs fromages et ils nous demandent nos vins.

4. La république Helvétique (*fig. 161*) (ou Confédération suisse), un peu plus grande que la Hollande, vaut en étendue six ou sept départements français, et en population aussi (3.300.000 hab., 80 par cent hectares). Et c'est chose remarquable, si l'on considère que les Alpes couvrent la moitié de la Suisse. D'immenses espaces sont glacés (comme le glacier du Rhône), ou dressent dans l'air des rochers et des monts stériles, comme le mont Rose (4.638 m.), frère cadet du mont Blanc. Les chaînes moins hautes ne donnent encore aux Suisses que forêts et pâturages, et la terre à cultiver est étroite. C'est l'industrie qui

rend populeuses les villes bâties au pied des monts; *Zurich* (152.000 hab.), la ville des soieries, des cotonnades et des machines, *Bâle* sur le Rhin (111.000 hab.), connue depuis des siècles pour ses librairies et ses banques;

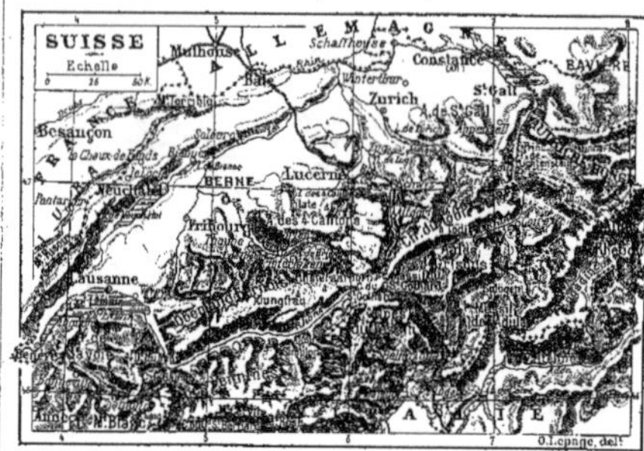

Fig. 161. — Carte de la Suisse

Genève (105.000 hab.), grand marché des montres du Jura suisse. Quant à *Berne*, capitale fédérale, ce n'est qu'une ville assez petite (60.000 hab.), dans la région purement agricole que le bétail enrichit.

Les Alpes et les beaux lacs suisses, lacs de Genève (*fig. 162*), de Lucerne, de Zurich, de Constance, etc., attirent de nombreux visiteurs, qui sont un revenu annuel important pour les habitants.

Le Rhône et le Rhin viennent du Saint-Gothard ; d'autres cours d'eau descendent de ce même point vers le Danube germanique et le Pô italien. Ainsi les routes qui suivent ces grands fleuves se rencontrent en Suisse. Plusieurs langues y sont parlées : allemand surtout, puis français et italien.

Fig. 162. — Château de Chillon (lac de Genève)

Nous achetons peu de chose à la Suisse, mais elle s'approvisionne chez nous de beaucoup de denrées, de soie surtout.

La neutralité de ce petit État nous est enfin un précieux avantage.

RÉSUMÉ. — I. La Belgique est un pays industriel et très commerçant. Les plus grandes villes sont Bruxelles et le port d'Anvers.

II. Les Pays-Bas ou Hollande, capitale La Haye, ont pour grande ville Amsterdam. L'agriculture, la pêche et les colonies les font vivre.

III. Dans les Ardennes est le grand-duché de Luxembourg. Dans les Alpes, la Confédération suisse est enrichie et peuplée par l'industrie. Zurich, Bâle et Genève sont ses principales villes.

Exercices. — 1° Croquis de la plaine des Pays-Bas ; 2° Croquis de la Suisse.

---

1. Les principales sont les îles de la Sonde, surtout Java.

LEÇON LXIV

L'EMPIRE ALLEMAND

ENTRETIEN

L'Empire allemand (*fig. 163*) est une confédération de 26 États ; royaumes (Prusse surtout, Bavière, Saxe, Wurtemberg), principautés, etc... Le roi de Prusse est aussi l'empereur. Il gouverne sous le contrôle d'un parlement.

Cet empire, à peine plus grand que la France, aspire à dominer l'Europe [1]. — Il progresse formidablement. Il y a trente ans, il égalait la France en population : il compte aujourd'hui 107 habitants par 100 hectares, soit 57 millions d'âmes, 18 de plus que nous, et il en gagne trois quarts de million par an. — Il entretient depuis longtemps une puissante armée et commence à avoir une marine importante. Enfin son industrie et son commerce, naguère très inférieurs aux nôtres, sont aujourd'hui un peu supérieurs. Il nous bat sur le terrain des affaires : bientôt il voudra nous battre sur le terrain de la science, car il dépense beaucoup pour ses Universités... Ces victoires - là sont les victoires légitimes. — A nous de ne pas nous laisser vaincre par ces rivaux orgueilleux mais laborieux, intelligents et tenaces.

L'Allemagne comprend, au nord, une grande plaine assez pauvre, sablonneuse et marécageuse. Au centre, entre le Rhin, le Danube et les monts de Bohême, se dressent des chaînes de montagnes peu élevées ; au sud, les Alpes descendent jusqu'en Bavière. Outre le Danube et le Rhin (*fig. 164*), l'Elbe, l'Oder et la Vistule arrosent l'Allemagne. Tous ces fleuves sont partagés entre plusieurs peuples, et tous sont soigneusement aménagés pour la navigation. De grands canaux les unissent. Le plus long réseau ferré de l'Europe s'ajoute à ces belles voies fluviales pour faciliter le commerce allemand.

Ce n'est pas l'agriculture qui enrichit l'Allemagne. Le sol est maigre, et le climat n'est doux qu'à l'ouest. Le bétail, la pomme de terre, le blé, l'orge pour la bière, nourrissent à peine les habitants. Mais les mines de houille abondent et donnent plus de trois fois ce que produit la France.

La métallurgie, l'industrie textile et toutes les industries qui utilisent le charbon (sucrerie, verrerie, etc.), se sont développées en conséquence, faisant naître ou croître les villes avec une rapidité surprenante. Certaines provinces ont plus de 200 habitants par kilomètre carré. 33 villes ont plus de 100.000 âmes.

Nous connaissons l'Alsace-Lorraine. Descendons le Rhin. Par Mayence, nous arrivons à *Cologne* (372.000 hab.),

Fig. 163. — **Carte de l'Empire allemand**

célèbre par sa belle cathédrale. Là est la Prusse rhénane, riche en forges (maison Krupp à Essen), en cotonnades, en soieries (Elberfeld, Crefeld) ; les grandes villes y sont nombreuses. Un peu à l'ouest, Aix-la-Chapelle fut la capitale de Charlemagne.

Dans la région du Danube, *Munich*, la capitale de la Bavière (500.000 hab.) est une ville artistique autant qu'industrielle (bière).

Près de la mer du Nord, Brême [1] sur le Weser, et Hambourg (*fig. 165*) sur l'Elbe, font presque tout le commerce de l'Allemagne, *Hambourg* surtout, l'un des

---

1. Il a pour alliées l'Autriche et l'Italie. C'est la Triple-Alliance.

1. Brême et Hambourg envoient beaucoup d'émigrants en Amérique.

premiers ports du monde et le mieux outillé de paquebots gigantesques (705.000 hab.).

La Saxe, au pied des monts de Bohême, a la population la plus dense de l'Allemagne (240 hab. par 100 hectares), grâce à ses houillères, ses mines de fer, d'argent et de plomb, surtout ses filatures de coton et de laine. Parmi ses villes nombreuses il faut connaître Dresde,

Fig. 164. — Vue des bords du Rhin

la capitale (396.000 hab.) et *Leipzig* (455.000 hab.), ville universitaire, qui nous rappelle une grande défaite de notre armée en 1813.

La Silésie, où Breslau atteint 420.000 habitants, est très riche en charbon.

C'est dans la province la plus pauvre de l'Allemagne que grandit *Berlin*, capitale de l'empire. C'est une ville ouvrière qui s'est donné toutes les industries et qui commerce facilement avec tout le pays (1.900.000 hab.). C'est aussi une ville d'études de premier ordre.

Fig. 165. — Le port de Hambourg

Les Allemands font avec nous beaucoup d'échanges, presque autant que la Belgique, mais moins que l'Angleterre. Nous leur demandons du charbon, des machines et des produits chimiques. Ils nous achètent de la laine et du vin. Cependant les deux peuples se boudent. Nous ne pardonnons pas à nos voisins le traité de Francfort. L'Alsace-Lorraine reste entre eux et nous un sujet de discorde, de guerre possible. C'est pour eux, comme pour nous, un grand malheur. Allemands et Français sympathisaient avant 1870. S'ils n'étaient pas divisés aujourd'hui, ils pourraient se mieux connaître, s'instruire les uns les autres, multiplier leurs échanges, accroître réciproquement leurs ri-

chesses et diminuer le fardeau des armées qu'ils entretiennent.

RÉSUMÉ. — I. L'Empire allemand est une confédération de 26 États, dont le principal est le royaume de Prusse.

II. Cet empire de 57 millions d'âmes, est le troisième pays du monde pour la production de la houille, pour le commerce, pour l'industrie textile et la métallurgie.

III. Berlin (1.900.000 hab.) la capitale, le grand port de Hambourg sur l'Elbe, Munich en Bavière, Leipzig, Dresde en Saxe, Cologne sur le Rhin, sont les villes principales.

Exercice. — Croquis de l'Allemagne.

LEÇON LXV

L'ITALIE ET L'AUTRICHE-HONGRIE

ENTRETIEN

1. Des deux associées de l'Allemagne, la plus petite est l'Italie *(fig. 166)*: mais c'est, pour nous, la plus importante. Elle est notre voisine ; nous avons combattu pour elle. Elle est pour nous un assez bon client [1].

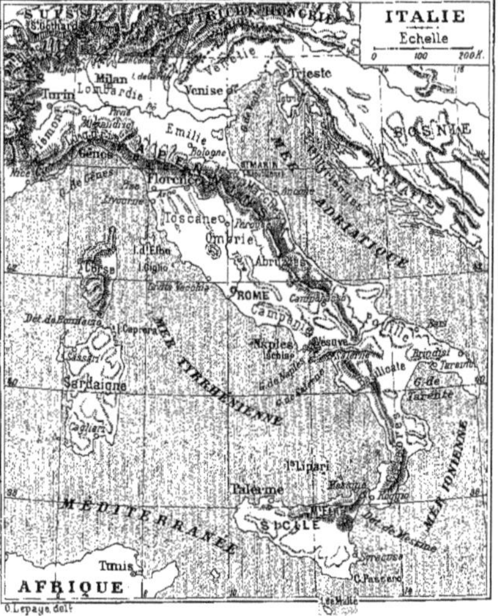

Fig. 166. — Carte de l'Italie

Le royaume constitutionnel d'Italie compte 32 millions et demi d'habitants (113 par kilomètre carré) sur une surface qui n'atteint pas les deux tiers de celle de la France. Cette population croît rapidement et elle est pauvre.

La péninsule italienne a la forme d'une botte. Au nord, l'arc de cercle des Alpes encadre une plaine fertile en

---

1. Elle nous achète principalement des soieries et nous vend de la soie et du soufre.

vigne, en mûrier, en blé et en riz. Un grand fleuve y coule, c'est le Pô. Là sont *Turin* (336.000 hab.), capitale du Piémont, et *Milan* (492.000 hab.), capitale de la Lombardie, la

Fig. 167. — Naples et le Vésuve

ville des soieries. A l'est, Venise, bâtie dans une lagune, et qui a pour rues des canaux et des bras de mer, est un port commerçant. Mais le grand port c'est *Gênes* (235.000 hab.), le rival de Marseille, relié à la Suisse et à l'Allemagne par le chemin de fer du Saint-Gothard.

Au sud de la vallée du Pô, la péninsule se rétrécit et devient pauvre. Les Apennins y étalent leurs chaînes et leurs herbages que paissent des bœufs et des moutons. Point de plaine importante, point de grand fleuve. Le Tibre n'est qu'un torrent : il traverse la capitale, *Rome* (463.000 hab.), qui fut autrefois maîtresse du monde civilisé, qui plus tard fut une capitale pour les peuples chrétiens, et qui, en face du roi italien, conserve encore dans le palais du Vatican le pape, chef spirituel des catholiques. C'est une belle ville, et la plus riche de toutes en œuvres d'art et en souvenirs.

Un peu au nord. *Florence* (205.000 hab.) est célèbre par ses palais et ses musées. Au sud, *Naples (fig. 167)*, qui fut pendant des siècles la capitale

d'un petit royaume, est la plus grande ville de l'Italie (564.000 hab.). Elle est située au pied d'un volcan, le Vésuve, sous un ciel magnifique qui attire des hiverneurs. Elle vend du vin et du macaroni.

Deux îles complètent l'Italie : la *Sicile*, que domine le volcan Etna, pays connu pour ses vins et pour ses soufrières ; la Sardaigne, plus grande, mais pauvre et mal peuplée.

L'Italie est avant tout une contrée agricole, qui vit de son vin [1] et de son blé. La houille lui manquant, elle ne saurait multiplier ses usines. Faute de travail, beaucoup d'Italiens s'expatrient : ils vont en France, en Algérie, en Amérique, par centaines de mille. Cependant le gouvernement, pour plaire à l'Allemagne, entretient une grosse armée et une marine de guerre ruineuses pour le pays.

2. L'Autriche-Hongrie *(fig. 168)*, un peu plus grande que la France, a 47 millions d'habitants (71 par kil. carré). C'est une association bizarre de peuples Slaves, Allemands, Hongrois (ou Magyars), Roumains, Italiens, chacun parlant sa langue et ayant ses coutumes propres : c'est une tour de Babel. Le tout forme deux États jumeaux, l'Empire d'Autriche que les Allemands d'Autriche gouvernent ; le royaume de Hongrie où les Magyars sont les maîtres. Les peuples slaves (Bohémiens, Polonais, Croates, etc.) sont les plus nombreux mais ils sont dispersés et oppri-

---

1. Pour la production du vin, l'Italie vient après la France.

Fig. 168. — Carte de l'Autriche-Hongrie

més. L'Empereur-roi fait à grand'peine vivre ensemble tous ces associés qui s'entendent mal [1].

Les Alpes, les monts de Bohême, le grand arc de cercle des Carpathes divisent l'Autriche-Hongrie en nombreux

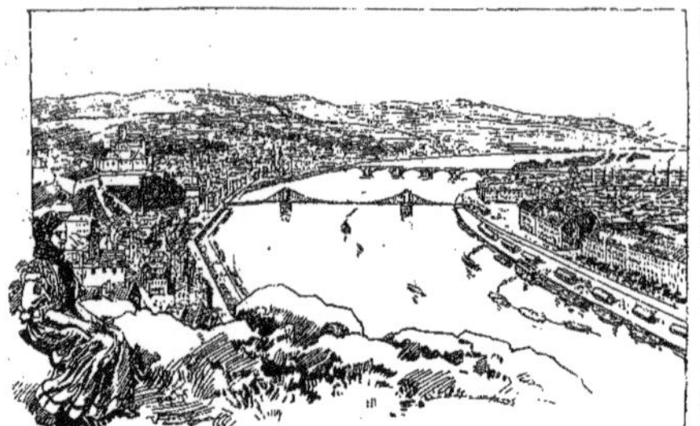

Fig. 169. — Le Danube à Buda-Pesth

compartiments. Le grand fleuve Danube, très navigable, en réunit quelques-uns. Il traverse plusieurs provinces autrichiennes, puis il recueille les eaux de la grande et fertile plaine de Hongrie, la terre du blé. Il force l'obstacle des Carpathes, au milieu des rochers surnommés les Portes de fer, et il va finir en Roumanie.

L'État autrichien [2] comprend des provinces alpestres peu peuplées où le fer et la houille, le bois et le bétail font vivre quelques villes. Au sud, il possède, sur l'Adriatique, le grand port de *Trieste* (180.000 hab.), qui exporte surtout du bois et du blé. Au nord est la Bohême, riche en mines et en industries de toute sorte : *Prague*, sa capitale (225.000 hab.), est une ville universitaire et industrielle (draps, verre de Bohême). Au delà des Carpathes, la Galicie, débris de l'ancien royaume de Pologne, produit surtout du blé. Elle a des mines de sel importantes.

Vienne (1.170.000 hab.), au centre de cet État, sur le Danube, est la capitale de la monarchie. C'est une belle ville universitaire et artistique, qui a, comme Paris, des industries nombreuses. Les « articles de Vienne » sont presque aussi connus que les « articles de Paris ».

L'État hongrois ne vit guère que de l'agriculture. Il produit beaucoup de blé, du bétail et du vin. Sa capitale est *Buda-Pesth* (713.000 hab.) sur le Danube *(fig. 169)*.

L'Autriche-Hongrie voudrait s'agrandir dans la péninsule des Bal-

kans. Elle y a déjà pris aux Turcs la Bosnie et l'Herzégovine.

Nous achetons surtout du bois aux Autrichiens.

RÉSUMÉ. — I. Le royaume d'Italie a 32 millions d'habitants. Il occupe une longue péninsule et des îles. Il est pauvre et produit surtout du vin et du blé.

II. Les principales villes d'Italie sont Rome, la capitale ; Naples, la ville la plus peuplée ; Milan, qui fabrique des soieries, et le grand port de Gênes.

III. L'Autriche-Hongrie (47 millions d'habitants) comprend deux États, et des races diverses, en majorité slaves. L'Autriche a pour principales villes Vienne, capitale de l'Empire, Prague et le port de Trieste. La Hongrie, terre à blé, a pour capitale Buda-Pesth.

Exercices. — Croquis : 1° de l'Italie ; 2° de l'Autriche-Hongrie.

LEÇON LXVI

PÉNINSULE IBÉRIQUE — PÉNINSULE DES BALKANS

ENTRETIEN

1. **La péninsule Ibérique** *(fig. 170)* n'est pas un pays neutre ; mais c'est pour nous une voisine inoffensive. Cette vaste contrée, plus grande que la France, est presque deux fois moins peuplée. Elle se compose d'une série de plateaux montagneux assez arides, tour à tour très chauds et très froids. De longs fleuves maigres et presque inutiles la traversent. Le Tage, qui est le plus important, ne rend service à la navigation que vers son embouchure.

La population est rare sur les deux tiers du territoire. Elle est dense sur les côtes et dans la plaine de l'An-

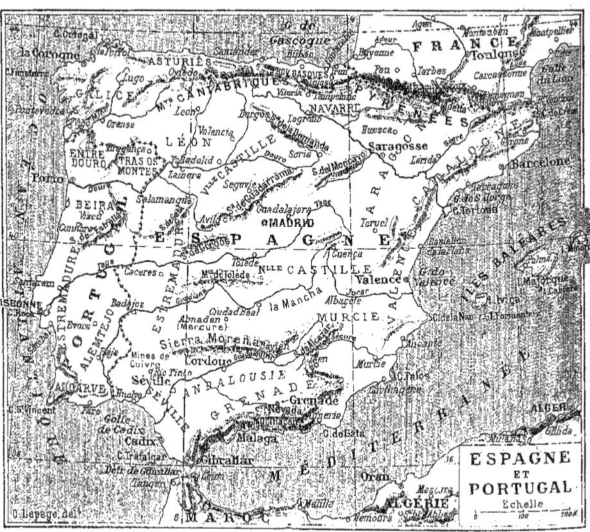

Fig. 170. — Carte de l'Espagne et du Portugal

---

dalousie, dont la température presque africaine fait mûrir les oranges et la vigne.

Le royaume constitutionnel d'*Espagne* occupe les cinq sixièmes de la péninsule. Il a 18 millions d'habitants (en y comprenant les îles Baléares et l'archipel des Canaries, en Afrique). C'est tout ce qui reste de sujets à Sa Majesté Catholique, à l'héritier de ce Charles-Quint qui possédait le quart du monde civilisé.

Les Espagnols avaient encore, au siècle dernier, quelques îles aux Antilles et en Océanie : les États-Unis viennent de les leur prendre. *Madrid,* la capitale (512.000 hab.), au centre du pays, *Barcelone* le seul grand port (509.000 hab.) et la seule ville de grande industrie (cotonnades et lainages), Valence la ville des oranges, *Séville (fig. 171)* en Andalousie sont les villes les plus importantes. Les vins (malaga, xérès, etc.), les moutons mérinos, les mines de cuivre, de mercure et de fer sont les richesses de l'Espagne. C'est le vin et le fer que nous lui achetons surtout.

2. Le Portugal, royaume constitutionnel aussi, occupe une faible partie du littoral de la péninsule. Il a 5 millions et demi d'habitants. Pays montagneux et chaud, il est surtout favorable à la vigne. Il approvisionne les Anglais de vin de *Porto* (172.000 hab.) C'est pour nous un maigre client.

La capitale, *Lisbonne* (357.000 hab.), sur une sorte de lac intérieur que forme le Tage avant de se jeter dans la mer, est un excellent port, et une ville considérable.

Fig. 172. — Carte de la Péninsule des Balkans

Comme l'Espagne, le Portugal a perdu la plupart de ses immenses colonies. Il possède encore quelques îles et de vastes territoires bien pauvres dans le sud de l'Afrique.

3. Au sud des Carpathes, la **péninsule des Balkans** *(fig. 172)* s'avance vers l'Asie presque au point de la toucher. Elle est découpée par des golfes innombrables, et prolongée par plusieurs archipels. La chaîne des Balkans la partage en compartiments étroits dans chacun desquels vit, comme isolé, soit un peuple, soit une province.

La seule grande plaine est celle du bas Danube, riche en céréales. Le reste du pays est pauvre. La population est moitié moins dense qu'en France.

Cette population est la plus mélangée du monde. On y trouve surtout des Grecs et des Slaves, puis des Roumains, des Turcs, des Albanais, des Juifs, chaque peuple ayant sa langue. Le lien commun de la majorité de ces hommes, c'est la religion orthodoxe (ou grecque) et avec elle la haine du Turc musulman.

Car le Turc, arrivé d'Asie, a conquis toute la contrée il y a moins de cinq siècles, sans s'y mêler aux indigènes. Une à une il a vu se révolter et s'affranchir ses meilleures pro-

Fig. 173. — Constantinople et le Bosphore

vinces, et s'il garde encore le tiers de la péninsule, c'est que les grandes puissances d'Europe préfèrent laisser vivre **l'homme malade** (c'est la Turquie que l'on appelle ainsi), que de voir la Russie lui succéder [1].

Des six monarchies qui se partagent cette péninsule, **l'empire ottoman** est de beaucoup la plus importante. A 6 millions de sujets d'Europe, le sultan ajoute 17 millions de sujets dans l'Asie occidentale et un million dans la province africaine de Tripoli. Ce sont les débris d'un bien plus vaste empire.

---

1. La Russie convoite Constantinople et l'Autriche Salonique.

Toute son importance actuelle lui vient de sa capitale, *Constantinople (fig. 173)* (1.125.000 hab.), port fameux, ville de grand commerce, où l'Asie et l'Europe font leurs échanges, et par où les Russes doivent passer pour gagner l'Occident.

Le royaume de **Grèce** n'a pas 2 millions et demi d'habitants. Il est tout en îles et en presqu'îles ; ses marins et ses pêcheurs le font vivre autant que ses vignerons. Pauvre d'ailleurs, il ne compte dans l'humanité que par ses souvenirs. Les Grecs ont été le peuple le plus artiste et le plus civilisé de l'antiquité, et ce que l'on va voir à *Athènes* (111.000 hab.) ce sont les ruines de ses beaux monuments.

La petite principauté de **Monténégro** (228.000 hab.) est habitée par des pâtres montagnards.

Le royaume de **Serbie** (2 millions et demi d'hab.) est plus grand, il n'est guère riche qu'en bois et en bétail. Sa capitale est *Belgrade* (69.000 hab.) sur le Danube.

La **Bulgarie** (3.700.000 hab.), capitale *Sofia* (68.000 hab.), est mieux cultivée. Elle possède un morceau de la plaine danubienne, riche en céréales. Cette principauté est nominalement vassale de la Porte [1].

La **Roumanie** (6 millions d'hab.) est, après la Turquie, le royaume le plus important. C'est un vaste champ de blé dont le marché principal est *Bucarest* (282.000 hab.), et le port, *Galatz,* sur le Danube.

Nous achetons aux Roumains du blé, aux Turcs de la soie, aux Grecs des raisins. La France est d'ailleurs aimée dans ces pays où elle protège les chrétiens depuis les croisades. — Beaucoup de Roumains, de Grecs, et même de Turcs viennent étudier à Paris.

RÉSUMÉ. — I. Dans la péninsule Ibérique, l'Espagne est pauvre et déchue de son ancienne puissance. Sa capitale est Madrid, son grand port est Barcelone. - Le Portugal a pour capitale Lisbonne.

II. La péninsule des Balkans comprend des peuples très divers, partagés entre 6 États : la Turquie, capitale Constantinople ; la Roumanie, capitale Bucarest ; la Grèce, capitale Athènes ; la Bulgarie, la Serbie et le Monténégro.

Exercices. — 1° Croquis de la péninsule Ibérique ; 2° Croquis de la péninsule des Balkans.

LEÇON LXVII

LES ÉTATS SCANDINAVES — LA RUSSIE

ENTRETIEN

1. Les royaumes scandinaves, **Danemark, Suède et Norvège** *(fig. 174)* ont longtemps été réunis. Ils ont mêmes mœurs, même religion (luthérienne), des langues parentes, et surtout, un rôle commun : tous trois gardent l'entrée de la Baltique [2]. Leurs ports sont des stations naturelles pour les navires qui vont dans cette mer. Toutes les puissances sont donc intéressées à ce que ces États demeurent indépendants : ils devraient être neutralisés.

Le Danemark continue la plaine allemande. Il comprend la presqu'île basse et marécageuse du Jutland et des îles également basses dont la principale est Seeland. De tous les détroits qui séparent ces îles, le plus fréquenté par les

Fig. 174. — Carte des pays Scandinaves

navires est le Sund. C'est là qu'a grandi *Copenhague,* capitale du royaume danois (380.000 hab. et 100.000 hab. dans ses faubourgs). Son excellent port, ses chantiers, ses forges, ses brasseries, ses industries alimentaires, servent aux navires de toutes les nations. Elle réunit le sixième de la population danoise (2.500.000 hab.).

Le reste du royaume a pour richesse le blé, le bétail et la pêche.

Le Danemark possède quelques colonies sans impor-

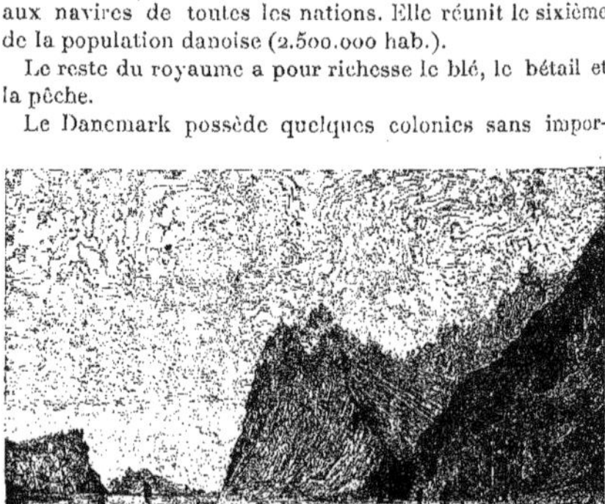

Fig. 175. — Fjord norvégien

1. La Sublime Porte, nom que se donne le gouvernement ottoman.
2. Les Allemands ont creusé entre la Baltique et la mer du Nord le canal de Kiel pour éviter à leurs navires de contourner le Jutland.

tance. L'Islande, île volcanique, voisine de la banquise arctique, est la plus connue, parce que nos pêcheurs vont y chercher la morue.

La **Suède** et la **Norvège** sont deux royaumes constitutionnels distincts mais qui ont un même roi[1]. Ils se partagent la grande péninsule de Scandinavie, pays montagneux, en grande partie glacé, qui n'a pas 10 habitants au kilomètre carré.

Les *Norvégiens* (2 millions 1/4) occupent la côte occidentale (*fig. 175*) que la mer attiédit. Ils sont marins et pêcheurs. Ils nous vendent surtout le bois de leurs forêts. Leur capitale est *Christiania* (227.000 hab.).

Les *Suédois* sont 5 millions. Tout le nord de leur pays est froid et presque désert. Les Lapons qui y vivent, à demi-sauvages, ont pour toute ressource leurs troupeaux de rennes. Au centre sont des forêts et d'importantes mines de fer, d'argent et de cuivre : mais la houille manque, et c'est ce qui empêche l'industrie de se développer. Au sud, les céréales et le bétail abondent. *Stockholm*, la capitale (300.000 hab.), au bord d'un grand lac, est un port actif et une ville industrielle.

Nous achetons aux Suédois du bois, du fer, nous leur vendons du cognac et des vins.

2. L'empire de **Russie** (*fig. 176*) est à cheval sur deux continents. Il forme à lui seul la sixième partie du monde. Car l'Asie russe, que nous considérons comme une colonie de cet empire, n'en est pas un morceau séparé : c'est un membre solidement attaché au tronc. Le tout compte 22 millions de kilomètres carrés, plus de deux fois l'Europe, et 131 millions d'habitants (6 par 100 hectares).

La **Russie d'Europe** n'est que le quart de ce vaste domaine, et elle est encore grande comme dix fois la France. Elle contient les cinq sixièmes des sujets russes, soit 109 millions (20 par 100 hectares), et elle en gagne plus d'un million et demi chaque année.

Cet immense réservoir d'êtres humains ne renferme pas seulement des Russes, mais des Polonais que les tsars ont conquis, des Cosaques, des Allemands, des Juifs, des Mongols de race jaune, etc., fouillis d'hommes en majorité ignorants, pauvres et souvent ivrognes. C'est bien le « pays des quarante-quatre peuples ». Cependant les mœurs et la religion des Russes gagnent peu à peu tous les sujets du tsar, et presque tous sont aveuglément dévoués à leur empereur[1]. Si la Russie était aussi riche qu'elle est peuplée, elle dominerait l'univers : mais elle est pauvre. Aussi s'est-elle alliée à la France. Elle a les hommes et nous avons l'argent. Les deux peuples unis n'ont rien à redouter de la Triplice.

La Russie d'Europe occupe une grande plaine qu'ar-

Fig. 176. — Carte de la Russie

---

[1]. Ce roi est un descendant du général français Bernadotte.

[1]. Le tsar n'est pas un monarque constitutionnel, mais un souverain *autocrate*.

rosent le Volga, le Don, le Dniéper, la Vistule, la Néva, beaux fleuves qui suppléent à l'insuffisance des chemins de fer. Tout le nord est très froid *(fig. 177)* et presque désert, si ce n'est sur la côte de Finlande. Le centre est une vaste forêt qui se défriche lentement. Le sud est l'immense Terre-Noire, où le blé vient sans engrais. Au sud-est, les steppes sont de vastes prairies où paissent des chevaux. La partie la plus riche et la plus peuplée, c'est la partie occidentale, surtout l'ancienne Pologne qui joint à ses cultures l'industrie textile.

Ainsi la Russie est surtout un pays agricole. Elle produit du blé, du bétail, du bois, du chanvre. L'industrie y commence à naître grâce aux mines de l'Oural (fer, or, platine), à la houille de la vallée du Don, et au pétrole du Caucase.

Saint-Pétersbourg, la capitale (1.400.000 hab.), est une belle ville, bâtie à l'européenne, sur les bouches de la Néva. Comme toutes les capitales, elle a des industries variées (tissus, sucre, bière, etc.). L'hiver y est fort rigoureux.

Moscou (1 million d'hab.), l'ancienne capitale, est la ville sainte des Russes, elle a 360 églises et quantités de

Fig. 177. — Paysans russes et leur troïka (attelage)

monastères. Elle vit aussi d'industrie (draps, cotonnades, soieries, cuirs).

Varsovie (640.000 hab.), est la capitale de l'ancienne Pologne. Elle demeure grande, grâce à ses manufactures et à ses banques.

Odessa (405.000 hab.), sur la mer Noire, est le port des blés russes.

A l'est de la Russie, *Nijni-Novgorod*, attire chaque année, pendant sa grande foire, 200.000 visiteurs du fond de l'Asie comme de l'Europe. Le thé et la soie de Chine gagnent la Russie par ce moyen.

Enfin *Astrakhan*, sur la Caspienne, s'enrichit en pêchant l'esturgeon du Volga.

Nous achetons aux Russes surtout du blé, du lin et du chanvre.

RÉSUMÉ. — I. Les trois royaumes scandinaves gardent l'entrée de la Baltique. Le Danemark, pays agricole, a pour capitale Copenhague, la Suède Stockholm, et la Norvège Christiania. Suède et Norvège ont le même roi.

II. L'empire russe, grand comme 40 Frances, réunit 130 millions d'hommes. Les cinq sixièmes de sa population sont en Europe.

III. Les villes principales de la Russie d'Europe sont : Saint-Pétersbourg, la capitale ; Moscou, la ville sainte des Russes ; Varsovie, en Pologne ; Odessa, le port des blés du sud.

Exercice. — Croquis de la Russie d'Europe.

LEÇON LXVIII

L'ASIE

ENTRETIEN

1. L'Asie *(fig. 178)* est la plus grande des cinq parties du monde (42 millions de kilomètres carrés, quatre-vingts fois la France, plus de quatre fois l'Europe).

Elle a presque les mêmes découpures, le même relief que l'Europe : mais îles, presqu'îles, fleuves, montagnes, tout y est plus grand qu'en Europe. Au total, ce continent est massif ; son centre demeure impénétrable et inconnu.

L'Asie centrale comprend les plus hautes terres du globe : le plateau du *Tibet*, trois fois grand comme la France, et haut comme le mont Blanc ; la chaîne de l'*Himalaya*, où le Gaurisankar atteint 8.840 mètres ; le plateau de Pamir, surnommé le Toit du Monde. — De là partent les principales chaînes du continent asiatique.

Au pied des monts s'étalent de vastes plaines (Turkestan, Sibérie, etc.).

A cette Asie qu'on peut appeler continentale, s'accolent de grandes presqu'îles : l'*Asie Mineure*, dans la Méditerranée ; l'*Arabie*, rectangulaire (comme serait une vaste Espagne) ; l'*Inde*, accompagnée de Ceylan (comme l'Italie et la Sicile) ; l'*Indo-Chine*, continuée par des archipels (comme notre péninsule des Balkans) ; la Corée, qui s'avance vers l'*archipel japonais* (comme la Bretagne vers l'Angleterre) ; le Kamtchatka glacé, qui fait pendant à la Scandinavie.

L'Océan, sous des noms divers (Indien, Pacifique, mer Rouge, etc.), pénètre entre ces presqu'îles. Les Anglais en occupent les principaux passages (Suez, Aden, Singapour).

L'Asie, voisine du pôle et de l'équateur, a tous les climats et des productions variées. Deux tiers de sa surface sont pauvres et mal peuplés. La Sibérie est glacée ou couverte de forêts. L'eau est rare au centre et à l'ouest, dans les steppes du Turkestan, dans les déserts de Mongolie, de Perse, de Syrie, d'Arabie. Là, à part les tribus nomades qui vivent de leurs troupeaux, les habitants sont groupés au bord des cours d'eau. Ils y cultivent le blé, le riz, le mûrier, le coton, le tabac.

C'est au sud et à l'est, dans l'Inde, l'Indo-Chine et les provinces orientales de la Chine, pays chauds et bien arrosés[1], que sont massés les sept huitièmes des Asiatiques, 700 millions d'habitants sur 800. Le riz et le thé, puis le blé et le coton sont leurs grandes ressources.

Parmi ces 800 millions d'hommes, les gens de *race jaune* sont en majorité : Chinois, Japonais, Annamites, etc. La *race blanche* domine dans l'ouest et dans l'Inde. D'autres races sont moins importantes : noirs de Ceylan et de l'Inde méridionale, Malais, Turcs, etc.[2].

Les Européens travaillent à conquérir l'Asie. Ils en possèdent la plus grande partie. Ils ménagent peu à peu le

---

1. Tout n'est pas cultivé pourtant. Il y a des déserts, des forêts tropicales où se réfugient les tigres, les serpents, les éléphants. L'éléphant asiatique, plus docile que celui d'Afrique, est aisément domestiqué.

2. Trois ou 400 millions de fidèles, la plupart de race jaune, suivent le culte de Bouddha ; 200 millions d'Hindous suivent celui des brahmanes. Il y a 100 millions de musulmans, dans l'ouest surtout. Quelques milliers de sauvages, en Sibérie, sont idolâtres.

morcellement de l'Empire chinois. L' « ours russe » et la « baleine anglaise » sont les plus avides : ils se jalousent et se font un obstacle d'un bout à l'autre de l'Asie.

2. Dans l'**Asie occidentale**, le sultan **turc** compte 17 millions de sujets qui ne lui obéissent pas toujours.

La principale province de l'Asie turque, c'est la pres-

de Mésopotamie, capitale *Bagdad* (145.000 hab.). A l'ouest, dans les montagnes de Palestine, se trouvent la mer Morte et *Jérusalem* (50.000 hab.), qui rappellent aux chrétiens tant de souvenirs.

L'Arabie est brûlante et aux trois quarts déserte. Au centre, des tribus nomades vivent de leurs troupeaux.

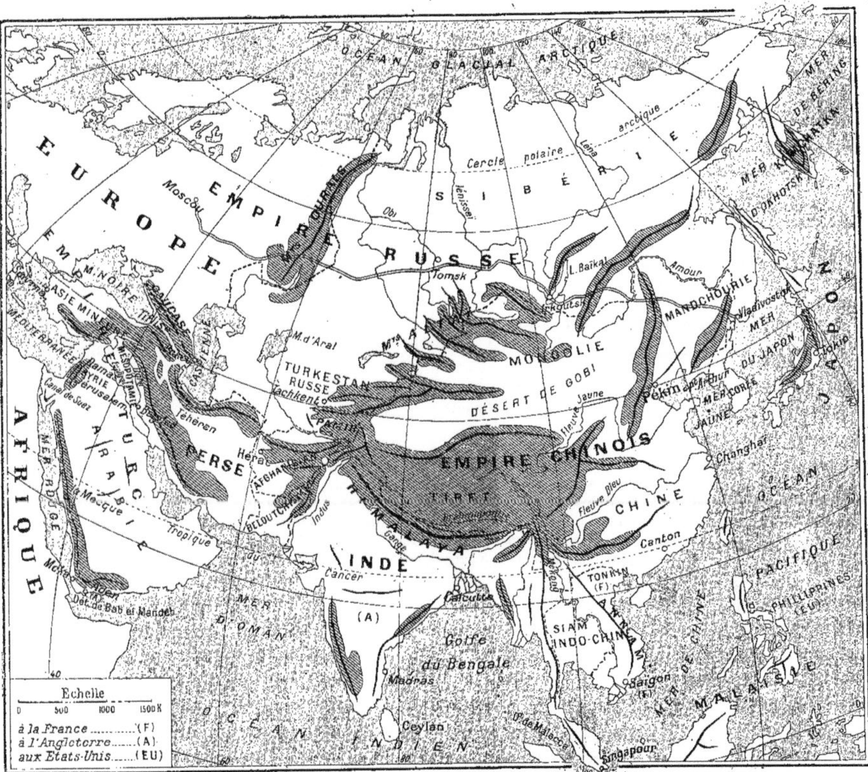

Fig. 178. — Carte de l'Asie

qu'île d'Asie Mineure. Comme notre Algérie, elle renferme des plateaux arides où paissent des moutons[1]. Les vallées des fleuves et la côte sont fertiles en vigne, en blé, en oliviers. *Smyrne*, connue pour ses tapis, a 200.000 habitants.

La Syrie, capitale *Damas* (140.000 hab.), comprend de vrais déserts. Deux grands fleuves jumeaux, le Tigre et l'Euphrate, y ont créé une longue oasis, la riche province

Sur le littoral, quelques villes vendent du café *(Moka)* et des parfums. *La Mecque* est la ville sainte des Musulmans, patrie de Mahomet.

La France protège les catholiques du Levant : mission onéreuse, mais qui pourrait devenir profitable si un chemin de fer transsyrien venait rendre la vie à cette contrée.

3. Le schah de **Perse** possède le plateau, en partie désert, qui s'étend au sud de la Caspienne. Il a 9 millions de sujets. Sa capitale est *Téhéran* (250.000 hab.). Le coton,

---

[1]. Les montagnards de l'Arménie, les uns chrétiens, les autres musulmans, s'entretuent fréquemment.

la soie, le riz, le tabac, l'industrie des tapis sont les ressources du pays.

4. L'Afghanistan (4 millions et demi d'hab.) dont l'*émir* réside à *Caboul,* est une confédération de tribus montagnardes qui vivent de leurs troupeaux. Les Anglais et les Russes leur achètent des chevaux.

Persans et Afghans ont, dans les Anglais et les Russes, des voisins bien dangereux pour leur indépendance.

RÉSUMÉ. — I. L'Asie, grande comme 4 Europes, est entourée de presqu'îles, Arabie, Inde, Indo-Chine. Au centre sont les massifs montagneux les plus élevés du monde. Le Gaurisankar, dans l'Himalaya, a 8.840 mètres.

II. 800 millions d'hommes habitent l'Asie. La race jaune est en majorité.

III. A l'ouest de l'Asie, les provinces turques ont pour villes importantes : Smyrne, Damas et Bagdad, et les villes saintes de Jérusalem et la Mecque.

La Perse, capitale Téhéran, et l'Afghanistan sont indépendants.

Exercices. — Croquis : 1° de l'Asie turque; 2° de l'Asie entière (si les élèves sont assez avancés).

LEÇON LXIX

ANGLAIS ET RUSSES EN ASIE

ENTRETIEN

1. L'Asie russe n'a que 22 millions d'habitants, 9 en Transcaucasie, 7 1/2 dans le Turkestan *(fig. 179),* moins de 6 dans l'immense Sibérie.

La Transcaucasie, capitale Tiflis, est montagneuse et pauvre. Elle possède à *Bakou* de riches mines de pétrole.

Le Turkestan, outre les nomades des steppes, a des cultivateurs et de vraies villes au bord des fleuves et du lac d'Aral. *Tachkent* a 156.000 habitants.

La Sibérie a deux habitants par kilomètre carré. Elle est glacée six mois de l'année. Quelques tribus sauvages errent dans les forêts du nord. On a défriché vers l'Oural, le long des grands fleuves Obi, Iénisséi, Amour, et sur le trajet

Fig. 179. — Types du Turkestan

du chemin de fer transsibérien. Ce chemin de fer qui s'achève, unit l'Europe à *Irkoutsk* et au lac Baïkal ; de là il gagnera les ports russes du Pacifique, *Vladivostock* sur la mer du Japon, et *Port-Arthur* en pleine Chine.

Les mines d'or, de platine, de cuivre de l'Oural et de l'Altaï, exploitées par des forçats, sont l'unique richesse de la Sibérie.

A l'occasion de la récente guerre de Chine, les Russes ont occupé la Mandchourie. Ils comptent bien garder cette région.

Fig. 180. — Carte de l'Hindoustan

2. Les possessions anglaises sont bien plus importantes. Hindoustan *(fig. 180)*, Indo-Chine anglaise, Béloutchistan, île de Ceylan, etc.; 300 millions de sujets ou de protégés les habitent[1].

La partie la plus riche de l'Hindoustan, c'est la vallée du *Gange.* Ce grand fleuve et son frère jumeau, le Brahmapoutre, fécondent des plaines plantées de riz et surchargées de population. La vallée de l'Indus, à l'ouest, est plutôt fertile en blé. Dans la péninsule du Dekkan on cultive le coton, l'indigo, le thé, le quinquina, l'opium qu'on vend aux fumeurs chinois. Des diamants, de l'or, les perles des pêcheries de Ceylan s'ajoutent à ces richesses.

La population trop nombreuse est misérable. 28 villes ont plus de 100.000 habitants. *Calcutta,* la capitale, en a 1.300.000; *Bombay,* port du coton et du blé, 770.000; *Madras,* autre port, 500.000. Parmi les villes de l'intérieur on peut retenir Bénarès, sur le Gange, la ville sainte des brahmanes.

Autour de l'Hindoustan sont des provinces moins riches ; le Béloutchistan, montagneux et sauvage, le Kachmir, connu pour ses châles; la *Birmanie,* pays du riz, dont Rangoon (230.000 hab.) est le port. Dans la presqu'île de Malacca, les Anglais exploitent des mines d'étain. Ils ont à *Singapour* un grand marché de riz.

Entre eux et nous, dans l'Indo-Chine, est le petit royaume de *Siam,* capitale Bangkok (600.000 hab.) ; chacun de ses voisins empêche l'autre de le conquérir.

En Extrême-Orient, les Anglais ont l'îlot de *Hong-Kong* en face de Canton. Quand ils ont vu récemment la Russie

---

1. On parle 120 langues ou patois dans l'Inde. — Nous achetons dans ce pays des graines oléagineuses et du blé.

s'établir sur le Petchili et les Allemands à *Kiao-Tchéou* sur la mer Jaune, ils ont mis la main sur le port chinois de Weï-Haï-Weï dans les mêmes parages.

Voilà, sans parler de la France et du Japon, trois mauvais voisins pour les Chinois.

RÉSUMÉ. — I. Les Russes possèdent, en Asie, la Transcaucasie, le Turkestan et la Sibérie, importante par ses mines et son chemin de fer. — Ils ont sur le Pacifique Vladivostock et Port-Arthur.

II. Les Anglais possèdent 300 millions de sujets dans leur empire des Indes. Les vallées du Gange et de l'Indus sont riches en riz et en blé, le Dekkan, en coton et en opium. Calcutta, Bombay, Madras, sont les grandes villes de l'Inde.

III. L'Angleterre tient la route de l'Extrême-Orient par Suez, Aden, Ceylan, Singapour et Hong-Kong.

Exercice. — Croquis de l'Inde.

LEÇON LXX

L'ASIE *(fin)* — LES JAUNES — L'OCÉANIE

ENTRETIEN

1. Le **Japon** *(fig. 181)*, voisin aussi de la Chine, est un empire de 46 millions d'âmes (109 par kilom. carré); il aspire à dominer l'Orient. Les Japonais sont les plus intelligents des Jaunes [1]. Ils se sont mis à l'école des officiers et des savants européens, et ils sont devenus une grande puissance. Le **Mikado** japonais est un monarque constitutionnel.

La plus grande île de l'archipel japonais est Hondo (ou Nippon [2]). Là est *Tokio*, la capitale (1.500.000 hab.) dont le port est *Yokohama*. Osaka, autre port (800.000 hab.). Froid au nord, le Japon est tempéré au sud. Il produit surtout du riz. Il exporte de la soie. Il a de grandes richesses minières.

2. La **Corée** (9 millions d'hab.), royaume autrefois vassal de la Chine, est un pays montagneux et pauvre. La capitale est Séoul (200.000 hab.).

3. L'**Empire Chinois** *(fig. 181)* est tout un monde : 11 millions de kilomètres carrés et 330 millions d'âmes, quelque chose comme une Europe jaune ; mais combien leur civilisation diffère de la notre [3] !

Il y a, dans cet empire, des régions bien diverses. Le *Tibet* est un pays glacé, gouverné par des prêtres bouddhistes dont le chef (dalaï-lama) habite Lhassa. — Le Turkestan chinois et la *Mongolie* sont des déserts. — La *Mandchourie* n'a d'importance que pour les Russes qui y contruisent le transsibérien.

Mais la *Chine* propre est très peuplée (100 et parfois 300 âmes au kilom. carré). C'est une terre boueuse, fertilisée par deux grands fleuves : le Hoang-Ho *(fleuve Jaune)*, et le Yang-tsé-Kiang *(fleuve Bleu* — 5.000 kilom.). Les Chinois en tirent parfois deux et trois récoltes ; ils ont la patience de repiquer leur riz brin à brin. Nous leur achetons surtout le thé et la soie.

L'empereur réside à Pékin (500.000 hab.) dont le port est Tien-Tsin (700.000 hab.). C'est la partie froide de la Chine (bien qu'à la latitude de Naples). Les Européens commercent surtout à *Han-Kéou* (850.000 hab.), marché du thé sur le fleuve Bleu, à *Chang-Haï* (620.000 hab.), où ils ont beaucoup de maisons de commerce, et à *Canton* (800.000 hab.) grand marché de riz et de soie *(fig. 182)*.

4. L'**Océanie** continue l'Asie. Elle comprend toutes les

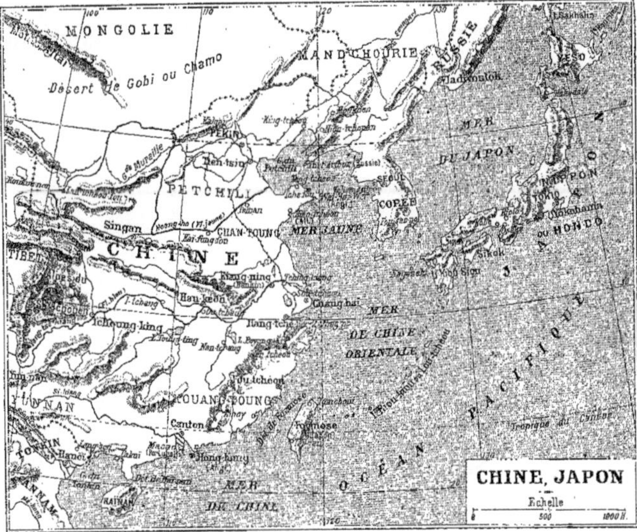

Fig. 181. — Carte de la Chine et du Japon

îles qui émergent du Grand Océan (en dehors des archipels proprement asiatiques comme le Japon).

La plus grande île est l'Australie. Il y en a d'autres grandes à l'ouest, dans la Malaisie et la Mélanésie [1], mais

---

1. Ils ont la religion et l'écriture des Chinois : mais ils sont plus ouverts. Leurs artistes sont originaux et délicats.

2. C'est un pays volcanique (volcan Fusi-Yama). Par crainte des tremblements de terre; on construit les maisons en bambou, avec cloisons intérieures de papier.

3. Les Chinois ont été civilisés avant nous : mais ils ne progressent plus. Ils ont une vénération religieuse pour leurs ancêtres et ne veulent rien changer à leurs coutumes. Ils nous traitent de barbares. L'ignorance et la superstition sont générales. Pourtant on respecte les lettrés ; tous les mandarins sont nommés au concours. Les Chinois commencent à peine à se servir des chemins de fer. Ils n'ouvrent aux Européens que quelques ports.

1. La Mélanésie (îles des Noirs) est peuplée de nègres ; la Malaisie de Malais, petits hommes assez semblables aux Annamites, mais plus bruns. Les Polynésiens ressemblent davantage aux hommes de race blanche, bien qu'ils forment une race à part.

à l'est et au nord, les archipels océaniens ne renferment que de petites îles. C'est la Polynésie.

Les *Hollandais* possèdent les plus belles colonies d'Océanie.

Fig. 182. — Un marché chinois

(28 millions d'hab.). Ce sont les îles de la Sonde, ravagées par les volcans, mais très fertiles. Java seule a 21 millions d'habitants; sa capitale est Batavia qui exporte du sucre et du café : — Sumatra et Bornéo [1] sont plus grandes mais sauvages et pauvres.

Le principal archipel, après celui de la Sonde, est celui des *Philippines*, colonie naguère espagnole, conquise par les États-Unis. La capitale *Manille*, exporte du tabac.

Quant à l'**Australie** *(fig. 183)*, c'est un vrai continent [1], qui égale presque, en surface, les quatre cinquièmes de l'Europe, et nourrit 4 millions d'habitants. Malheureusement tout le centre est désert faute d'eau. Habité autrefois par des nègres qui ont à peu près disparu, il a été depuis deux cents ans colonisé par les Européens, et il forme aujourd'hui une confédération de colonies anglaises. Les montagnes qui s'élèvent à l'est du pays sont, avec la côte, la partie habitable de ce pays très chaud. Ses mines d'or,

Fig. 184. — L'élevage des moutons en Australie

de cuivre, d'étain, de houille, son blé et ses immenses troupeaux de moutons *(fig. 184)* et de bœufs font la fortune de l'Australie. *Sydney* (490.000 hab.) et *Melbourne* (477.000 hab.), sont les deux plus grandes villes. Elles approvisionnent de laine nos fabriques.

Des îles moins importantes, la Tasmanie, l'archipel de *Nouvelle-Zélande*, riche en métaux précieux, les îles Fidji, etc..., appartiennent encore aux Anglais : ensemble un million d'habitants.

Les archipels de la Polynésie sont sans importance. Les Allemands en ont quelques-uns (Carolines, Mariannes, etc.); les Français n'en ont pas moins. Les États-Unis ont mis la main sur ce qui restait à prendre, c'est-à-dire sur les îles *Hawaï*. Peu à peu les colons européens feront disparaître devant eux la race douce et aimable des Polynésiens.

RÉSUMÉ. — I. Dans le monde jaune, l'archipel japonais, capitale Tokio, est très civilisé. L'empire chinois est le plus énorme groupe d'hommes de l'univers. Ses grandes villes sont Pékin, Chang-Haï, Canton qui vendent du thé et de la soie.

II. En Océanie, les Hollandais ont les îles de la Sonde, et surtout Java, riche en sucre et en café. L'Angleterre a l'Australie, riche en moutons et en métaux, et d'autres îles, comme la Nouvelle-Zélande. Les États-Unis ont les Philippines, et l'Allemagne quelques petites îles.

Exercices. — Croquis : 1° de l'Australie; 2° de la Chine.

Fig. 183. — Carte de l'Océanie

La principale île de la Mélanésie est la *Nouvelle-Guinée*, habitée par les sauvages Papous. Les Allemands y ont des comptoirs.

1. Les Hollandais partagent Bornéo avec les Anglais.

1. L'Australie a sa flore et sa faune particulières. L'eucalyptus est un arbre australien. Parmi les animaux singuliers de ce pays, il faut connaître le kangourou.

LEÇON LXXI

L'AFRIQUE

ENTRETIEN

L'Afrique (*fig. 185*) a 30 millions de kilomètres carrés (3 Europes, 57 Frances). Il y a près de 8.000 kilomètres de Tunis au cap de Bonne-Espérance.

Soudée à l'Asie par l'isthme étroit où l'on a creusé le canal de Suez, l'Afrique est partout ailleurs entourée de mers. (*Voir la carte.*) Des îles accompagnent le continent : la plus grande est Madagascar.

Malheureusement cette contrée est massive et difficilement pénétrable [1] (*fig. 186*). Les côtes sont mal découpées, et, quant aux grands fleuves, ils sont barrés de rapides ou de cataractes.

Les principaux systèmes montagneux sont, vers le sud-est, de hauts plateaux que dominent les géants des monts africains, le *Kilima'ndjaro* (6.000 m.) et le *Kénia*. Ils renferment de *grands lacs*, comme le *Victoria* (surface de 12 départements français), qui jette ses eaux dans le Nil, le *Tanganyika*, qui va gonfler le Congo, le *Nyassa*, qui alimente le Zambèze.

Notons encore les *plateaux d'Éthiopie* (ou Abyssinie), l'Atlas, le Fouta-Djalon, les plateaux de l'Afrique australe.

Il pleut beaucoup dans la zone tropicale. Cette zone est isolée des pays méditerranéens par le désert du Sahara, où il ne pleut pas, et de l'Afrique australe par le désert de Kalahari.

Le principal fleuve est le *Nil*, le plus long des fleuves (6.000 kil.). Descendue des hauts plateaux, son énorme masse d'eau s'appauvrit dans la traversée du Sahara. Il n'a plus alors qu'un kilomètre de large. Il franchit des cataractes et va finir en Égypte par plusieurs bouches qui forment un delta. Tous les ans, il déborde (*fig. 187*), et son eau fertilise de longues étendues de terre sur ses bords.

Le *Niger*, dans le Soudan occidental, est moins grand. — Le *Congo*, moins long encore, roule une masse d'eau plus considérable ; il est tout entier dans la zone tropicale. — Le *Zambèze* est presque aussi puissant. Une de ses cataractes (la chute Victoria) est plus imposante que le célèbre Niagara d'Amérique.

Au cœur du Soudan, le lac *Tchad* est une petite mer intérieure.

L'Afrique est un pays très chaud. Là où tombe la pluie, la végétation est riche. Des forêts immenses, aux arbres gigantesques, comme le baobab, produisent des bois variés. On utilise surtout le caoutchouc, les gommes, et les fruits du palmier. Les nègres cultivent le sorgho (sorte de maïs africain) et le mil, le coton, le sucre, le café, les graines oléagineuses. Ils chassent l'éléphant pour vendre ses défenses [1].

Les deux zones de déserts n'ont qu'une végétation rare et seulement par endroits. Le palmier à dattes est cultivé dans les oasis sahariennes. Le dromadaire est l'animal domestique des Touaregs.

Fig. 185. — Carte de l'Afrique

Les deux zones tempérées du nord et du sud sont seules habitables pour des Européens. On y cultive les céréales, la vigne, l'olivier, etc.

Cette grande terre produit très peu. Elle renferme bien des richesses inutilisées, des mines de houille et de métaux, réserve précieuse pour l'avenir. Actuellement les

---

1. Aussi la découverte de l'Afrique n'était-elle guère avancée avant le milieu du dix-neuvième siècle. Nombre d'explorateurs y ont succombé. L'Anglais *Livingstone* en est le plus célèbre.

1. L'Afrique possède bien d'autres animaux qui lui sont propres, rhinocéros, hippopotame, gorille, chimpanzé, crocodile, lion, panthère, hyène, chacal, etc., et l'autruche qu'on élève, au Cap, pour ses plumes.

mines de diamant et d'or de l'Afrique australe sont les seules qui attirent les Européens.

On estime que 150 millions d'hommes habitent l'Afrique (5 par kil. carré). Les peuples voisins de la Méditerranée sont de race blanche : du Maroc à l'Égypte ce sont des Berbères (ou Kabyles) et des Arabes. Ils sont musulmans.

Fig. 186. — Explorateurs africains

Tout le reste de l'Afrique est habité par des nègres, auxquels se mêlent un million peut-être de colons européens. Ces nègres diffèrent beaucoup les uns des autres. Les Abyssins sont déjà civilisés. Les Soudanais le sont moins. Les Congolais sont encore sauvages et souvent féroces. Les Hottentots, au sud de l'Afrique, sont très laids et sauvages. Les Cafres, au sud-est, sont une belle race,

Fig. 187. — Crue du Nil

belliqueuse et fière. Excepté les Abyssins, qui sont chrétiens[1], et quelques peuples musulmans du Soudan, tous ces nègres sont idolâtres.

Trois États indigènes seulement ont pu conserver leur indépendance :

1° L'empire ou sultanat du *Maroc*, au nord-ouest, est semblable à notre Algérie : même relief, même climat,

1. Ils ont une religion chrétienne particulière.

mêmes cultures, mêmes races d'hommes. Il a 8 millions d'habitants. Sa capitale est *Fez* (150.000 hab.), son port principal *Tanger*.

2° La petite république de *Libéria* a été fondée en 1822 par des esclaves noirs d'Amérique qu'on avait affranchis. Elle a 1 million d'habitants.

3° L'empire d'Éthiopie ou *Abyssinie* a conservé son indépendance, grâce aux victoires du négus (ou empereur) sur les Italiens, ses voisins. Ce pays est comme une Suisse africaine. Ses montagnards vivent surtout de leurs troupeaux. Ils ont conquis le Harar, pays du café. La population est de 4 millions d'âmes sur une surface grande comme la France (capitale Addis-Ababa).

Tout le reste de l'Afrique, même ce qui n'est pas connu, est aujourd'hui partagé entre les puissances européennes : mais tout n'est pas soumis ni colonisé, loin de là.

RÉSUMÉ. — I. L'Afrique, grande comme trois Europes, est peu peuplée et difficilement pénétrable. Ses grands fleuves sont le Nil, le Niger, le Congo, le Zambèze. Le mont Kilima'ndjaro domine ses hauts plateaux. L'Afrique renferme des déserts et elle est mal cultivée.

II. La population indigène est blanche au bord de la Méditerranée, noire dans le reste du continent.

III. Le Maroc, capitale Fez, et l'Abyssinie sont les seuls États indépendants de quelque importance.

Exercice. — Croquis de l'Afrique.

LEÇON LXXII

LES EUROPÉENS EN AFRIQUE — L'AMÉRIQUE

ENTRETIEN

1. Les **Européens** se sont partagé l'Afrique.

Nous savons que la France s'y est réservé un vaste empire.

Les **Allemands** y possèdent un grand territoire à l'est, d'où ils tirent du caoutchouc et de l'ivoire; un pays presque désert au sud-ouest qui leur donne du guano; à l'ouest, le Cameroun et quelques comptoirs en Guinée (Togo, etc.). Le tout a 12 millions d'habitants.

Les **Italiens** ont deux territoires sans grande importance sur la mer Rouge et sur la côte des Somalis (Océan Indien).

Les **Turcs** possèdent la province de Tripoli, au nord (1 million d'hab.). Ils ont la suzeraineté nominale de l'Égypte.

Les **Espagnols** n'ont plus que quelques îles, les *Canaries* surtout.

Les **Portugais** ont deux grands territoires : l'Angola et le Mozambique, des îles (Açores, Madère, du Cap-Vert) et des comptoirs voisins du Sénégal.

Le roi de Belgique est le chef d'une société commerciale européenne qui possède l'*État indépendant du Congo*, capitale Léopoldville. Il a fait faire auprès des cataractes du fleuve Congo un chemin de fer qui facilite le commerce. Sa colonie est prospère. Elle exporte surtout du caoutchouc, puis de l'ivoire et de l'huile de palme.

Les **Anglais** ont la plus grande part de l'Afrique.

1° Ils occupent l'*Égypte*, vassale nominale de la Turquie : ils la garderont. Fertilisée par le Nil, l'Égypte cultive le blé, le coton, la canne à sucre. Sa capitale est *Le Caire*

(570.000 hab.), voisine des fameuses *pyramides;* son port est *Alexandrie* (320.000 hab.). Avec les pays nègres du Nil moyen (Nubie, etc.), cette colonie a 10 millions d'habitants [1];

2° Sur la côte est, les Anglais ont un grand territoire situé sous l'équateur, et beaucoup d'îles, surtout l'île *Maurice*, et *Zanzibar;*

3° A l'ouest, ils ont quelques îles, de nombreux comptoirs, et une grande colonie sur le Niger, la *Nigeria* qui va jusqu'au Tchad;

4° Enfin, ils possèdent un bon tiers de l'*Afrique australe*. Toute leur Zambézie, le pays de Rhodésia, celui des Betchouanas, presque déserts, sont sans importance. Mais vers la côte et sur les plateaux montagneux d'où descend le fleuve Orange, les Européens peuvent vivre et ils colonisent. Dans peu d'années, les Anglais auront là l'équivalent de notre Algérie.

Nous appelons d'un seul nom les colonies anglaises sud-africaines. C'est pour nous la colonie du Cap. La capitale et le port principal c'est *Le Cap*.

Le blé, la vigne, le bétail font vivre les habitants de cette colonie : mais l'or et le diamant attirent seuls les Européens. Nous achetons au Cap de la laine et des plumes d'autruche.

Les colons d'autrefois, hollandais d'origine, sont encore nombreux dans le Sud-Afrique : ce sont les Boers. Ils n'aiment pas les Anglais. Pour leur échapper, ils avaient fondé dans les montagnes les deux républiques d'*Orange* et du *Transvaal* où ils vivaient de leurs troupeaux. Mais on a découvert chez eux des mines d'or. En quelques années, une grande ville y est née, *Johannesburg* (100.000 hab.); alors les Anglais ont jugé bon de prendre un pays qui devenait riche. Ils viennent d'annexer à leur colonie les deux républiques boers, malgré une héroïque résistance.

2. L'Amérique (*fig. 188*) s'étend, en deux masses triangulaires, des glaces arctiques aux glaces antarctiques, comme une barrière entre l'Atlantique et le Pacifique. La barrière s'amincit au centre, et des isthmes de plus en plus grêles permettent au golfe du Mexique et à la mer des Antilles de se rapprocher du Pacifique. C'est pourquoi on a tenté de percer l'*isthme de Panama* (75 kilom.) comme on avait percé l'isthme de Suez. On y a pas encore réussi.

Deux grands systèmes montagneux dominent l'*Amérique du Nord*. A l'ouest, la barrière continue des *Montagnes Rocheuses*, enchevêtrement de plateaux élevés et stériles, et de chaînes hautes comme nos Alpes; à l'est, les Alle-

ghanys, plus humbles : une sorte de Jura fort étendu. — Une grande plaine s'étend entre les monts.

Les contrées du nord sont très froides [1]. Leurs lacs, leurs fleuves énormes gèlent pendant plusieurs mois chaque année.

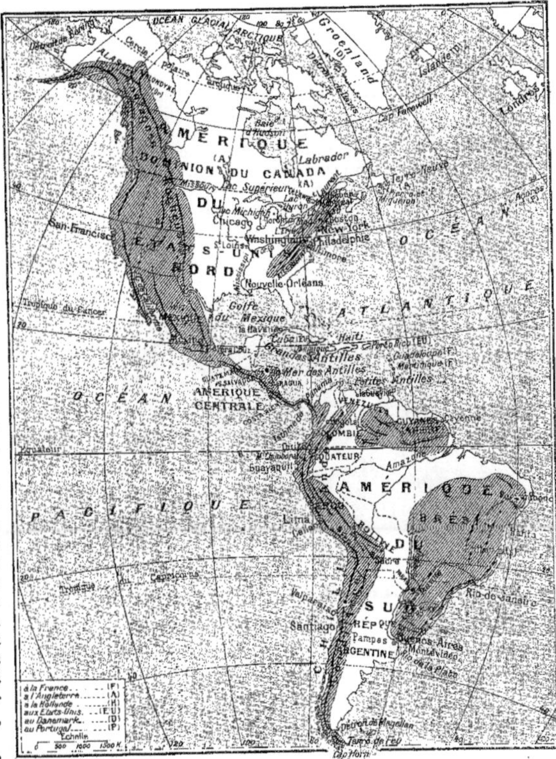

Fig. 188. — Carte de l'Amérique

A la latitude de la France, cinq *grands lacs* font comme une mer d'eau douce [2] entre le Canada et les États-Unis. Leur trop plein se déverse par le *Saint-Laurent*, un des fleuves les plus puissants du monde. Entre les deux derniers lacs se trouve la cascade célèbre du Niagara (largeur 600 à 700 m., hauteur de chute 45 à 49 m.).

Les eaux qui descendent au golfe du Mexique forment le fleuve *Mississipi* (six fois la Seine). Il recueille les longues rivières des grandes prairies presque désertes de

---

1. Nous avons en Égypte de grands intérêts. Plusieurs milliers de Français y sont établis propriétaires, commerçants, fonctionnaires. Les Anglais les supplantent peu à peu.

---

1. Les archipels voisins du pôle sont inaccessibles. Une seule fois un navire a pu passer d'un océan à l'autre par le nord de l'Amérique. Il fallut deux ans, c'est-à-dire le dégel de deux étés... et une chance particulière.

2. Leur surface contiendrait trente-neuf départements français.

l'ouest, comme le Missouri, et les puissants cours d'eau des États populeux de l'est : tel l'Ohio, simple rivière, plus considérable que le Rhin. — Ces belles voies fluviales de l'Amérique du Nord sont sillonnées d'innombrables navires.

Disposée de la même manière, l'Amérique du Sud a aussi sa large chaîne occidentale de montagnes volcaniques et de hauts plateaux, la *cordillère des Andes*, et son système montagneux oriental, les monts du Brésil. Entre ces monts, de vastes plaines jettent leurs eaux à l'Amazone et à la Plata. — La *Plata*[1] c'est un golfe plus qu'une rivière. Le Paraguay et l'Uruguay s'y jettent. C'est un Mississipi qui ne vaut pas l'autre. — Mais l'*Amazone* est le plus puissant fleuve du monde. Quand la Seine déborde, elle roule quarante ou cinquante fois moins d'eau que ne fait l'Amazone en temps ordinaire, et l'Amazone en crue s'étale comme une mer.

Fig. 189. — Arbres géants de la Californie

LEÇON LXXIII

L'AMÉRIQUE ANGLO-SAXONNE — LES ÉTATS-UNIS

ENTRETIEN

1. En y comprenant l'archipel des Antilles, la **double Amérique** s'étend sur 41 millions de kilomètres carrés : quatre Europes[2].

La population n'est que de 130 millions d'âmes.

Elle forme deux groupes inégaux.

Les trois quarts de l'Amérique du Nord, voisins de l'Europe, et de climat quasi-européen, ont été colonisés par les Anglais et les Allemands surtout. Devant eux disparaissent les Peaux-Rouges indigènes. Une nouvelle Europe se forme, qui compte plus de 80 millions d'habitants parlant anglais : c'est l'Amérique *anglo-saxonne*.

Les émigrants espagnols, portugais, italiens, français même, vont plutôt dans l'Amérique tropicale et méridionale. Ils y trouvent des peuples indigènes que les Espagnols ou les Portugais ont autrefois gagnés à leurs mœurs et à leur langue. Tout cela, du Mexique au cap Horn, c'est l'*Amérique latine*, la moins européenne des deux.

Dans les pays chauds des deux Amériques, l'esclavage a introduit jadis quantité de nègres qui forment un élément important de la population aux États-Unis, aux Antilles et au Brésil.

2. Au nord du continent septentrional, les Anglais possèdent une confédération de colonies, le **Dominion** ou **Puissance du Canada**, où 16 Frances tiendraient à l'aise. Mais les deux tiers de ce pays sont glacés et déserts. Ils n'attirent que de rares chasseurs de fourrures, et, depuis quelques années, des chercheurs d'or qui vont au Klondyke.

La côte du Pacifique est de climat plus doux, ainsi que la région du Saint-Laurent et des grands lacs. Encore cette dernière région, sous la latitude de la France, est-elle de climat rigoureux.

Des cinq millions et demi d'habitants du Canada, les deux tiers habitent près des grands lacs et du Saint-Laurent. Les uns parlent anglais : leur ville principale est *Toronto* (207.000 hab.).

Les autres (un tiers environ) parlent français : leurs grandes villes sont *Montréal* (266.000 hab.) et Québec. La capitale fédérale est Ottawa.

Un chemin de fer transcontinental unit les deux océans. Le blé et le bétail des plaines du centre, le bois et la pâte à papier des forêts de l'est, de l'or et d'autres métaux font la fortune du Canada. La pêche de la morue fait vivre Terre-Neuve, grande île à peine peuplée.

Ancienne colonie de la France, le Canada est encore pour nous un pays ami et un acheteur.

3. Les **États-Unis** ont une bien autre importance. A peine plus grands que le Dominion (17 Frances), mais de climat bien plus heureux, ils progressent à pas de géant et pensent être avant peu la première des nations. Déjà ils comptent 76 millions d'habitants. En y joignant le territoire d'*Alaska*, pays glacé, la république protégée de *Cuba*, et les colonies de *Porto-Rico* (aux Antilles), et des îles *Philippines* (Océanie), récemment enlevées à l'Espagne, le tout approcherait de 90 millions d'âmes. Cette population croît d'un million et demi par an, grâce à l'immigration et au grand nombre des naissances.

Et la **richesse** de la nation croît plus vite encore. Avant peu, les États-Unis seront la première nation industrielle et la deuxième nation commerciale du monde. Pour la

---

1. Plata veut dire argent. De là le nom de République Argentine donné au pays qui borde la Plata.

2. La flore et la faune de l'Amérique sont assez différentes de celles de l'Europe. Nous lui avons emprunté bien des plantes comme : la pomme de terre et le tabac. Parmi ses animaux sauvages il faut connaître le jaguar, le caïman, le bison qui disparaît, etc.

1. Quarante-cinq États et plusieurs territoires forment cette confédération.

houille et la métallurgie ils dépassent déjà l'Angleterre. Par le commerce d'exportation ils l'égalent.

Ils ont d'ailleurs d'immenses richesses naturelles. Charbon, pétrole et fer dans l'est, or et forêts (*fig. 189*) en Californie, argent dans les montagnes Rocheuses, cuivre

Fig. 190. — Pont sur l'Hudson à New-York

près des grands lacs, bétail immense et à bas prix, blé en quantité prodigieuse et le moins cher qui soit au monde, car la terre est très fertile, coton enfin et tabac dans les pays chauds du Sud que les nègres cultivent.

D'innombrables voies ferrées, plus longues ensemble que toutes celles de l'Europe, facilitent le commerce.

La population est surtout nombreuse dans les États voisins de l'Atlantique, les premiers colonisés. Là est *New-York* qui n'est point capitale, mais qui est la deuxième ville du monde (3 millions et demi d'hab.). Cet amas de maisons, dont quelques-unes ont dix et douze étages, est disposé régulièrement le long d'avenues interminables et toutes droites. Port de mer et port du fleuve Hudson (*fig. 190*), port de l'Europe sur l'Amérique, New-York fait plus de commerce que Marseille.

Trente-six autres villes ont plus de 100.000 habitants. La capitale, *Washington*, est relativement petite (278.000 hab.). Voici quelques villes plus importantes : 1° à l'est, Boston (560.000 hab.) et *Philadelphie* (1.300.000 hab.) villes de filatures, Baltimore (500.000 hab.) qui vend du tabac et du coton ; dans les Alleghanys, Pittsburg au pays du fer et du pétrole ; 2° près d'un grand lac, *Chicago*, appelé la ville-champignon à cause de sa rapide croissance (1.500.000 hab.), c'est le grand marché du blé et du bétail ; Saint-Louis au centre du pays (575.000 hab.) et la Nouvelle-Orléans, marché du coton, vers les bouches du Mississipi ; 3° sur le Pacifique, San Francisco (350.000 hab.), le port de la Californie si connue autrefois pour ses mines d'or.

Les 45 États de l'Union forment une république fédérative.

Rappelons-nous que les États-Unis sont pour nous de bons acheteurs, et que leur coton est de première nécessité pour nos usines.

RÉSUMÉ. — I. 130 millions d'hommes, en majorité d'origine européenne, habitent les deux Amériques.

L'Amérique du Nord est surtout anglo-saxonne, les pays du centre et du sud sont plutôt Latins.

II. La colonie anglaise du Canada, riche en blé et en bois, est encore en partie française de langue et de mœurs. Ses villes importantes sont : Montréal, Québec et Toronto.

La Confédération des États-Unis, riche en coton, en blé, en bétail, en houille et en métaux, aspire à devenir la plus grande puissance du monde. New-York, Chicago, Philadelphie, dépassent un million d'habitants.

Exercice. — Croquis des États-Unis.

LEÇON LXXIV

L'AMÉRIQUE LATINE

ENTRETIEN

L'Amérique latine est bien moins prospère que l'Amérique anglo-saxonne. Elle est peu peuplée, mal cultivée, désolée par des guerres civiles.

Le **Mexique**, république fédérative voisine des États-Unis, est un pays de plateaux, de montagnes et de volcans, très chaud (coupé par le tropique), et qui renferme de véritables déserts : aussi n'a-t-il que 13 millions et demi d'habitants (7 par 100 hectares). La capitale est *Mexico* (330.000 hab.) sur un plateau. Le port principal est la Véra-Cruz, sur le golfe du Mexique. Le pays est riche en mines, surtout en mines d'argent, en bois de teinture et d'ébénisterie, en tabac. Il nous vend surtout du cuivre et du bois.

Cinq petites républiques se disputent l'isthme de **l'Amérique centrale** : Guatémala, Honduras, Salvador, Nicaragua et Costa-Rica. Elles ont ensemble 3 millions d'habitants. Pays malsains, secoués de tremblements de terre, ils prendraient de l'importance si l'on perçait leur isthme. Ils nous vendent du café et du cacao.

Dans l'Amérique du Sud, sept républiques s'étendent

Fig. 191. — La Cordillère des Andes

le long de la Cordillère (*fig. 191*) sur de vastes espaces à peine peuplés où errent des tribus sauvages. La côte est plus habitée et cultivée. Dans la région voisine de l'équateur, c'est sur les plateaux que se porte la population, la côte étant très chaude.

La **Colombie** (3.900.000 hab.) a des mines d'or ; elle cultive le cacao, le café et la canne à sucre ; mais son importance provient uniquement de ce qu'elle possède un morceau de l'isthme central, et précisément la province de **Panama** où l'on voudrait faire passer un canal interocéanique. La capitale est Bogota (120.000 hab.).

Le **Venezuela** (2.500.000 hab.), capitale Caracas, est en grande partie inhabité. Son port, La Guaira, sur la mer des Antilles, exporte du café et du cacao.

Plus pauvre encore est la république de l'**Équateur** (1.200.000 hab.), petite, toute en montagnes et secouée par de gigantesques volcans (le Chimborazo, 6.250 mètres). La capitale est Quito, le port Guayaquil.

Le **Pérou** a 4.500.000 habitants. Sa capitale est Lima (113.000 hab.) et son port le Callao. Les mines d'argent, le salpêtre et le guano sont ses richesses. Le Pérou nous vend encore du quinquina et du cacao.

La **Bolivie** (2 millions d'hab.) est plus grande et plus pauvre. Elle a été dépouillée de ses provinces côtières par le Chili. Ses mines d'argent (à Potosi) sont célèbres. Sa capitale est La Paz.

Le **Chili** (3 millions d'hab.), est une longue et étroite bande de terre qui va du tropique à l'océan Glacial. Il a tous les climats. Au nord, ses déserts brûlants renferment des provisions de nitrate. Au centre, on cultive le blé et la vigne ; le sud est en forêt. De riches mines de cuivre sont

Fig. 192. — Une ferme dans la pampa

exploitées. La capitale, Santiago (320.000 hab.), a pour port Valparaiso.

La république **Argentine** est plus peuplée (4.800.000 hab.) et elle reçoit beaucoup d'émigrants, d'Italie surtout, d'Espagne et de France. Elle a une grande ville, *Buenos-Aires* (836.000 hab.), qui est un des grands ports du monde. Sa grande richesse, ce sont les innombrables troupeaux de chevaux, de bœufs et de moutons qui paissent

l'herbe des *pampas* (*fig. 192*) (grandes prairies de l'ouest et du sud). Elle exporte de la laine, de la viande conservée et du blé.

L'insignifiante république du **Paraguay** a 600.000 habitants. Celle de l'Uruguay en a 900.000 : elle a pour capitale le port de Montevideo que traversent beaucoup de navires.

Fig. 193. — Port de Rio de Janeiro

Le grand État de l'Amérique du Sud, ce sont les États-Unis du **Brésil** (16 fois la France). Cette république n'a pourtant que 15 millions d'habitants, car les immenses forêts que traverse l'Amazone et la grande plaine du Paraguay sont à peine peuplées. Le Brésil est connu pour ses diamants, mais sa grande richesse est le café. Les forêts de l'Amazone produisent encore du caoutchouc et des bois précieux. *Rio de Janeiro* (522.000 hab.) (*fig. 193*), la capitale, est un port magnifique. Bahia et Pernambouc sont encore des ports importants. — La langue du pays est le portugais.

Au bord de la mer des Antilles, les trois **Guyanes**, colonies malsaines et peu peuplées, appartiennent, la principale aux Anglais, la deuxième aux Hollandais, la plus pauvre à la France.

Quant à l'archipel des Antilles, il comprend beaucoup de petites îles dont les Anglais ont le plus grand nombre, et quatre grandes : la **Jamaïque**, qui est aux Anglais ; Cuba et Porto-Rico, îles naguère espagnoles, que les États-Unis ont conquises ; et enfin *Haïti*, où vivent deux pauvres républiques de nègres et de mulâtres. Toutes ces îles cultivent la canne à sucre, et presque toutes y joignent le café ou le cacao ou la vanille.

Cuba (1.600.000 hab.) est connue surtout pour son tabac, qu'exporte le port de la Havane (200.000 hab.).

RÉSUMÉ. — I. Les principaux États de l'Amérique latine, sont : 1° le Brésil, pays du café, capitale Rio de Janeiro ; 2° le Mexique, capitale Mexico.

II. Moins importantes sont les républiques de l'Amérique centrale, et celles des Andes. Nous achetons des nitrates au Pérou, du cuivre au Chili, de la laine à Buenos-Aires, dans la république Argentine.

III. Les Guyanes et les îles des Antilles appartiennent à des puissances européennes. Cuba est aux États-Unis.

Exercice. — Croquis de l'Amérique du Sud.

Imprimerie de Suresnes (E. PAYEN, adm.), 9, rue du Pont. — 7903

APPENDICE

GÉOGRAPHIE DU DÉPARTEMENT DU LOIRET

LE LOIRET

I. — GÉOGRAPHIE PHYSIQUE DU LOIRET

ENTRETIEN

La surface du département du **Loiret** est de 676.000 hectares. Sa plus grande largeur atteint 120 kilomètres.

Le relief du sol est très faible. Il n'y a guère plus de 160 mètres de différence entre le point culminant (275 m. à Cernoy, au sud-est) et le point le plus bas (68 m. à Dordives, sur le Loing). Pourtant la Loire, arrêtée dans sa marche vers la Seine par le dos de terrain que lui oppose la Beauce, se replie vers le sud-ouest. — (Loire à Orléans, 93 m. ; à Artenay, 129 m.).

La pente des eaux au nord du département est vers la Seine. La *Loire* draine toutes les eaux du sud. Ce fleuve décrit dans le Loiret une courbe de 130 kilomètres, par Châtillon, Briare, Gien, Sully, Châteauneuf, Orléans, Meung et Beaugency. Des collines le bordent tout d'abord : puis elles s'effacent, faisant place à une plaine vaste et toujours menacée d'inondations, mais défendue par des digues. Les crues restent néanmoins redoutables : de 25 à 30 mètres cubes par seconde qu'il roule aux basses eaux, le fleuve se hausse parfois à 9 et 10.000 mètres cubes. D'ordinaire, il ne remplit pas son lit encombré de bancs de sable, et la navigation n'ose pas l'affronter.

La Loire reçoit nombre de petits affluents. Quelques-uns traversent des vallées pittoresques (la Notre-Heure, 38 kilomètres, la Trézée, le triple ruisseau des Mauves à Meung). Le plus connu est le *Loiret* qui n'a que 12 kilomètres. Il naît près d'Orléans de deux grosses sources, le Bouillon et l'Abîme, qui sont bien connues des touristes.

Les eaux du Nord vont à la Seine par le *Loing* et l'Essonne, les deux rivières du Gâtinais. — Le premier a 150 kilomètres (dont 65 dans le Loiret). Il reçoit nombre d'affluents (Averon, Ouanne, Cléry, Vernisson, etc.). Il est suivi, en aval de Montargis, par un canal latéral que les canaux d'Orléans et de Briare réunissent à la Loire. Le canal de Briare ne s'arrête d'ailleurs pas à la Loire : il la franchit sur un pont-canal, et il se relie aux canaux du

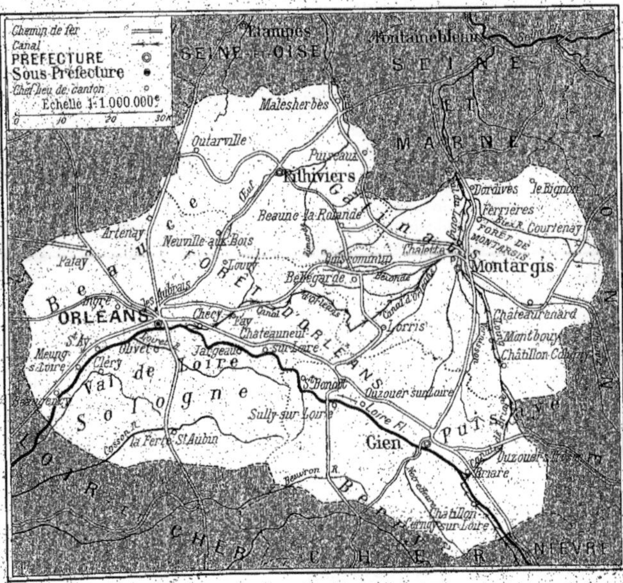

Carte du département du Loiret

centre de la France. Ainsi la vallée du Loing a pris une grande importance dans le réseau de nos voies navigables.

L'Essonne (100 kil.) est formée de la Rimarde et de l'Œuf (la rivière de Pithiviers). Sa vallée est des plus curieuses. On y trouve des coins de forêt superbes, et des entassements de rochers tout à fait pittoresques.

Il y a dans le département beaucoup d'étangs (dans le Gâtinais et la Sologne surtout). Ils sont poissonneux en général. Quelques-uns sont utilisés pour alimenter d'eau des canaux.

Le département comprend plusieurs régions naturelles très distinctes. Au sud de la Loire, la *Sologne* pénètre

Olivet. — Source du Loiret

dans le Loiret jusqu'au *Val*. Ce pays de sable et d'argile était autrefois très pauvre et malsain. L'eau y séjournait en marais qui donnaient la fièvre. Depuis cinquante ans, on dessèche les étangs, on amende le sol, on améliore le bétail, on plante des arbres, on bâtit des villages de brique, gais et vivants. La chasse attire de riches châtelains. Le pays se transforme et s'enrichit.

Vers les bords du fleuve (surtout à gauche et après Gien) s'étale la plaine du *Val de Loire,* pays de petite culture, de vignobles, de pépinières et de jardins.

Au nord de la Loire, le *Gâtinais* occupe, à l'est, un tiers du département, avec ses vallons accidentés, ses champs coupés de haies, ses herbages, ses pommiers, sa grande forêt de Montargis, et parfois encore avec des landes et des gâtines (étangs marécageux). — Tout le nord-ouest est occupé par la *Beauce,* pays riche, mais monotone, au sol crayeux et sec, aux horizons sans arbres, aux champs de blé à perte de vue. — Entre Beauce et Gâtinais s'étend la *forêt d'Orléans* qui prend à elle seule un seizième du département.

Tout le pays appartient au climat tempéré : il est un peu plus tiède dans le Val de Loire, plus sec en Beauce, plus humide en Sologne.

Le pont du canal de Briare

RÉSUMÉ. — I. Le département du Loiret appartient à la région tempérée du centre de la France. Il a très peu de relief.

II. Il envoie ses eaux à la Loire, ou, par le Loing et l'Essonne, à la Seine.

III. Les régions naturelles dont le département a sa part sont : la Sologne, le Gâtinais, la Beauce et le Val de Loire. Les forêts occupent un septième du département. La forêt d'Orléans est la plus grande.

Exercices. — 1° Étudier sur la carte la situation du Loiret (long. 0° lat. 48°) ses limites, les départements voisins, ses cours d'eau, les villes qu'ils traversent, la place des régions naturelles.

2° Faire un croquis en y indiquant seulement les principaux cours d'eau, les villes qu'ils traversent et les régions naturelles.

LECTURE

LE VAL DE LOIRE

Cette région est de beaucoup la plus riante et l'on pourrait dire la plus civilisée du Loiret. C'est un des jardins de la France. Au milieu serpente le fleuve en anneaux brillants. Sa vaste nappe d'eau prend parfois l'apparence d'un lac où se reflète, avec le soleil, la verdure aux riches nuances des prairies et des grands arbres. Au sud et au nord, les coteaux sont plantés de vignobles, surtout en aval d'Orléans, où le vin de Beaugency a conquis de la réputation. Dans la plaine enfin, les cultures sont riches et variées; aux environs d'Orléans, les jardins succèdent aux jardins, les pépinières aux pépinières.

Beaugency

La nature clémente rend les hommes plus doux. Là où il atteint quelque largeur, le Val a sa population à lui, bien distincte des populations voisines. Châteauneuf, Orléans, Meung, Beaugency ne sont ni Beauce ni Sologne. Les gens sont ici plus affinés : les citadins d'Orléans ont leur esprit particulier aussi gai que mordant; l'esprit *guépin*; les paysans, moins énergiques peut-être que ceux de la Beauce, sont vifs, alertes et gens de ressource; ce qui vaut mieux encore, ils ont bon cœur; il n'est pas rare de voir le champ d'un paysan malade cultivé par ses voisins.

(Extrait du *Loiret*, publié chez Dentu, dans la collection de la Galerie Française.)

II. — LE LOIRET : HISTOIRE, ADMINISTRATION

PLAN

1. Histoire. — Sauf quelques parcelles empruntées au Berry et à l'Ile-de-France, le département tout entier a été taillé dans l'Orléanais en 1790. L'Orléanais appartenait à la famille Capétienne dès le temps de Hugues Capet; plusieurs fois il a été donné en apanage.

Le pays a été plusieurs fois disputé quand la nation entière était en grand danger (siège d'Orléans par Attila, par les Anglais du temps de Jeanne d'Arc; nombreux combats au temps de la Ligue; grandes batailles en 1870).

2. Principaux hommes dont la naissance honore le Loiret[1]. — Le roi Robert; — Jean Clopinel (dit Jean de Meung) et Guillaume de Lorris, auteurs du Roman de la Rose; — l'amiral Coligny; — Étienne Dolet, écrivain du seizième siècle; — Duhamel-Dumonceau, agronome du dix-huitième siècle; — Charles, un des inventeurs de l'aérostation; — Mirabeau, le grand orateur; — Girodet, peintre; — Poisson, mathématicien; — Stanislas Julien, orientaliste; — Becquerel, physicien; — Adolphe Cochery, longtemps ministre des postes, etc., etc...

Maison de Diane de Poitiers à Orléans

3. Population, divisions administratives[2]. — 366.000 habitants, 4 arrondissements, 31 cantons, 349 communes.

Arrondissement d'Orléans (172.000 hab.), 107 communes, 14 cantons (Orléans-sud, Orléans-est, Orléans-ouest, Orléans-nord-est, Orléans-nord-ouest, La Ferté-Saint-Aubin, Jargeau, Châteauneuf, Neuville, Artenay, Patay, Beaugency, Meung, Cléry).

Arrondissement de Montargis (80.000 hab.), 95 communes, 7 cantons (Montargis, Bellegarde, Ferrières, Courtenay, Châteaurenard, Châtillon-Coligny, Lorris).

Arrondissement de Gien (58.000 hab.), 49 communes, 5 cantons (Gien, Briare, Châtillon-sur-Loire, Sully, Ouzouer-sur-Loire).

Arrondissement de Pithiviers (56.000 hab.), 98 communes, 5 cantons (Pithiviers, Malesherbes, Puiseaux, Beaune-la-Rolande, Outarville).

Petitesse des communes en Beauce; étendue excessive en Sologne.

4. Services divers[3]. — Justice : Cour d'appel à Orléans; 4 tribunaux de première instance (1 par chef-lieu d'arrondissement); 1 juge de paix par canton; tribunal de commerce à Orléans. — Armée : l'état-major du 5ᵉ corps et le chef de la 5ᵉ légion de gendarmerie sont à Orléans; 2 régiments d'artillerie, 1 d'infanterie à Orléans; 1 régiment de ligne à Montargis, 1 bataillon à Pithiviers. — Instruction publique : inspecteur d'Académie (de l'Académie de Paris); 5 inspecteurs primaires; lycée de garçons et cours secondaires de jeunes filles à Orléans; 2 collèges à Montargis; 2 écoles normales à Orléans; 4 écoles primaires supérieures (2 à Orléans, 2 à Pithiviers); 11 cours complémentaires; école professionnelle Durzy à Montargis; 1.050 instituteurs et institutrices dans les écoles publiques, 440 dans les écoles privées. — Agriculture : 1 professeur départemental, 3 professeurs d'arrondissement. École forestière des Barres (à Nogent-sur-Vernisson). École pratique d'agriculture du Chesnoy (près de Montargis). — Cultes : évêque d'Orléans suffragant de l'archevêché de Paris; 5 ministres du culte protestant; synagogue israélite à Orléans. — Ponts et chaussées : ingénieur en chef à Orléans, 4 ingénieurs ordinaires; et, en outre, les ingénieurs du service de la Loire. — Autres chefs de service à Orléans : directeur des postes et télégraphes, trésorier-payeur-général, 2 directeurs des contributions, directeur de l'enregistrement et des domaines, directeur de la manufacture des tabacs, directeur de la succursale de la Banque de France. — Nombreuses sociétés de crédit, d'étude, d'agriculture.

Orléans. — Hôtel de Ville

RÉSUMÉ. — I. Le Loiret fait partie de l'Orléanais, une de nos provinces les plus anciennement françaises. Il a 366.000 habitants, 54 par kilomètre carré[1].

II. Il comprend 349 communes et 31 cantons répartis entre les 4 arrondissements d'Orléans, de Montargis, de Pithiviers et de Gien.

---

1. Voir *le Loiret*, par L.-H. Ferrand, dans la Galerie Française publiée chez Dentu.

2. Les chiffres qui suivent importent peu : mais les élèves doivent connaître tout au moins les cantons de leur arrondissement.

3. Tous les renseignements qui vont suivre fourniront au maître le sujet d'une conversation. Il n'y a pas lieu d'en faire apprendre aux élèves plus qu'il n'en est conservé dans le résumé. — Même conseil pour la leçon qui suit.

1. C'est beaucoup moins que la moyenne qui est de 72 habitants par kilomètre carré.

III. Orléans est le siège d'une cour d'appel, le quartier-général du 5e corps d'armée, la résidence des principaux chefs de service du département. L'inspection académique du Loiret est du ressort de l'Académie de Paris. Le diocèse d'Orléans est suffragant de l'Archevêché de Paris.

Exercices. — Ajouter, sur le croquis précédent, les noms des chefs-lieux de canton. Les apprendre. Y joindre les noms d'Olivet, Chécy, Ingré, anciens chefs-lieux de canton.

III. — LES RICHESSES DU LOIRET, VILLES IMPORTANTES

PLAN

Le Loiret est surtout un pays agricole; l'industrie y est pourtant assez importante; le commerce y est très actif.

1. Agriculture : elle occupe la moitié de la population. — Céréales surtout : froment en Beauce, méteil en Gâtinais; un peu partout, blé, seigle et avoine. — Herbages et prairies artificielles; nombreux bétail (moutons solognots, bœufs de race normande). — Autres produits : betterave (Pithiviers), pomme de terre, vigne du Val (Beaugency, Saint-Ay, etc.); pépinières (Olivet), pommiers, miel et safran[1] du Gâtinais; bois des forêts, gibier (pâtés de Pithiviers).

2. Industrie : moins d'un cinquième de la population vit de l'industrie. — Point de mines, mais nombreuses carrières (Châtillon-sur-Loire, Briare, Fay, Loury, Meung, etc.); nombreux fours à plâtre, briqueteries, tuileries. — Industries agricoles : 1.000 moulins à farine (et quelques minoteries à vapeur); vinaigre d'Orléans; sucrerie à Pithiviers-le-Vieil; papeteries, fromageries (Jargeau, Orléans); distillerie, chocolaterie (Orléans). — Autres industries : faïence à Gien; grande usine Bapterosse à Briare (boutons et céramique; 1.300 ouvriers); fabrique de caoutchouc de Langlée (à Châlette); tanneries (Meung, Montargis); fabriques de

Orléans. — Musée historique

couvertures, de machines agricoles, d'épingles à cheveux, et manufacture des tabacs à Orléans. Malheureusement la houille doit être achetée fort loin.

3. Commerce : un huitième de la population vit du commerce. — 4 canaux, nombreux chemins de fer (voir la carte : importance des gares d'Orléans — les Aubrais, de Montargis et de Gien).

4. Villes importantes et lieux célèbres. — Orléans (67.000 hab.) chef-lieu; hôtel de ville bâti en 1530; cathédrale Sainte-Croix, de style gothique, en partie réédifiée sous Henri IV; musée Jeanne-d'Arc (maison d'Agnès Sorel); musée de peinture (ancien hôtel de ville); musée historique (maison de Diane de Poitiers); statue de Jeanne d'Arc sur le Martroi; quelques vieilles maisons; nombreuses églises; 2 ponts sur la Loire.

Beaugency (3.000 hab.), vin, monuments : la Tour de César; église du douzième siècle; hôtel de ville Renaissance.

Cléry : belle église; tombeau de Louis XI (2.500 hab.).

Meung (3.000 hab.), église ancienne; vins; tanneries.

Gien (8.000 hab.), château d'Anne de Beaujeu; faïences.

Briare (5.600 hab.), ville en partie rajeunie grâce à l'usine *Bapterosse;* pont-canal sur la Loire.

Sully (2.500 hab.), château du ministre de Henri IV.

Saint-Benoît, église célèbre.

Montargis (12.300 hab.), la Venise du Gâtinais (coupée de rivières); belle mairie; 2 collèges; statue de Mirabeau; ville gaie et vivante.

Châtillon-Coligny (2.100 hab.), restes du château de Coligny; belle église avec tableaux remarquables.

Ferrières (1.600 hab.), restes d'une ancienne abbaye. Au Bignon-Mirabeau est né Mirabeau.

Ruines romaines à Châteaurenard, Montbouy, etc.

Pithiviers (6.000 hab.), église qui date de la Renaissance; statues de Duhamel et de Poisson.

Malesherbes (2.300 hab.), église gothique; château du ministre Malesherbes; monument élevé à la mémoire du capitaine Lelièvre, défenseur de Mazagran.

Souvenirs de la guerre : combats de Coulmiers, des Aydes (Orléans), de Beaune-la-Rolande, etc...

RÉSUMÉ. — I. Le Loiret est surtout un pays d'agriculture. Il produit du blé, du bois, du vin, et une assez grande quantité de bétail.

II. Les industries agricoles sont importantes : meunerie, vinaigrerie, distillerie, sucrerie, etc. Les carrières sont nombreuses. Certaines industries locales sont florissantes : couvertures à Orléans, caoutchouc à Châlette, boutons et céramique à Briare, faïence à Gien.

III. Orléans est le principal centre des chemins de fer; Montargis et Gien viennent ensuite. A Briare et Montargis se croisent plusieurs canaux.

Exercice. — Tracer les voies de communication les plus importantes, en indiquant où elles mènent.

---

1. Cette culture est en décadence. Autrefois un kilogramme de pistils de safran valait jusqu'à 100 francs, et un hectare en produisait 9 à 12 kilogrammes. Tout a baissé, les prix et la production.

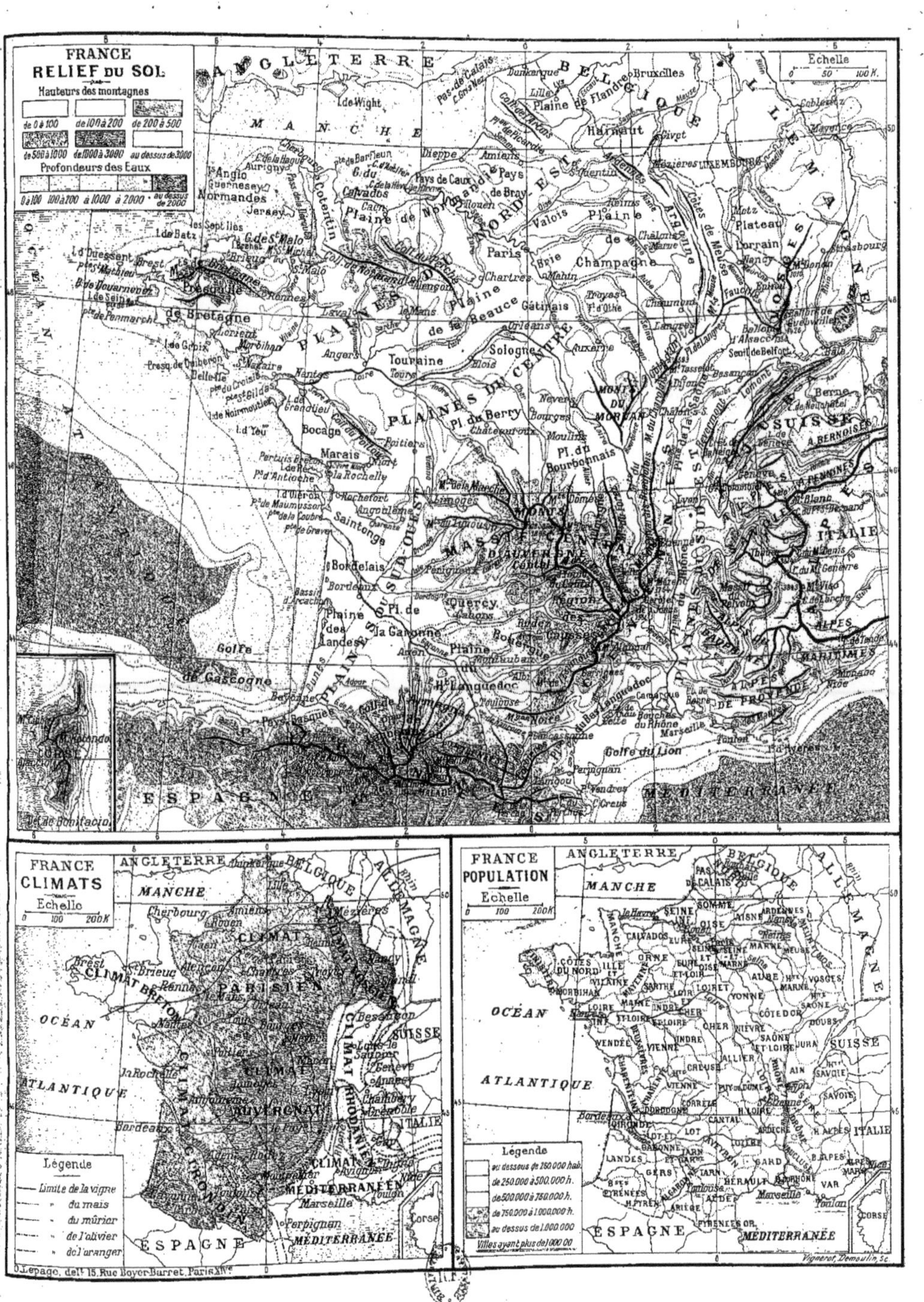

FRANCE
RELIEF DU SOL
Hauteurs des montagnes
de 0 à 100   de 100 à 200   de 200 à 500
de 500 à 1000   de 1000 à 3000   au dessus de 3000
Profondeurs des Eaux
0 à 100   100 à 700   à 1000   à 2000   au dessus de 2000
Echelle
0   50   100 K.
ANGLETERRE
BELGIQUE
ALLEMAGNE
MANCHE
Pas de Calais
C. Gris Nez
Dunkerque
Lille
Plaine de Flandre
Bruxelles
Hainaut
Givet
Mézières
LUXEMBOURG
Dieppe
Amiens
Pays de Caux
Pays de Bray
Rouen
Oise
NORD EST
Aisne
Valois
Plaine
Chalons
Marne
Metz
Plateau
Lorrain
Nancy
Strasbourg
Paris
Brie
Champagne
Chartres
Troyes
Chaumont
Langres
Seuil de Belfort
I. de Wight
Anglo
Normandes
Guernesey
Jersey
Aurigny
Cotentin
Calvados
Plaine de Normandie
Plaine de la Beauce
Orléans
Sologne
Blois
Auxerre
SUISSE
Berne
Neuchatel
Brest
Bretagne
St Malo
St Brieuc
Morlaix
Rennes
Laval
Le Mans
Touraine
Tours
Angers
Nantes
Presqu'île de Bretagne
PLAINES
PLAINES DU CENTRE
Nevers
Moulins
MONTS DU MORVAN
Pl. du Berry
Bourges
Châteauroux
Pl. du Bourbonnais
Lyon
Dijon
Besançon
Chalons S.S.
Mâcon
OCÉAN
ATLANTIQUE
Poitiers
Bocage
Marais
La Rochelle
Rochefort
Limoges
MASSIF CENTRAL
Clermont
St Étienne
Angoulême
Saintonge
Bordelais
Bordeaux
Bassin d'Arcachon
Quercy
Périgueux
Rodez
Plaine des Landes
Pl. de la Garonne
Agen
Plaine du Languedoc
Golfe de Gascogne
Bayonne
Pays Basque
Adour
Toulouse
Montagne Noire
Bas Languedoc
Haut Languedoc
Albi
Tarn
Nîmes
Camargue
Bouches du Rhône
Marseille
Toulon
I. d'Hyères
ALPES
MARITIMES
Monaco
Nice
ALPES DE PROVENCE
Golfe du Lion
Perpignan
Narbonne
PYRÉNÉES
ESPAGNE
MÉDITERRANÉE
C. Creus
CORSE
Bastia
Ajaccio
B. de Bonifacio
ITALIE
Mt Blanc
Genève
Grand St Bernard
FRANCE
CLIMATS
Echelle
0   100   200 K.
ANGLETERRE
BELGIQUE
ALLEMAGNE
MANCHE
Dunkerque
Lille
Mézières
Cherbourg
Amiens
Rouen
CLIMAT PARISIEN
Brest
CLIMAT BRETON
St Brieuc
Rennes
Nantes
OCÉAN
ATLANTIQUE
La Rochelle
Bordeaux
CLIMAT GIRONDIN
CLIMAT AUVERGNAT
CLIMAT RHODANIEN
Besançon
SUISSE
Genève
Annecy
Chambéry
Grenoble
ITALIE
Montpellier
Marseille
CLIMAT MÉDITERRANÉEN
Toulon
Nice
Perpignan
MÉDITERRANÉE
Corse
ESPAGNE
Légende
Limite de la vigne
du maïs
du mûrier
de l'olivier
de l'oranger
FRANCE
POPULATION
Echelle
100   200 K.
ANGLETERRE
BELGIQUE
ALLEMAGNE
MANCHE
Pas de Calais
NORD
SOMME
AISNE
ARDENNES
Le Havre
SEINE INF.
CALVADOS
ORNE
EURE
SEINE
SEINE ET OISE
MARNE
MEUSE
MEURTHE ET MOSELLE
VOSGES
CÔTES DU NORD
ILLE ET VILAINE
MORBIHAN
MAYENNE
SARTHE
EURE ET LOIR
LOIRET
LOIR ET CHER
AUBE
HTE MARNE
HTE SAÔNE
CÔTE D'OR
YONNE
INDRE ET LOIRE
INDRE
CHER
NIÈVRE
SAÔNE ET LOIRE
JURA
DOUBS
SUISSE
OCÉAN
ATLANTIQUE
VENDÉE
DEUX SÈVRES
VIENNE
CREUSE
ALLIER
AIN
SAVOIE
HTE SAVOIE
Bordeaux
GIRONDE
DORDOGNE
CORRÈZE
CANTAL
HTE LOIRE
LOIRE
RHÔNE
ISÈRE
HTES ALPES
ITALIE
LANDES
LOT ET GARONNE
LOT
AVEYRON
LOZÈRE
ARDÈCHE
DRÔME
BASSES ALPES
ALPES MARITIMES
GERS
TARN ET GARONNE
TARN
GARD
HÉRAULT
VAUCLUSE
VAR
BASSES PYRÉNÉES
HTES PYRÉNÉES
Toulouse
HTE GARONNE
ARIÈGE
AUDE
Marseille
BOUCHES DU RHÔNE
Toulon
PYRÉNÉES OR.
ESPAGNE
MÉDITERRANÉE
CORSE
Légende
au dessus de 250.000 hab.
de 250.000 à 500.000 h.
de 500.000 à 750.000 h.
de 750.000 à 1.000.000 h.
au dessus de 1.000.000
Villes ayant plus de 100.000

FRANCE
ANCIENNES PROVINCES
Légende
Limite d'Ancienne Province
de Département
Dijon Chef-lieu de Province
Echelle
0 50 100 150 K.
ANGLETERRE
PAYS BAS
BELGIQUE
ALLEMAGNE
Westphalie
Calais
Boulogne
Lille
BRUXELLES
ARTOIS
MANCHE
Somme
Ponthieu
Amiens
Arras
Vermandois
PICARDIE
Meuse
Sedan
Gd Duché de Luxembourg
Mézières
Verdun
Metz
Rouen
Beauvais
Valois
Laon
LORRAINE
Nancy
Strasbourg
Duché de Lorraine
Toul
PARIS
Meaux
Châlons
ILE DE FRANCE
Versailles
Chartres
Melun
Provins
Troyes
Chaumont
CHAMPAGNE
Iles Anglo Normandes
Coutances
Caen
Evreux
Mantes
Nemours
Gâtinais
Langres
Vesoul
Pays de Leon
BRETAGNE
Rennes
MAINE
Le Mans
Orléans
Dijon
ORLÉANAIS
FRANCHE COMTÉ
Besançon
Quimper
Vannes
Angers
Blois
Sologne
Romorantin
BERNE
Belle Ile
Nantes
Tours
TOURAINE
Bourges
NIVERNAIS
Nevers
SUISSE
Noirmoutier
POITOU
Poitiers
Châteauroux
BERRY
Moulins
BOURBONNAIS
OCÉAN ATLANTIQUE
Ile de Ré
la Rochelle
Niort
MARCHE
Limoges
Clermont Ferrand
LYONNAIS
SAVOIE
Ile d'Yeu
Saintes
AUNIS
ANGOUMOIS
Angoulême
Guéret
Grenoble
Périgueux
PÉRIGORD
AUVERGNE
DAUPHINÉ
ITALIE
Bordeaux
Bordelais
GUYENNE
Cahors
Mende
Gévaudan
Golfe de Gascogne
Mont de Marsan
Agen
Rodez
Digne
Principauté d'Orange
COMTAT VENAISSIN
Avignon
Nice
Pple de Monaco
GASCOGNE
Lectoure
Montauban
Albi
ALBIGEOIS
Nîmes
PROVENCE
Aix
Marseille
Pays Basque
Armagnac
Auch
Toulouse
LANGUEDOC
Aude
Toulon
BÉARN
Montpellier
Carcassonne
Perpignan
G du Lion
MÉDITERRANÉE
ROUSSILLON
ESPAGNE
Bastia
CORSE

FRANCE UNIVERSITAIRE
Echelle
0 100 200K
ANGLETERRE
MANCHE
BELGIQUE
ALLEMAGNE
Rouen
Nancy
Coutances
Dijon (U)
Besançon
OCÉAN
Rennes
Nevers
SUISSE
Poitiers (U)
la Roche s/ Yon
la Rochelle
Lyon (U)
ATLANTIQUE
Chambéry
Angoulême
Limoges
Grenoble
Bordeaux (U)
Cahors
Valence
Mont de Marsan
Montpellier (U)
Nice
Toulouse (U)
Avignon
Draguignan
Tarbes
Carcassonne
Marseille
Perpignan
ESPAGNE
MÉDITERRANÉE
St Cloud
PARIS
Sèvres
Alfort
Versailles
Fontenay aux Roses
O. Lepage, del. 15 Rue Boyer-Barret Paris XIV.

FRANCE MILITAIRE
Echelle
0 100 200K
ANGLETERRE
MANCHE
BELGIQUE
ALLEMAGNE
Cherbourg
Amiens
Rouen
PARIS
Châlons
Brest
Rennes
le Mans
Orléans
Nancy
Lorient
Nantes
OCÉAN
Tours
Dijon
Besançon
Bourges
Rochefort
SUISSE
Limoges
Clermont Ferrand
LYON
ATLANTIQUE
Bordeaux
Grenoble
Bayonne
Toulouse
Montpellier
Marseille
Toulon
Perpignan
ESPAGNE
MÉDITERRANÉE
ITALIE
Légende
Limite de Corps d'armée
et d'arrond. maritime
Lille Chef-lieu de C. d'armée
N° de Corps d'armée
Toulon Chef-lieu d'arrond. maritime
Limite de Département
Vignerot-Demoulin Sc.

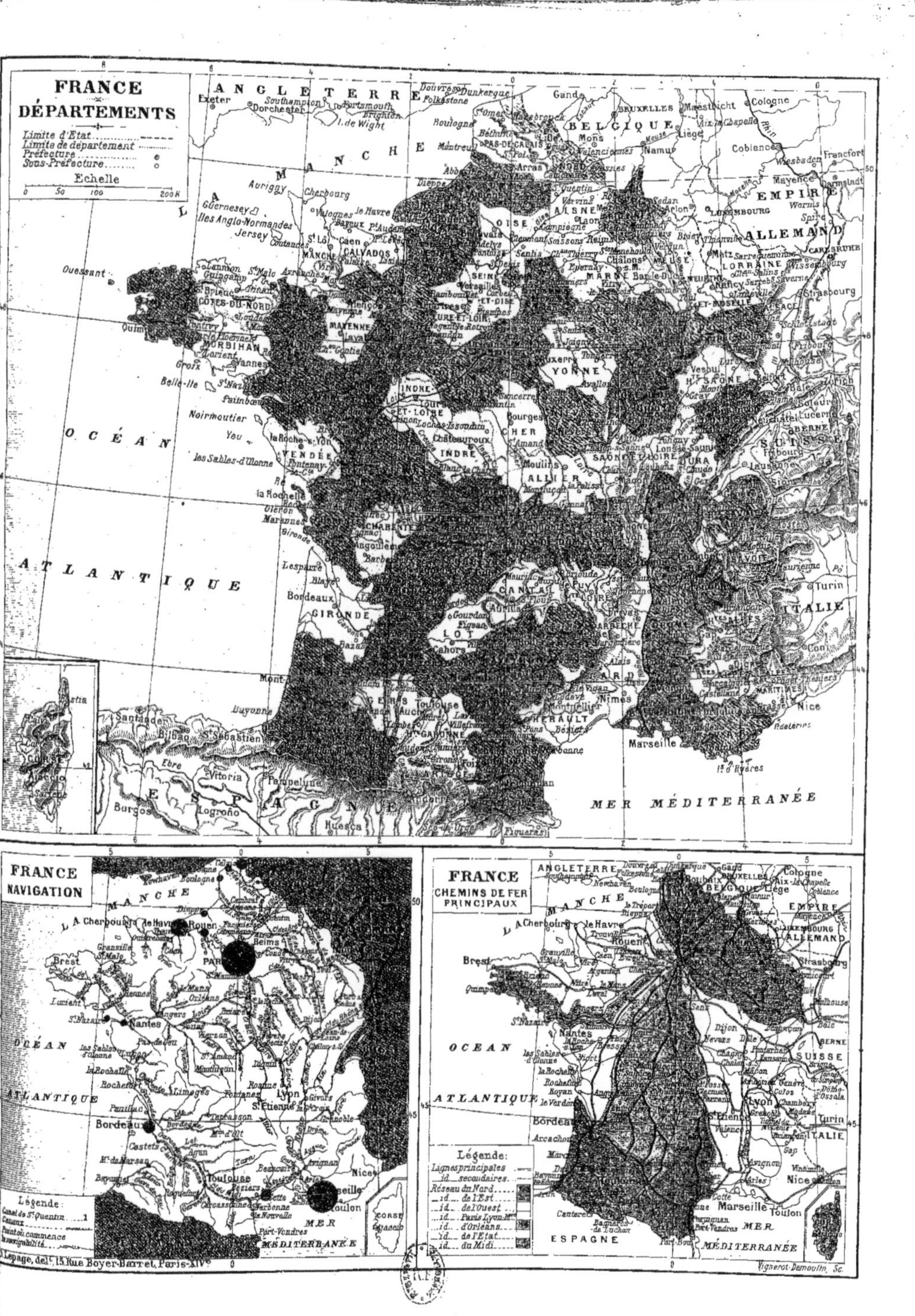

FRANCE
DÉPARTEMENTS
Limite d'État
Limite de département
Préfecture
Sous-Préfecture
Échelle
0   50   100   200 K
FRANCE
NAVIGATION
FRANCE
CHEMINS DE FER
PRINCIPAUX
ANGLETERRE
MANCHE
LA MANCHE
OCÉAN ATLANTIQUE
BELGIQUE
EMPIRE ALLEMAND
SUISSE
ITALIE
ESPAGNE
MER MÉDITERRANÉE
CORSE
Légende:
Lignes principales
id. secondaires
Réseau du Nord
id. de l'Est
id. de l'Ouest
id. Paris Lyon M.
id. d'Orléans
id. de l'État
id. du Midi
Légende:
Canal de St Quentin
Canaux
Point où commence
la navigabilité
G.Lepage, del. 15. Rue Boyer-Barret. Paris XIV
Vignerot Demoulin. Sc.

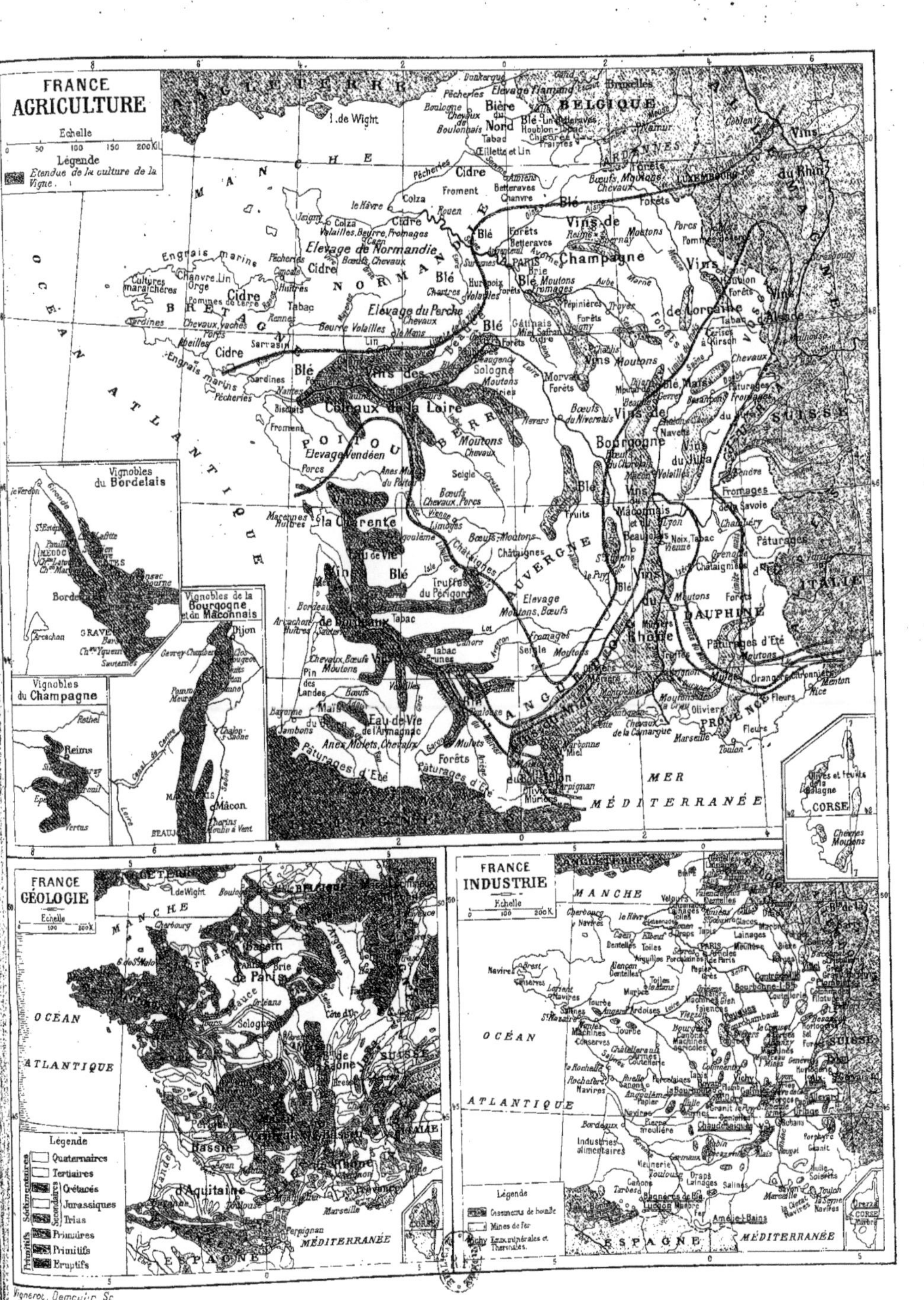

FRANCE
AGRICULTURE
Echelle
50 100 150 200 Kil.
Légende
Étendue de la culture de la Vigne.
ANGLETERRE
MANCHE
OCÉAN ATLANTIQUE
BRETAGNE
NORMANDIE
POITOU
BERRY
AUVERGNE
DAUPHINÉ
PROVENCE
BELGIQUE
LUXEMBOURG
Vins du Rhin
ALLEMAGNE
SUISSE
ITALIE
Vins de Champagne
Vins de Lorraine
Vins d'Alsace
Élevage de Normandie
Élevage du Perche
Élevage Vendéen
Vins de Bourgogne
Mâconnais
Beaujolais
Coteaux de la Loire
MER MÉDITERRANÉE
CORSE
Cidre
Blé
Froment
Betteraves
Chanvre
Moutons
Chevaux
Bœufs
Porcs
Fromages
Forêts
Pâturages d'Été
Truffes du Périgord
Eau de Vie de l'Armagnac
Vignobles du Bordelais
MÉDOC
GRAVES
Bordeaux
Arcachon
Vignobles de la Bourgogne et du Mâconnais
Dijon
Mâcon
BEAUJOLAIS
Vignobles du Champagne
Reims
Épernay
Vertus
FRANCE GÉOLOGIE
Echelle
100 200 K.
MANCHE
OCÉAN ATLANTIQUE
Bassin de Paris
Bassin d'Aquitaine
Légende
Quaternaires
Tertiaires
Crétacés
Jurassiques
Trias
Primaires
Primitifs
Éruptifs
ESPAGNE
MÉDITERRANÉE
FRANCE INDUSTRIE
Echelle
100 200 K.
MANCHE
OCÉAN ATLANTIQUE
PARIS
Lainages
Draps
Toiles
Dentelles
Porcelaines
Faïences
Machines
Navires
Conserves
Industries alimentaires
SUISSE
Légende
Gisements de houille
Mines de fer
Eaux minérales et Thermales.
ESPAGNE
MÉDITERRANÉE
CORSE
Vignerot, Demouiin, Sc

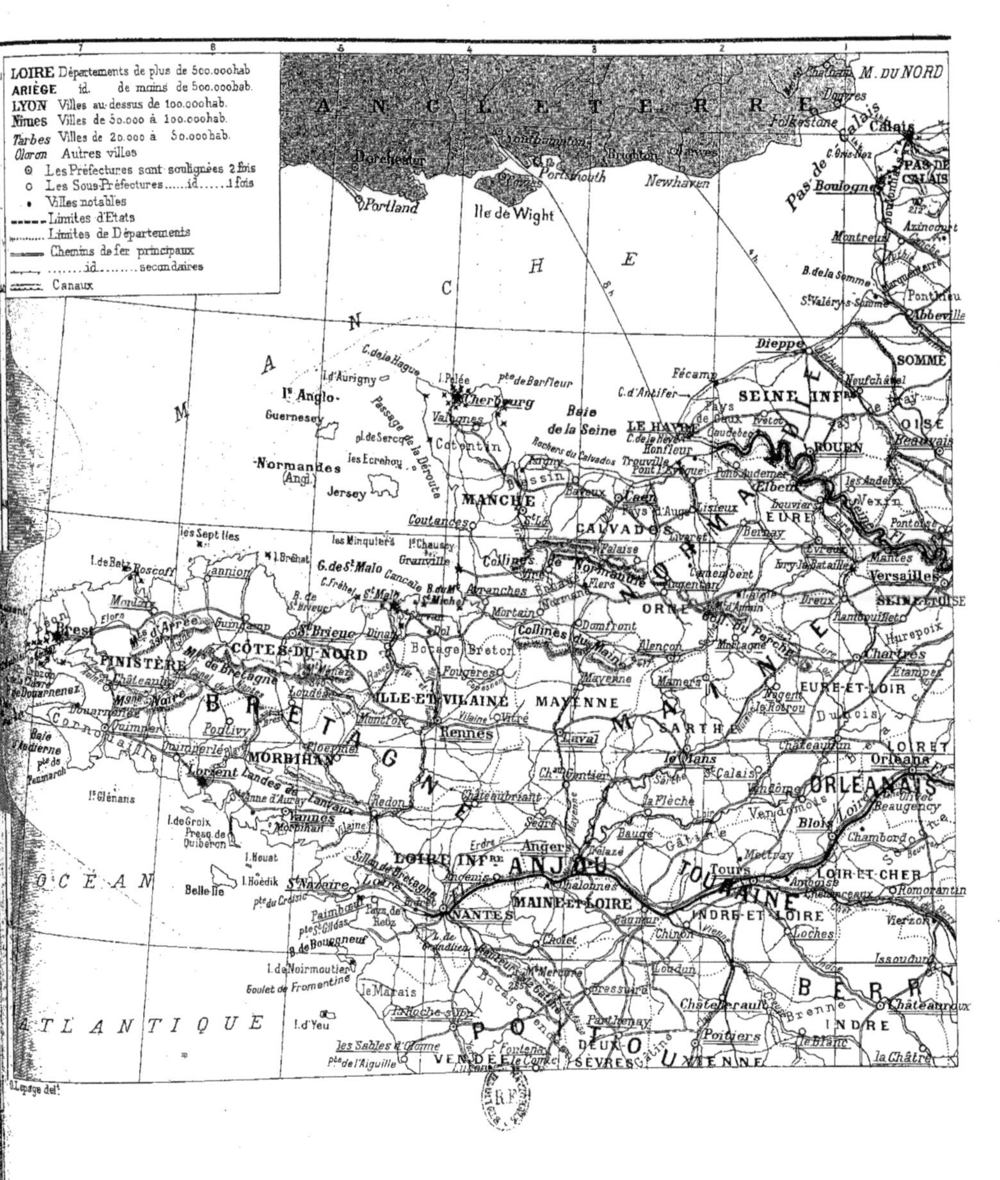

LOIRE Départements de plus de 5oo.ooohab
ARIÈGE id. de mains de 5oo.ooohab.
LYON Villes au-dessus de 1oo.ooohab.
Nimes Villes de 5o.ooo à 1oo.ooohab.
Tarbes Villes de 2o.ooo à 5o.ooohab.
Oloron Autres villes
Les Préfectures sont soulignées 2 fois
Les Sous-Préfectures......id.....1 fois
Villes notables
Limites d'Etats
Limites de Départements
Chemins de fer principaux
id.........secondaires
Canaux
ANGLETERRE
M. DU NORD
Chatham
Dorchester
Southampton
Brighton
Portsmouth
Newhaven
Portland
Ile de Wight
Folkestone
C. Gris-Nez
Calais
PAS DE CALAIS
Boulogne
Pas de Calais
Montreuil
Azincourt
B. de la Somme
St Valéry-s-Somme
Pont l'Abbé
Abbeville
Dieppe
Fécamp
Neufchâtel
SOMME
C. d'Antifer
SEINE INFre
OISE
A N C H E
C. de la Hague
I. d'Aurigny
pte de Barfleur
Beauvais
Is Anglo-
Guernesey
Cherbourg
Pays
de Caux
ROUEN
Valognes
Baie
de la Seine
LE HAVRE
C. de la Hève
Honfleur
Elbeuf
pl. de Serco
Cotentin
Rochers du Calvados
Trouville
Pont-Audemer
les Andelys
Normandes
(Angl)
Jersey
Jobourg
Bayeux
Caen
Lisieux
Bernay
EURE
Vexin
Pontoise
MANCHE
St-Lô
CALVADOS
Livarot
Lisieux
Evreux
Mantes
Coutances
les Minquiers
Ife Chausey
Falaise
Cambembert
Ivry la Bataille
Versailles
les Sept Iles
Granville
Collines de Normandie
Argentan
Dreux
SEINE-ET-OISE
I. de Batz
Roscoff
I. Bréhat
G. de St Malo
Cancale
Avranches
Flers
ORNE
Mortagne
Rambouillet
Lannion
C. Fréhel
St Malo
St Michel
Collines
du Maine
Mts du Perche
Chartres
Morlaix
B. de
St Brieuc
Dol
Mortain
Domfront
Alençon
Hurepoix
Brest
Flers
CÔTES-DU-NORD
Dinan
Bocage Breton
Mamers
Nogent
Lure
Etampes
FINISTÈRE
Mts d'Arrée
Guingamp
St Brieuc
Fougères
Mayenne
EURE-ET-LOIR
Châteaulin
Mne Noire
Mts de Bretagne
Loudéac
ILLE-ET-VILAINE
MAYENNE
Mamers
Dreux
Douarnenez
Quimper
BRETAGNE
Montfort
Vitré
SARTHE
Châteaudun
LOIRET
Baie de Douarnenez
Pontivy
Vilaine
Rennes
Laval
le Mans
Orléans
Cornouaille
Quimperlé
Ploërmel
Chân Gontier
Sarthe
St Calais
Vendôme
ORLÉANAIS
pte de
Penmarch
MORBIHAN
Landes de...
Redon
Châteaubriant
la Flèche
Vendômois
Beaugency
Is Glénans
Lorient
Vannes d'Auray
Lanvaux
Segré
Baugé
Gâtine
Blois
Chambord
LOIR-ET-CHER
I. de Groix
Presq. de
Quiberon
Vannes
Morbihan
Vilaine
Erdre
Angers
Pelazé
Mettray
Tours
Romorantin
I. Houat
LOIRE INFre
ANJOU
TOURAINE
LOIR-ET-CHER
OCÉAN
Belle Ile
I. Hoëdik
St Nazaire
Loire
Ancenis
MAINE-ET-LOIRE
Saumur
INDRE-ET-LOIRE
Chenonceaux
Vierzon
pte du Croisic
NANTES
Cholet
Chinon
Loches
I. de Noirmoutier
Paimbœuf
pte St Gildas
Pays de
Retz
Issoudun
BERRY
Goulet de Fromentine
B. de Bourgneuf
I. de
Grand-lieu
Mortagne
Bressuire
Châteauroux
le Marais
Bocage
Châtellerault
Brenne
INDRE
ATLANTIQUE
I. d'Yeu
Roche-s-Yon
Parthenay
Poitiers
le Blanc
les Sables d'Olonne
VENDÉE
le Comte
DEUX
POITOU
la Châtre
pte de l'Aiguille
Fontenay
SÈVRES
VIENNE

O. Lepage del.

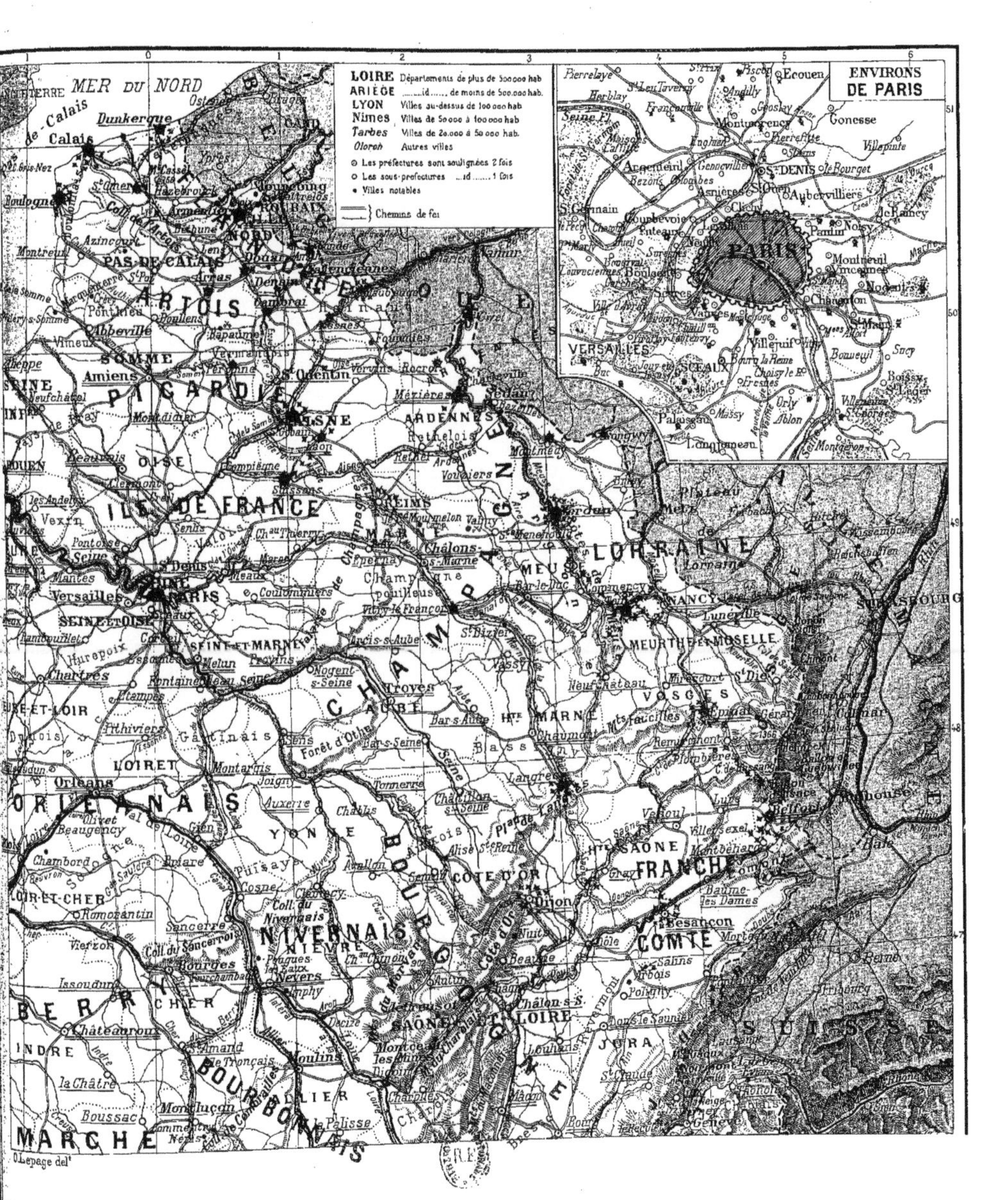

ENVIRONS DE PARIS
LOIRE Départements de plus de 5oo.ooo hab.
ARIÈGE id. de moins de 5oo.ooo hab.
LYON Villes au-dessus de 1oo.ooo hab
Nîmes Villes de 5o.ooo à 1oo.ooo hab
Tarbes Villes de 2o.ooo à 5o.ooo hab.
Oloroh Autres villes
Les préfectures sont soulignées 2 fois
Les sous-préfectures id 1 fois
Villes notables
Chemins de fer
MER DU NORD
Dunkerque
Calais
de Calais
Gris-Nez
Boulogne
St Omer
Hazebrouck
Armentières
ROUBAIX
Montreuil
Azincourt
PAS-DE-CALAIS
St Pol
Arras
Douai
ARTOIS
Béthune
NORD
Valenciennes
Cambrai
Abbeville
SOMME
Bapaume
Amiens
St Quentin
Rocroi
Dieppe
PICARDIE
Péronne
Mézières
Sedan
SEINE INF
Beauvais
Montdidier
AISNE
ARDENNES
Laon
Rethel
ROUEN
OISE
Clermont
Compiègne
Vouziers
les Andelys
Vexin
ILE DE FRANCE
Senlis
Soissons
REIMS
Verdun
LORRAINE
Seine
St Denis
Ch. Thierry
MARNE
Châlons s-Marne
MEUSE
NANCY
Mantes
Versailles
PARIS
Meaux
Champagne
pouilleuse
Bar-le-Duc
Commercy
Lunéville
STRASBOURG
SEINE ET OISE
Coulommiers
Épernay
Vitry le François
MEURTHE ET MOSELLE
Corbeil
S. ET MARNE
Melun
Provins
St Dizier
Neufchâteau
Épinal
VOSGES
Colmar
Dourdan
Étampes
Fontainebleau
Nogent s-Seine
AUBE
Troyes
Aube
Hte MARNE
Chartres
EURE-ET-LOIR
Pithiviers
Gâtinais
Sens
Bar s-Aube
Chaumont
Mts Faucilles
Remiremont
Plombières
LOIRET
Montargis
Forêt d'Othe
Bar s-Seine
Langres
Orléans
Joigny
Tonnerre
Châtillon s-Seine
Belfort
ORLÉANAIS
Auxerre
Chablis
Mulhouse
Beaugency
YONNE
Avallon
BOURGOGNE
HTE SAONE
FRANCHE
Chambord
Puisaye
Clamecy
Semur
CÔTE D'OR
Gray
Montbéliard
LOIR-ET-CHER
Cosne
Nevers
Dijon
Besançon
COMTE
Romorantin
Sancerre
NIVERNAIS
Nuits
Baume les Dames
Vierzon
NIÈVRE
Beaune
Autun
SUISSE
BERRY
Bourges
Châlons s. Saône
Dôle
Salins
Châteauroux
INDRE
Moulins
SAONE ET LOIRE
JURA
St Claude
la Châtre
BOURBONNAIS
Montluçon
Charolles
Mâcon
Genève
MARCHE
Boussac
la Palisse
O.Lepage del

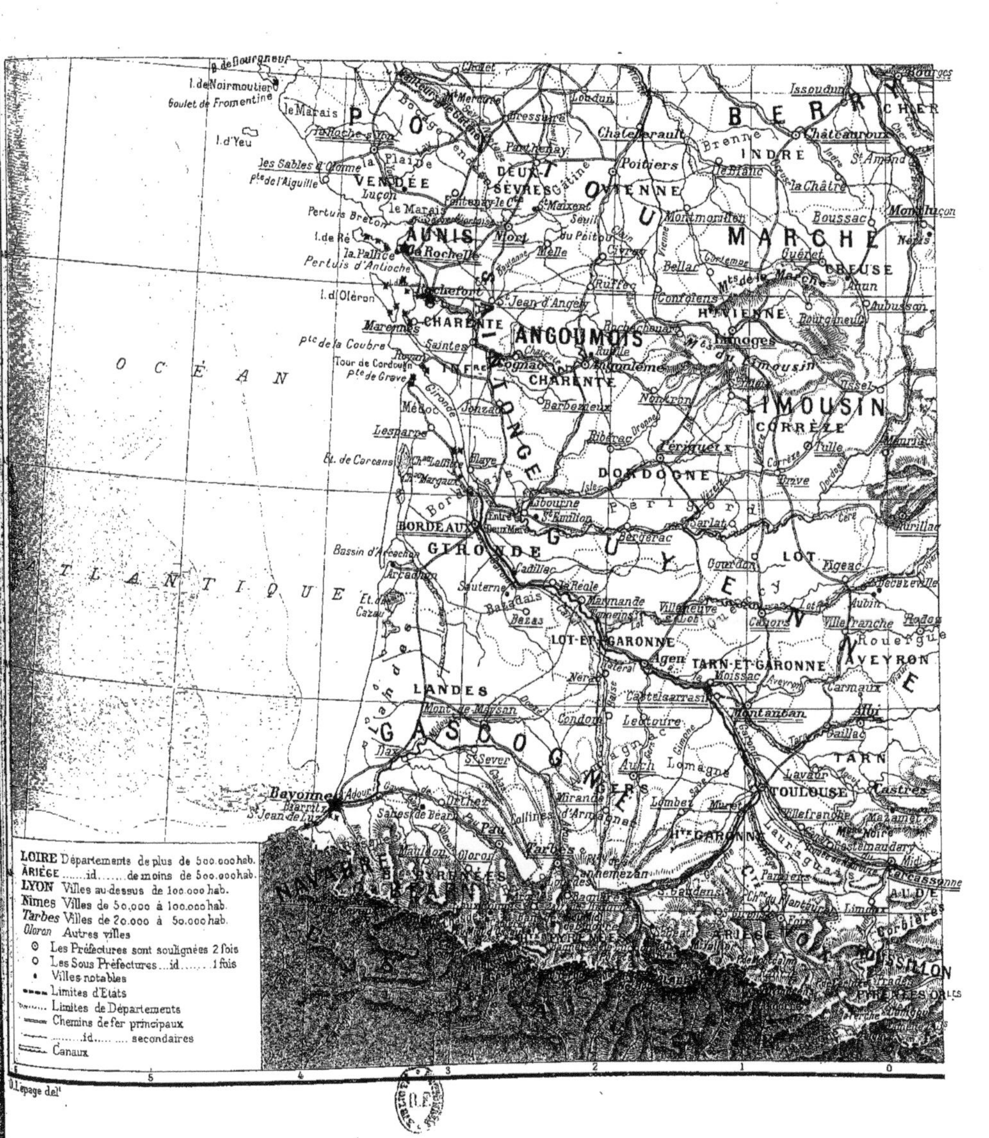

LOIRE Départements de plus de 500.000 hab.
ARIÉGE ......id......de moins de 500.000 hab.
LYON Villes au-dessus de 100.000 hab.
Nîmes Villes de 50.000 à 100.000 hab.
Tarbes Villes de 20.000 à 50.000 hab.
Oloran Autres villes
Les Préfectures sont soulignées 2 fois
Les Sous Préfectures...id......1 fois
Villes notables
Limites d'Etats
Limites de Départements
Chemins de fer principaux
......id...... secondaires
Canaux
O.Lepage del

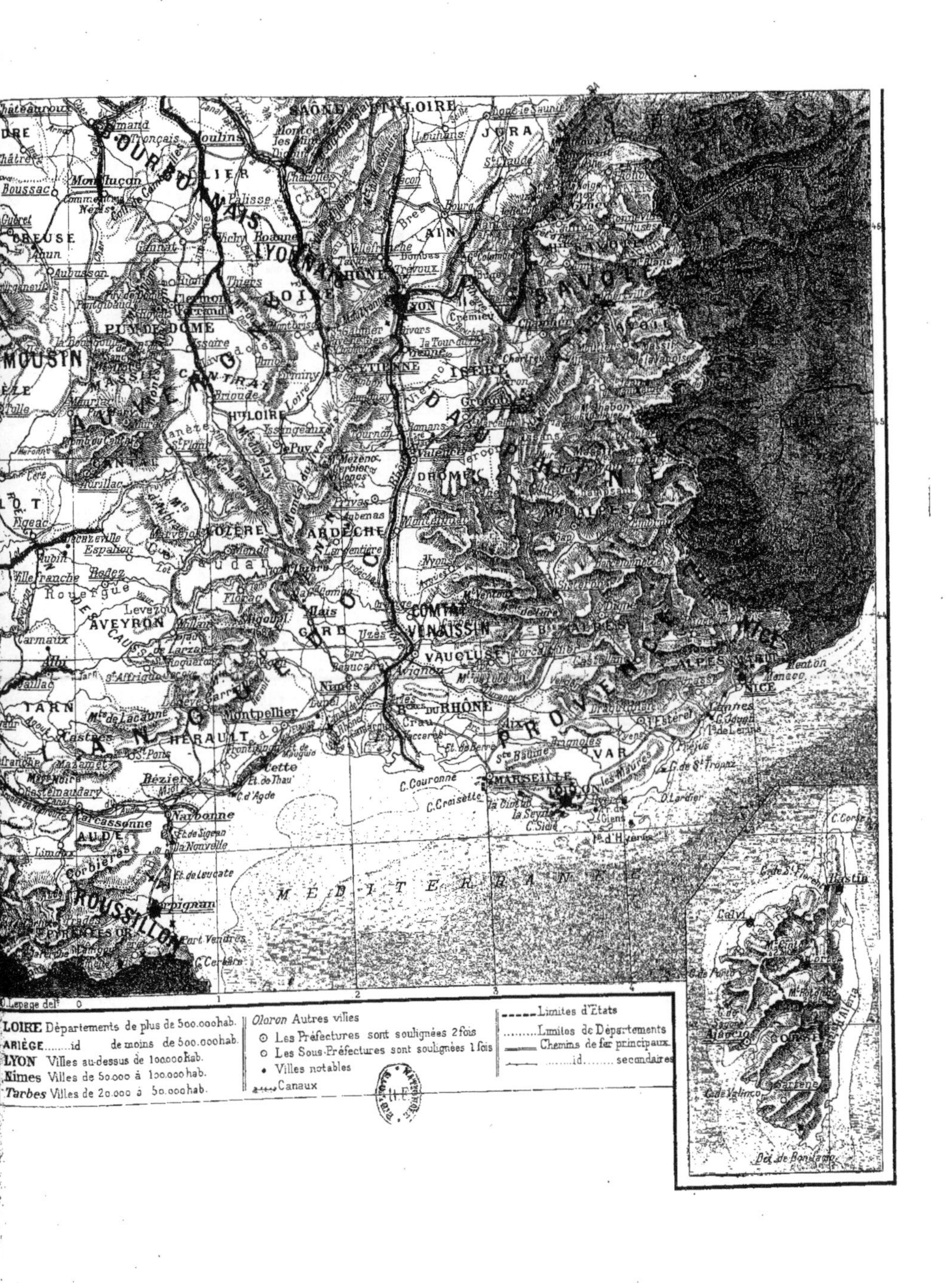

O. Lepage del.
LOIRE Départements de plus de 500.000 hab.
ARIÈGE .... id de moins de 500.000 hab.
LYON Villes au-dessus de 100.000 hab.
Nimes Villes de 50.000 à 100.000 hab.
Tarbes Villes de 20.000 à 50.000 hab.
Oloron Autres villes
⊙ Les Préfectures sont soulignées 2 fois
○ Les Sous-Préfectures sont soulignées 1 fois
• Villes notables
Canaux
Limites d'États
Limites de Départements
Chemins de fer principaux
id. secondaires

Édouard CORNÉLY et Cⁱᵉ, Éditeurs, 101, rue de Vaugirard, PARIS

COURS D'ENSEIGNEMENT PRIMAIRE

PUBLIÉ SOUS LA DIRECTION DE

A. AULARD, professeur à la Faculté des Lettres de l'Université de Paris

Leçons de Morale et Instruction Civique

par A. AULARD et Albert BAYET

Cours Élémentaire — 1 vol. in-16 cartonné, illustré . . . 0.65 | Cours Moyen — 1 vol. in-16 cartonné, illustré . . . 1.20

ON VEND SÉPARÉMENT

LEÇONS DE MORALE, par A. BAYET	**ÉLÉMENTS D'INSTRUCTION CIVIQUE**, par A. Aulard
COURS MOYEN	COURS MOYEN
1 volume in-16 cartonné, illustré . . . 0.90	1 volume in-16 cartonné, illustré . . . 0.50

GRAMMAIRE FRANÇAISE

par A. BAILLY

Cours Moyen — Certificat d'études

Un vol. in-16 cartonné, avec de nombreux exercices et devoirs, des sujets de composition française et des notions de lecture expliquée . . . 1.20

PREMIER LIVRE DE LECTURE COURANTE

par A. DUCHATENET

Un volume in-16 cartonné, illustré . . . 1.20

A. AULARD et A. DEBIDOUR

COURS D'HISTOIRE DE FRANCE

à l'usage de l'Enseignement primaire

Cours Élémentaire, vol. complet. Des origines à nos jours. | Cours Élémentaire. — 2ᵉ Partie. — De la guerre de Cent Ans à
1 vol. . . . 1.10 | nos jours. 1 vol. . . . 0.65
Cours Élémentaire (en deux parties). | Cours Moyen. 1 vol. . . . 1.20
1ʳᵉ Partie. — Des origines à la guerre de Cent Ans. 1 vol. . . . 0.85 | Cours Supérieur (à l'usage de l'Enseignement primaire). 1 vol. cart. . . . 1.60

Léon BOURGEOIS et Albert MÉTIN

LA DÉCLARATION DES DROITS DE L'HOMME ET DU CITOYEN (1789)

Accompagnée de lectures et commentée pour les Écoles primaires et l'Enseignement populaire

Un volume in-16, de 96 pages . . . Prix : 0.40 — Franco par poste, 0.50

L.-H. FERRAND

SIMPLES ENTRETIENS SUR LA GÉOGRAPHIE	**GÉOGRAPHIE DE LA FRANCE ET DE SES COLONIES**
COURS ÉLÉMENTAIRE	COURS MOYEN — CERTIFICAT D'ÉTUDES
Un vol. cart. in-8° contenant de nombreuses cartes et gravures . 1.20	Un vol. cart. avec nombreuses grav. et cartes en noir et en couleur . 1.60

L. J. TRONCET

COURS DE LECTURE POUR LES FILLES

Premier Livre	Deuxième Livre	Troisième Livre
JEANNETTE	**JEANNE**	**PETITE JEANNE**
COURS ÉLÉMENTAIRE	COURS MOYEN	COURS SUPÉRIEUR
1 vol. cartonné, illustré de 48 gravures : 0.60	1 vol. cartonné, illustré de 70 gravures : 0.80	1 vol. cartonné, illustré de 200 gravures : 1.20

COLLECTION SCOLAIRE DE TABLEAUX GÉOGRAPHIQUES

ACCOMPAGNÉS DE NOTICES EXPLICATIVES

Par A. MILHAUD, professeur agrégé d'histoire et de géographie

LISTE DES TABLEAUX

1. Les Pyrénées. Le cirque de Gavarnie.
2. Indo-Chine. Vues du Tonkin.
3. La Manche. La vie au bord de la mer.
4. La Basse-Loire. Les rives paisibles.
5. Les Alpes. Dans le Dauphiné.
6. Algérie. Le Tell oranais.
7. Méditerranée. La côte d'Azur.
8. Plateau Central. Dans les Caucases.
9. La Bretagne. Intérieur du pays.
10. Littoral français.
11. Vallée de la Loire. Les châteaux.
12. Algérie. Les indigènes sédentaires.
13. Les Bords de la Creuse.
14. La Marine militaire.
15. Paris. Vues principales (1ᵉʳ tableau).
16. La Cochinchine. Paysages.
17. Les Pyrénées. Une vallée.
18. Bretagne. La baie de Saint-Malo.
19. La Manche. Ports et plages.
20. Iles françaises d'Océanie.
21. Fontainebleau. Le château et la forêt.
22. Vie militaire.
23. Tunis.
24. Le Pays de Nice.
25. Algérie. Indigènes nomades.
26. La Nouvelle-Calédonie.
27. Un port militaire. Brest.
28. Versailles. Les Trianons.
29. Paris. Vues principales.
30. Le Pays basque et béarnais.
31. La Suisse. Montagne et lac.
32. L'Italie. Rome et Venise.
33. Indes Anglaises. Calcutta. Bombay.
34. Le Nil. Égypte.
35. Suède et Norvège.
36. Indes anglaises. Birmanie et Ceylan.
37. Autriche-Hongrie.
38. Les Chinois.
39. Le Brésil.
40. En Russie.

Les tableaux sont en couleurs. Chaque tableau mesure 0ᵐ,65 × 0ᵐ,50

Le tableau cartonné et verni : 1 fr. 25 — Sur toile : 1 fr. 50 — En feuille : 0 fr. 75 — 6 tableaux cartonnés, *franco gare* : 7 fr. 50
6 tableaux sur toile, *franco gare* : 9 fr. — 12 tableaux en feuilles, *franco gare* : 7 fr. 50

IMPRIMERIE DE SURESNES (E. PAYEN, administrateur, 9, rue du Pont. — 7908